Arbeit der Zukunft
Zukunft der Arbeit

ALFRED HERRHAUSEN GESELLSCHAFT
FÜR INTERNATIONALEN DIALOG (HRSG.)

Arbeit der Zukunft
Zukunft der Arbeit

2. Jahreskolloquium
17./18. Juni 1994 · Frankfurt am Main

1994
Schäffer-Poeschel Verlag, Stuttgart

Die Deutsche Bibliothek — CIP-Einheitsaufnahme

Alfred-Herrhausen-Gesellschaft für Internationalen Dialog:
... Jahreskolloquium / Alfred-Herrhausen-Gesellschaft für Internationalen Dialog. — Stuttgart : Schäffer-Poeschel.

2. Arbeit der Zukunft, Zukunft der Arbeit. — 1994

Arbeit der Zukunft, Zukunft der Arbeit : 17./18. Juni 1994, Frankfurt am Main / Alfred-Herrhausen-Gesellschaft für Internationalen Dialog (Hrsg.). — Stuttgart : Schäffer-Poeschel, 1994
(... Jahreskolloquium / Alfred-Herrhausen-Gesellschaft für Internationalen Dialog ; 2)
ISBN 3-7910-0861-7

Einbandgestaltung: Willy Löffelhardt
Satz: Typomedia Satztechnik GmbH, Ostfildern
Druck: Franz Spiegel Buch GmbH, Ulm-Jungingen
Printed in Germany

Schäffer-Poeschel Verlag Stuttgart
Ein Tochterunternehmen der Verlagsgruppe Handelsblatt und der Spektrum Fachverlage GmbH

Inhalt

Anhang

HILMAR KOPPER

Einführung

Meine sehr verehrten Damen und Herren,

ich begrüße Sie herzlich zum zweiten Jahreskolloquium der Alfred Herrhausen Gesellschaft.

Unser Thema ist diesmal »Arbeit der Zukunft – Zukunft der Arbeit«. Wir schreiten also fort vom Allgemeinen zum Besonderen. Vor einem Jahr haben wir uns mit der »erstarrenden Gesellschaft« beschäftigt und sind der Frage nachgegangen, warum so viel und lange geredet und so wenig und spät entschieden wird. Warum klagen wir über Arbeitslosigkeit und schaffen keinen Wandel? Weil wir nicht wollen oder weil wir nicht können?

Im Jahr 1956 kam es zwischen Tschou En-lai und Nikita Chruschtschow zu einem heftigen Streit. Der Russe wies den Chinesen zurecht: »So können Sie mit mir nicht reden. Immerhin komme ich aus der Arbeiterklasse. Sie aber sind ein geborener Bourgeois.« Darauf Tschou: »Das ist wahr, Genosse, und doch haben wir etwas gemein. Beide haben wir unsere Klasse verraten.« Das Klassendenken von damals ist überwunden, weil es die Klassen nicht mehr gibt. Nun scheinen neue Theorien darauf hinzudeuten, daß sich neue Klassen bilden, solche, in denen es Arbeit gibt, und solche, in denen es keine gibt. Nur wenig im Leben ist unabänderlich. Daß sich dieser Graben auftut und unüberbrückbar wird, ist nicht unabänderlich. Wär's anders, dem Wohlstand drohte Gefahr und der Demokratie erst recht. Aber vielleicht lassen wir uns auch nur einreden, was in der Wirklichkeit keine Entsprechung hat? Die Arbeitslosigkeit ist hoch, und es steckt soziale Sprengkraft darin. Gewisse Wahlergebnisse im Osten Deutschlands und zumal im Osten Berlins sprechen für sich. Aber man kann die Sprengkraft auch propagieren.

Das Thema Arbeitslosigkeit prägt die öffentliche Diskussion und den Wahlkampf nicht nur in Deutschland. In Frankreich ist der Stellenwert mindestens genauso groß. Arbeitslosigkeit belastet 35 Millionen Menschen in den Ländern der OECD. Auch Deutschland macht, trotz materieller Sicherheit für die Arbeitslosen, eigene Erfahrungen. Das Wirtschafts- und Beschäftigungswunder der Nachkriegszeit hat sich in der Zeit nach der Einheit nicht wiederholt. Nichts wiederholt sich in der Geschichte. Ziffern mögen sich ähneln. Aber Parallelen zu ziehen zwischen den frühen dreißiger Jahren und heute, ist unsinnig und verantwortungslos.

Die Alfred Herrhausen Gesellschaft führt den Zusatz »für internationalen Dialog« im Titel. In nationalem Rahmen läßt sich heute wenig bis nichts regeln. Den Blick über die Grenzen zu richten, ist unabdingbar. Doch darüber die eigene Verantwortung nicht zu vergessen, bleibt ebenso wichtig. Was auch immer ansteht, ob Verbrechensbekämpfung oder Zuwanderung, Welthandel oder Arbeitslosigkeit, jede internationale Gemeinschaft ist leistungsfähig nur, wenn die jeweiligen Partner wissen, was zu tun sie selber bereit sind. In puncto Arbeit reichen die Lösungsvorschläge weit. Das Weißbuch, das die Europäische Union Ende letzten Jahres zur Wirtschaftspolitik veröffentlicht hat, wurde als ein Weißbuch zur Arbeitslosigkeit begriffen. Im März dieses Jahres ging in Detroit der »Beschäftigungsgipfel« über die Bühne; er war mit großem Aufwand ins Werk gesetzt worden. Und erst in diesen Tagen hat die OECD gängige Sündenbock-Parolen zurückgewiesen und den Ball von der internationalen Ebene wieder zurückgespielt. Zu den wesentlichen Gründen von Arbeitslosigkeit werden weder der freie Welthandel noch der technische Fortschritt noch die Konkurrenz aus den Niedriglohn-ländern gerechnet, sondern jene Sklerosen, die die westeuropäischen Gesellschaften befallen haben. Gemeint sind Vorsorgementalität, soziale Sicherheit, die ihren ursprünglichen Sinn verloren hat, und ein Gestrüpp von Regulierungen, in dem sich unternehmerische und sonstige Initiativen verfangen. In der Zeit leerer Kassen, hoher Abgaben und neuer Überlegungen, was der Staat soll und besser nicht soll, können neue Arbeitsplätze auch im öffentlichen Dienst nicht mehr geschaffen werden. Und in der Privatwirtschaft?

Vor wenigen Tagen hat sich auch die Bank der Zentralbanken, die BIZ, zur Arbeitslosigkeit geäußert. Wörtlich sagt sie: »Die Arbeitsmärkte sollten so sein, daß jeder Beschäftigung finden kann, der fähig und willens ist, für den seinem Können entsprechenden Marktlohn zu arbeiten. Die ursprünglich zum Schutz der Beschäftigten eingeführten gesetzlichen Regelungen haben sich als nachteilig für die Arbeitslosen erwiesen, Maßnahmen zum vorübergehenden Abbau der Arbeitslosigkeit tragen nur allzuoft zur Verlängerung der Strukturkrisen bei.«

Die Lust an der Schwarzmalerei sei durch zwei Zahlen erst einmal gedämpft. In den letzten zwanzig Jahren hat im deutschen Westen die arbeitsfähige Bevölkerung um fünfeinhalb Millionen Menschen zugenommen. Allein in den letzten zehn Jahren, genauer gesagt: zwischen 1983 und 1992, hat die westdeutsche Wirtschaft immerhin 3,7 Millionen neue Arbeitsplätze — netto! — geschaffen. Vorsicht ist geboten mit Schlagworten. Und die diagnostizierte Sklerose ist eben nur die halbe Wahrheit. Die allerdings bleibt schlimm genug. In unserem Hause ist errechnet worden, daß bis zum Jahr 2000 wiederum drei bis dreieinhalb Millionen neue Arbeitsplätze benötigt werden, wenn die Arbeitslosenziffer auch nur auf den Stand von vor der Rezession gebracht werden soll. Wie ist das zu bewerkstelligen?

Der Empfehlungen sind viele. Eine kehrt fast immer wieder: Die kunstvollen Regelwerke, die alle Arbeits- und Lebensbereiche durchziehen, bedürfen der Vereinfachung. Es wird eingewandt, die Folgen seien verheerend. Nein, das sind sie nicht. Erstens kann soviel gar nicht abgebaut werden, als daß nicht noch genug übrig bliebe. Und zweitens wachsen soziale Spannungen in dem Maße, wie sozialer Wandel aufgehalten wird. Zu fürchten haben wir nicht die Deregulierung, wohl aber staatliche Anmaßung und sinkende Standards in Ausbildung wie technologischer Innovation. Doch bilden wir uns nicht ein, Trägheit sei eine westliche oder gar deutsche Eigenschaft unserer Tage. Vor fast fünfhundert Jahren schon, 1513, notierte Machiavelli: »Wer erneuern will, hat alle die zum Feind, denen es unter den alten Bedingungen gut ergangen ist.« Das Bewahren und Verändern ist ein ewiges Auf und Ab, und wohl dem Land, das beides im Gleichgewicht zu halten weiß.

Nicht alles, was ökonomisch sinnvoll ist, läßt sich politisch durchsetzen, und umgekehrt. Nicht alles, was derzeit angepriesen wird, verspricht sozialen oder gar wirtschaftlichen Nutzen. Mit Konjunkturspritzen läßt sich weder strukturelle Arbeitslosigkeit beseitigen noch struktureller Wandel befördern. Wirtschaftswachstum allein macht's nicht. Aber was schaffen wir ohne Wachstum? Wir brauchen ein Klima, das Wagnis und Wandel begünstigt. Neue Werte zu schaffen ist wichtiger, als alte Besitzstände zu retten. Indes, ein Blick in den Briefkasten lehrt, was immer noch zählt. Der Streik gegen die Postreform ist ein Anachronismus.

Doch tun wir uns keinen Gefallen, wenn wir die schlechten Nachrichten hochrechnen und uns nichts mehr zutrauen. In der Luft und auf der Schiene ist der richtige Weg beschritten worden – später, aber nicht zu spät, und mit den Arbeitnehmern, nicht gegen sie. Die amerikanische Methode, eine Vielzahl von schlechtbezahlten und meistens kurzfristigen Jobs zu schaffen, können und wollen wir nicht nachahmen. Aber immerhin machen die Amerikaner vor, daß kein Land zum Niedergang verurteilt ist, das es nicht selbst sein will. Und was die großen und die kleinen Wachstumsregionen in Asien und im europäischen Osten anlangt: Wo Konkurrenz heranwächst, öffnen sich auch neue Märkte. Jedes Ding hat mindestens zwei Seiten.

»Meetings are indispensable when you don't want to do anything«, hat John Kenneth Galbraith einmal befunden. Bei allem Respekt vor Mr. Galbraith, Sinn unseres Treffens sollen neue Ersatzhandlungen gerade nicht sein. Wir sind auch nicht zusammengekommen, um uns wechselseitig über die Tragweite des Themas zu belehren. Wir möchten Impulse geben — zum Handeln. Ich wünsche der Tagung einen guten Verlauf.

Hans Küng

Arbeit und Lebenssinn angesichts von Wertewandel und Orientierungskrise

Die Einladung der Herrhausen-Gesellschaft zu diesem Kolloquium habe ich gerne angenommen, nicht nur weil ich hier selber etwas zu lernen hoffe, sondern auch im Gedenken an Alfred Herrhausen persönlich. Er ist der meiner Erinnerung nach einzige deutsche Bankier, dem ich jemals spontan geschrieben habe – und zwar aufgrund seiner positiven Rolle, die er bei der Konferenz von Weltbank und Internationalem Währungsfonds in Berlin 1988 gespielt hat im Blick auf die Bewältigung des riesigen Problems der Schuldenkrise. Im November 1988 antwortete mir Alfred Herrhausen persönlich: »Ich habe mich über Ihre außerordentlich freundliche Beurteilung meiner Äußerungen zur Schuldenkrise sehr gefreut, zumal ich ja meistens auf harsche Kritik stoße. Das, was Sie schreiben, wird mich ermutigen, dessen ungeachtet weiterzumachen in der Hoffnung, daß es uns letztlich doch gelingt, auf den richtigen Wegen einer Lösung näherzukommen. Ich bin froh, daß, wie Sie schreiben, viele Menschen ähnlich denken, wie ich es tue.«

Nicht die Schuldenkrise, sondern die Arbeit ist die Gesamtthematik dieses Kolloquiums; beides ist voneinander nicht unabhängig. Es werden Kundige nach mir sprechen über so schwierige Themen wie Arbeitslosigkeit, Unterbeschäftigung und Vollbeschäftigung, über Arbeitsmarkttheorien, Umverteilung von Arbeit und Arbeitszeitflexibilität, neue Arten von Business, Produkten und Arbeit, über weitere Humanisierung der Arbeitswelt und internationale Arbeitsteilung, was mit der Schuldenkrise zu tun hat. Und man wird sicher hören, daß es hierzulande Arbeit in Hülle und Fülle gibt, aber zu wenig Arbeitsplätze, weil viele dieser Plätze zu teuer geworden und nicht mehr zu bezahlen sind. Ungezählte sind in die gigantisch gewachsene Schattenwirtschaft abgewandert, was volkswirtschaftlich riesige Verluste mit sich bringt. Verständlich, daß Politiker wie Wolfgang Schäuble vorgeschlagen haben, diese Arbeitsplätze wieder in den Bereich des Offiziellen zurückzuholen und daß deshalb wieder mehr Leistungsbereitschaft, Eigenverantwortung, Mut zur Zukunft erforderlich seien.[1] Andere sind der Meinung, daß wir den negativen, oft auch psychosomatischen Konsequenzen der in sich wenig sinnträchtigen monoton-routinierten repetitiven Teilarbeit mit Job-Rotation, Job-Enlargement, Job-Enrichment und der teilautonomen Gruppe begegnen sollten, ja, daß wir uns angesichts der sozial gespaltenen Doppelwirtschaft (institutionalisiertes Beschäftigungssystem — inoffizieller Sektor) besser rechtzeitig auf eine veränderte, duale Lebens- und Tätigkeitsform (formelle — informelle) einstellen.[2]

Zukunft der Arbeit — Arbeit der Zukunft? Alle Prognosen für die Arbeitsgesellschaft erwiesen sich bisher als reichlich unsicher. Doch auf all die umstrittenen Fragen werden die hier versammelten hervorragenden Experten aus Wirtschaft, Wissenschaft und Politik Antworten wissen, auch wenn diese bisweilen politisch oft schwierig durchzusetzen sein werden. Doch dem Theologen hat man, scheint mir, gleich zu Anfang die vielleicht schwierigste Frage aufgegeben: die Grundlagenfrage, die mit all den anderen Fragen indirekt zu tun hat: die Frage nach dem Lebenssinn der Arbeitsgesellschaft, nach dem Sinn der Arbeit eines jeden Einzelnen. Und ich gestehe offen, daß ich die heutige Fragestellung nur sehr grundsätzlich beantworten kann, nicht nur wegen des Zeitlimits von 30 Minuten, sondern weil wir hier vor einer grundlegend neuen Situation stehen. Meine eigene Antwort möge als Aufforderung an die weiteren Referenten und Diskussionsteilnehmer verstanden werden, hier weiterzudenken, korrigierend, ergänzend und vor allem konstruktiv weiterführend. Warum denn stellt sich die Frage nach dem Sinn der Arbeit in einer grundlegend neuen Situation? Zunächst allgemein geantwortet mit einer Titelpräzisierung: wegen des Wertewandels und der Orientierungskrise. Zuerst zum Wertewandel.

I. Von der Arbeitsgesellschaft zur Erlebnisgesellschaft

Vor drei, vier Jahrzehnten hätte die Beantwortung dieser Frage wenig Schwierigkeiten gemacht. Denn in der Aufbauphase und während der *Restauration der Industriegesellschaft* nach 1945 stand die *Arbeit*, wie schon durch die ganze Moderne hindurch, noch einmal ganz und gar im *Zentrum* des Lebens der Menschen: nicht nur, weil Arbeit zunächst zum Überleben und dann zum Besserleben unbedingt notwendig war, sondern auch, weil sich viele auf diese Weise unbequeme Fragen der Stunde Null nach Schuld und Mitverantwortung an der beispiellosen politisch-moralischen Katastrophe Deutschlands am leichtesten vom Leib halten konnten. Nachdem Führer und Partei, Nation und Staat keinen Lebenssinn mehr liefern konnten und Millionen dafür mit ihrem Leben bezahlt hatten, konnte nichts besser Lebenssinn bieten als die Arbeit, unermüdliche Arbeit; Freizeit war zweitrangig in dieser *Arbeitsgesellschaft*. Das »Wirtschaftswunder« war bekanntlich kein »Wunder«, sondern das Ergebnis einer neuen Konzeption von sozialer Marktwirtschaft und eines welterstaunenden Arbeitsdranges, eines Arbeitseifers, beinahe einer Arbeitsbesessenheit der Deutschen, die sich mit vielfach erneuertem religiösem Interesse zur *neuen deutschen Lebensphilosophie* verband. Diese brachte nicht nur Lebenssicherung und steigenden Lebensstandard, sondern begründete auch ein neues Ethos, das der Leistung, und garantierte einen neuen Lebenssinn: »Ich will es zu etwas bringen, für mich und meine Familie« — sozialer Aufstieg und Wohlstand.

Doch die jugendliche Gegenkultur der 60er Jahre mit Beat- und Rockmusik, mit Expressivität, Erotik und Verausgabung und dann die politisch orientierte *Kulturrevolution der 68er-Generation* erschütterte diese wiederbelebte Arbeits- und Leistungsgesellschaft, ja, die ganze »heile Welt« des Normalbürgers, »Spießer« gescholten. Denn nicht mehr Arbeit, nicht mehr Leistung, Einkommen, Sozialprestige standen im Zentrum des Interesses der gegen eine Ordnungs- und Verbotskultur aufbegehrenden jungen Generation, der Gymnasiasten und Studenten, sondern Utopie, Action, Gesellschaftskritik, Konventionsfeindlichkeit, Zwanglosigkeit, Autonomie und Selbstverwirklichung. So hießen die neuen Stichworte. Nicht mehr um das Über-leben ging es, sondern immer mehr ein neues Er-leben: »Was Spaß macht, muß erlaubt sein« — »Fun morality« mit sich schon früh abzeichnender Orientierungslosigkeit. So entwickelte sich aus der Übergangsphase des Kulturkonflikts in den 80er und 90er Jahren eine *dritte Phase* der Nachkriegsentwicklung, die nach der neuesten »Kultursoziologie der Gegenwart«, wie sie 1993 Gerhard Schulze vorgelegt hat, als eine *Erlebnisgesellschaft* zu bezeichnen ist. Was kennzeichnet sie? Antwort: Es ist eine Gesellschaft, in der nicht mehr die Arbeit, sondern das immer neue Erleben im Zentrum steht, in der das Erlebnis vielfach Selbstzweck geworden und der Erlebniswert — vom neuen Mantel bis zum neuen Auto — wichtiger ist als der Gebrauchswert. Der Sinn des Lebens? Die Suche nach dem schönen Erlebnis und die Ästhetisierung des Alltags.

Neben dem Arbeitsmarkt ist so der *Erlebnismarkt* in dieser Gesellschaft zu einem beherrschenden Bereich des täglichen Lebens geworden, wo die Anbieter immer raffinierter, aber auch die Nachfrager immer routinierter geworden sind. Bereits heute feststellbares Resultat: »Alles ist ausprobiert, die etablierten Produkte ohnehin, aber auch, so paradox es klingen mag, die innovativen. Das Publikum ist an das Neue gewöhnt. Wenn Abwechslung zum Prinzip erhoben wird, gerät sie unterderhand zur Wiederholung. Gleichmütig registriert das Publikum den unablässigen Strom der Mutationen von Erlebnisangeboten: Moden und Trends, Informationen, Produktveränderungen, Gags der Erlebnissuggestion, Programminnovationen in den elektronischen Medien, Neuerscheinungen auf dem Musikmarkt und im Zeitschriftenhandel, letzte und allerletzte Entdeckungen im Tourismus, gewagte Neuinszenierungen, revolutionäre Stilbrüche, unerhörte Provokationen usw.«[3] Eine noch nie dagewesene Erlebnisdichte im Alltagsleben! Aber: »Je weiter das Kumulationsprinzip auf die Spitze getrieben wird, desto mehr schlägt das Motiv der Sehnsucht nach dem Schönen in das Motiv der Vermeidung von Langeweile um.«[4] »Erlebe Dein Leben!«: Viele arbeiten, um — nach der oft so langweiligen Arbeit — immer mehr erleben zu können. Der meiste Small talk kreist um Freizeit, Sport, Kalorien, Fernsehen, Urlaub und Reisen. Daß indessen auch heute noch kein Überfluß der Welt fähig ist, den Menschen in seinem Erlebnishunger zufriedenzustellen, was demonstriert das mehr als unsere gegenwärtige Überflußgesellschaft, deren Teilnehmer immer früher pensioniert, aber immer länger arbeits- und vergnügungsfähig sind? Diese Überflußgesellschaft bietet doch alles und zeigt in ihrer grandiosen Werbung lauter glückliche Gesichter. Aber sind wir nun wirklich glücklicher als frühere Generationen, wir, die wir mit einem ständig erweiterten und verbesserten Produktangebot von Auto, Computer und Stereoanlage bis hin zum Haushaltsgerät und zur Sportkleidung konfrontiert sind? Der Mensch ist, wie die Zufriedenheitsforschung gezeigt hat, schon deshalb subjektiv nur vorübergehend befriedigt, weil erstens das schöne Erlebnis sich nur bedingt planen läßt, nicht eigentlich »machen« läßt und deshalb das Streben nach Erlebnissen oft mit Enttäuschungen endet und weil zweitens immer gleich wieder neue, bessere Angebote die früheren übertrumpfen und so zu neuen Erlebnissen reizen. So funktioniert ja auch unsere Angebotswirtschaft: rasch konsumieren, damit der nächste Produktschub nachkommen kann. Man wird sich von daher über den Befund des Soziologen nicht wundern dürfen: Gerade die Erlebnisorientierung »wird zum habitualisierten Hunger, der keine Befriedigung mehr zuläßt.« Denn: »Im Moment der Erfüllung entsteht bereits die Frage, was denn nun als nächstes kommen soll, so daß sich Befriedigung gerade deshalb nicht mehr einstellt, weil die Suche nach Befriedigung zur Gewohnheit geworden ist.« Und der Soziologe fügt hinzu: »Wochenende und Urlaub, aber auch Partnerbeziehung, Beruf und andere Lebensbereiche geraten unter einen Erwartungsdruck, der Enttäuschungen erzeugt. Je vorbehaltloser Erlebnisse zum Sinn des Lebens schlechthin gemacht werden, desto größer wird die Angst vor dem Ausbleiben von Erlebnissen...«[5] Gefühle der Langeweile und Angst vor Langeweile, Unbefriedigtsein, Unausgefülltsein, Lebensleere statt Lebenssinn und Lebensfreude. Da möchte man aus Charles Baudelaires nachgelassenen »Intimen Tagebüchern« zitieren: »Man muß arbeiten, wenn nicht aus Lust, dann zumindest aus Verzweiflung; denn, alles wohl bedacht, ist Arbeiten immer noch weniger langweilig als sich zu vergnügen.«[6] Doch mit dem Wertewandel von der Arbeits- zur Erlebnisgesellschaft – und Baudelaire ist ein früher Kenner dieser Erfahrung – hatte sich eine parallele Entwicklung angebahnt: eine Orientierungslosigkeit, die etwas anderes ist als die seit Platons Zeiten immer gemachte Feststellung, daß »die heutige Jugend schlechter« ist.

II. Der Orientierungsdschungel und die Frage nach dem Lebenssinn

Ganz anders als früher die Arbeitsorientierung der Arbeitsgesellschaft verschafft die Erlebnisorientierung unserer Erlebnisgesellschaft letztlich nicht Lebenssinn, sondern viel Freizeitstreß und Lebensfrust. Sie bietet kaum eine wirkliche Lebensorientierung, sondern verdeckt nur das seit den späten 60er Jahren um sich greifende *Orientierungsvakuum*. Jene Kulturrevolution erwies sich als stark im Autoritätsabbau, aber notorisch schwach und unproduktiv in der Schaffung neuer Werte, Maßstäbe und der sie verkörpernden Autoritäten. Und die antiautoritäre Erziehung (Nicht-Erziehung) hat auch nach der Auffassung mancher ihrer Vertreter heute ihr Ziel kaum erreicht: Weniger eine mündige, sozial und ökologisch engagierte, politisch hochmotivierte Jugend ließ man da »heranwachsen« als eine zuallermeist egozentrische, konsumorientierte und im schlimmsten Fall gewalttätige und fremdenfeindliche Generation ... Man mache die Medien, das Fernsehen, für einiges, aber nicht für alles verantwortlich. Wer wollte übersehen, daß hier die Gesellschaft als Ganzes herausgefordert ist in einer Zeit, wo nach der langsamen, grausamen Ermordung eines zweijährigen Kindes durch zwei Zehnjährige in Liverpool und ähnlicher Greueltaten anderswo jetzt auch Nachrichtenmagazine wie »Der Spiegel« in einer Titelgeschichte nicht nur eine Orientierungskrise beklagen, sondern sogar von einem »Orientierungsdschungel« und von einer in der jüngeren Kulturgeschichte beispiellosen Enttabuisierung reden: »Die jüngste Generation muß mit einer Werteverwirrung zurechtkommen, deren Ausmaß kaum abzuschätzen ist. Klare Maßstäbe für Recht und Unrecht, Gut und Böse, wie sie noch in den fünfziger und sechziger Jahren von Eltern und Schulen, Kirchen und manchmal auch von Politikern vermittelt wurden, sind für sie kaum noch erkennbar.«[7] Und der Herausgeber der größten deutschen Wochenzeitung

»Die Zeit«, Theo Sommer, redet nach den vielen Skandalen in Politik, Wirtschaft und Gewerkschaften auch den Intellektuellen ins Gewissen: »Ganz gewiß müssen auch die Intellektuellen des Landes in sich gehen. Viele von ihnen haben die Selbstverwirklichung bis zum Exzeß gepredigt; haben Tugend, Anstand, Stil verlacht; haben die postmoderne Beliebigkeit eine Zeitlang soweit getrieben, daß nach der Devise 'Alles geht' nichts mehr verpönt war. So wurde die Gemeinschaft auf dem Altar der Gesellschaft geopfert. Die Maßstäbe lösten sich im ätzenden Säurebad der Kritik auf.«[8]

In der Tat: Das demokratische System muß sich nicht nur den Brot-, Butter- und Arbeitsfragen stellen, sondern – angesichts einer Explosion von individuellen und kollektiven Egoismen – auch den Fragen nach Sinn und Maßstäben. Lebenssinn wurde zur raren Ressource. Und diese Orientierungskrise ist ja nicht nur ein Problem für Europa und Amerika (im Jahr 1991 gab es in den USA 38.000 mit Schußwaffen Ermordete, fast so viele wie Verkehrstote: 43.000). Sie grassiert auch in der früheren Sowjetunion und – verdeckt – in China, überall. Kurz, die Orientierungskrise ist ein Weltproblem. Was soll da helfen? Ich habe kein Patentrezept, niemand hier im Raum hat es. Aber viele werden doch mit mir der Überzeugung sein, daß die Conditio sine qua non, ja, unverzichtbare Grundlage einer Neuorientierung, ob religiös begründet oder nicht, ein gemeinsames Ethos sein muß, das Wirtschaftlichkeit nicht ignoriert, doch auf Humanität zielt, das Leistung und Selbstverwirklichung bejaht und doch zugleich Verantwortung und Selbstverpflichtung einschließt.

III. Bewältigung der Orientierungskrise durch ein Weltethos

Für viele Menschen ist dies eine elementare Erfahrung: Sie haben Arbeit, aber keine Vision, Beschäftigung, aber keine Ideale, Reglementierung, aber keine Orientierung. Ich denke es, so oft ich jedes Semester aufs neue viele Hunderte Gesichter von Studierenden vor mir sehe: Wie sehr sucht doch auch die junge Generation nach Maßstäben, Idealen, Visionen. Das Wort »Utopie« mag, weil gründlich mißbraucht, untauglich geworden sein. Aber zumindest auf das Wort »Vision« möchte ich keinesfalls verzichten. Denn mit der Vision stirbt die Hoffnung, mit der Hoffnung das Ethos, mit dem Ethos die Bereitschaft, sich einzuschränken und sich für andere einzusetzen. Auch dies ist eine Grunderfahrung ungezählter Menschen: Wir haben ungezählte Gesetze, Programme, Pläne, aber zu wenig innere Bereitschaft der Menschen, sich an Werte und Normen selbst zu binden, die mehr sind als bloße Regeln zur eigenen Lustmaximierung. Kurz: Wir haben sehr viele Vorschriften, aber zu wenig Ethos.

Die globale Orientierungskrise ist nur durch einen weltweiten Bewußtseinswandel zu bewältigen, wie er in der Ökologie, der Friedens- und der Frauenfrage bereits erfolgt ist und nun auch in der Frage eines gemeinsamen Ethos naheliegt, das für Menschen der verschiedenen Kontinente, Rassen und Klassen gelten soll. Zur globalen Betrachtung gehören auch die großen Kulturen und Religionen der Welt. Wollen wir den von Samuel Huntington prophezeiten »Clash of Civilizations« vermeiden, so müssen wir für den Frieden unter den Religionen und Kulturen, eine Grundvoraussetzung des Friedens unter den Nationen, arbeiten. Und Aufgabe der Religionen (trotz all des Negativen, was von ihnen leider immer wieder berichtet werden muß) ist es, zur Bewältigung von Orientierungskrisen und zum notwendigen weltweiten Wertewandel einen entscheidenden Beitrag zu leisten. Das aber können die Religionen nur, wenn sie sich nicht länger gegenseitig ausgrenzen oder übertrumpfen wollen, sondern zum Wohle der gesamten Menschheit zusammenarbeiten. Und dies ist aller Erfahrungen nach auf dem Gebiet des Ethos leichter möglich als auf dem Gebiet des »Dogmas«, der Lehrgebäude. Es ist deshalb ein erster großer Schritt in Richtung auf einen Bewußtseinswandel, wenn das Parlament der Weltreligionen in Chicago zum ersten Mal in der Geschichte der Religionen am 4. September 1993 eine »Erklärung zum Weltethos«[9] verabschiedet hat, von der man in Deutschland verhältnismäßig wenig gehört hat, weil selbst Organe wie die »Zeit« weder einen Bericht noch den erwünschten Abdruck brachten und das »FAZ«-Feuilleton diesbezügliche Bestrebungen ohnehin mit »Spiegel«-Häme zu begleiten pflegt. Ausdrücklich wird in dieser Erklärung gesagt: »Mit Weltethos meinen wir keine neue Weltideologie, auch keine einheitliche Weltreligion jenseits aller bestehenden Religionen, erst recht nicht die Herrschaft einer Religion über alle anderen. Mit Weltethos meinen wir einen Grundkonsens bezüglich bestehender verbindender Werte, unverrückbarer Maßstäbe und persönlicher Grundhaltungen. Ohne einen Grundkonsens im Ethos droht jeder Gemeinschaft früher oder später das Chaos oder eine Diktatur, und einzelne Menschen werden verzweifeln.«

Wichtig an dieser Erklärung ist, daß sie alle Menschen guten Willens einschließen will, Religiöse und Nichtreligiöse. Die tiefgreifenden Unterschiede zwischen den einzelnen Religionen werden nicht verwischt oder ignoriert. Aber diese Unterschiede sollen die Religionen nicht länger hindern, öffentlich zu proklamieren, was ihnen bereits jetzt gemeinsam ist und wozu sie sich aufgrund ihrer eigenen religiösen oder ethischen Grundlagen schon jetzt gemeinsam verpflichtet fühlen. Wörtlich heißt es:

»Uns ist bewußt: Religionen können die ökologischen, wirtschaftlichen, politischen und sozialen Probleme dieser Erde nicht lösen. Wohl aber können sie das erreichen, was allein mit ökonomischen Plänen, politischen Programmen oder juristischen Regelungen offensichtlich nicht erreichbar ist: die innere Einstellung, die ganze Mentalität, eben *das Herz des Menschen zu verändern* und ihn zu einer Umkehr von einem falschen Weg zu einer neuen Lebenseinstellung zu bewegen. Die Menschheit bedarf der sozialen und ökologischen Reformen, gewiß, aber nicht weniger bedarf sie der *spirituellen Erneuerung*. Wir als religiös oder spirituell orientierte Menschen wollen uns besonders dazu verpflichten – im Bewußtsein, daß es gerade die spirituellen Kräfte der Religionen sein können, die Menschen für ihr Leben ein Grundvertrauen, einen Sinnhorizont, letzte Maßstäbe und eine geistige Heimat vermitteln. Dies freilich können Religionen nur dann glaubwürdig tun, wenn sie selbst jene Konflikte beseitigen, deren Quelle sie selber sind, wenn sie wechselseitig Überheblichkeit, Mißtrauen, Vorurteile, ja Feindbilder abbauen und den Traditionen, Heiligtümern, Festen und Riten der jeweils Andersgläubigen Respekt entgegenbringen.«[10]

Die Grundsätze der Ethos-Erklärung sind einfach, haben aber gerade für die Arbeitswelt besondere Bedeutung: »Nach wie vor werden überall auf der Welt *Menschen unmenschlich behandelt*. Sie werden ihrer Lebenschancen und ihrer Freiheit beraubt, ihre Menschenrechte werden mit Füßen getreten, ihre menschliche Würde wird mißachtet. Aber Macht ist nicht gleich Recht! Angesichts aller Unmenschlichkeit fordern unsere religiösen und ethischen Überzeugungen: *Jeder Mensch muß menschlich behandelt werden*! Das heißt: Jeder Mensch – ohne Unterschied von Alter, Geschlecht, Rasse, Hautfarbe, körperlicher oder geistiger Fähigkeit, Sprache, Religion, politischer Anschauung, nationaler oder sozialer Herkunft – besitzt eine unveräußerliche und *unantastbare Würde*. Alle, der Einzelne wie der Staat, sind deshalb verpflichtet, diese Würde zu achten und ihren wirksamen Schutz zu garantieren. Auch in Wirtschaft, Politik und Medien, in Forschungsinstituten und Industrieunternehmungen soll der Mensch immer

Rechtssubjekt und Ziel sein, nie bloßes Mittel, nie Objekt der Kommerzialisierung und der Industrialisierung. Niemand steht jenseits von Gut und Böse: kein Mensch und keine soziale Schicht, keine einflußreiche Interessengruppe und kein Machtkartell, kein Polizeiapparat, keine Armee und auch kein Staat. Im Gegenteil: Als ein mit Vernunft und Gewissen ausgestattetes Wesen ist jeder Mensch dazu verpflichtet, sich wahrhaft menschlich und nicht unmenschlich zu verhalten, *Gutes zu tun und Böses zu lassen*!«[11]

Was dies konkret heißt, wird in dieser Erklärung verdeutlicht. Sie will im Blick auf eine neue Weltordnung unverrückbare, unbedingte ethische Normen in Erinnerung rufen. Diese sollen für den Menschen nicht Fesseln und Ketten sein, sondern Hilfen und Stützen, um Lebensrichtung und Lebenswerte, Lebenshaltungen und Lebenssinn immer wieder neu zu finden und zu verwirklichen. Noch einmal wörtlich:

»Es gibt ein Prinzip (die Goldene Regel), die seit Jahrtausenden in vielen religiösen und ethischen Traditionen der Menschheit zu finden ist und sich bewährt hat: *Was du nicht willst, das man dir tu, das füg auch keinem anderen zu.* Oder positiv: *Was du willst, das man dir tu, das tue auch den anderen*! Dies sollte die unverrückbare, unbedingte Norm für alle Lebensbereiche sein, für Familie und Gemeinschaften, für Rassen, Nationen und Religionen. Egoismen jeder Art – jede Selbstsucht, sie sei individuell oder kollektiv, sie trete auf in Form von Klassendenken, Rassismus, Nationalismus oder Sexismus – sind verwerflich. Wir verurteilen sie, weil sie den Menschen daran hindern, wahrhaft Mensch zu sein. Selbstbestimmung und Selbstverwirklichung sind durchaus legitim – solange sie nicht von der Selbstverantwortung und Weltverantwortung des Menschen, von der Verantwortung für die Mitmenschen und den Planeten Erde losgelöst sind.«[12]

Von den beiden Grundprinzipien her werden in der Erklärung *vier umfassende uralte Richtlinien* erläutert, die sich in den meisten Religionen dieser Welt finden:

1. Verpflichtung auf eine Kultur der Gewaltlosigkeit und der Ehrfurcht vor allem Leben;
2. Verpflichtung auf eine Kultur der Solidarität und eine gerechte Weltwirtschaftsordnung;
3. Verpflichtung auf eine Kultur der Toleranz und ein Leben in Wahrhaftigkeit;
4. Verpflichtung auf eine Kultur der Gleichberechtigung und der Partnerschaft von Mann und Frau.

Wertewandel und Orientierungskrise bergen Chancen in sich. Die in Chicago versammelten Vertreter der Religionen haben diese Chancen erkannt und sich aufeinander zubewegt – ein Hoffnungszeichen gerade für die junge Generation, die ein gemeinsames Weltethos nicht erst »erfinden« muß, womit sie überfordert wäre. Dieses ist ja seit Jahrtausenden verkündet und vorgegeben und muß gefunden werden. Freilich bieten die Religionen mehr als nur Ethos, das Christentum ganz besonders. Und als christlicher Theologe möchte ich auf dieses spezifisch Christliche wenigstens hinweisen, was uns von der ethischen Ebene auf die des eigentlich Religiösen führt, woher letztlich die Frage nach dem Lebenssinn beantwortet werden muß.

IV. Ein Sinn der Arbeit ohne einen Sinn des Lebens?

Die Vielfältigkeit menschlicher Arbeit ist kaum in einer Definition einzufangen. Unter Arbeit verstehe ich pragmatisch eine planvolle, andauernde, angestrengte menschliche Tätigkeit im materiellen oder ideellen Bereich, sei sie Erwerbstätigkeit oder auch nichtgewerbliches Tun. Seit der Aufklärung des 16./17. Jahrhunderts ist die Arbeit unwiderruflich säkularisiert, und seit der industriellen Revolution des 19. Jahrhunderts auch technisiert und ökonomisiert.[13] Sicher gibt es heute noch (und in vielen Fällen sogar wieder mehr) Menschen, für welche die Arbeit – um eine Unterscheidung Hannah Arendts[14] aufzunehmen – die freie Selbstverwirklichung des Homo faber ist und nicht nur das Instrument des Lebensunterhalts und oft auch der Selbstentfremdung des Animal laborans (Arbeit als Ware: Karl Marx).

Aber für die großen Massen der Menschheit in der ersten, zweiten und dritten Welt ist die Arbeit – ob am Fließband, in der Plantage oder am Bildschirm – weniger schöpferische Tätigkeit als materielle Notwendigkeit, ein »Job« zur Lebenssicherung: nicht einmal produktorientiert, sondern prozeß- und funktionsorientiert, ganz und gar aufgeteilt und notwendigerweise bis ins letzte Detail reglementiert. Kann man nicht begreifen, daß die Menschen diese aus sich heraus als wenig sinnvoll erfahrene Arbeit, mit der sie sich emotional gar nicht sehr identifizieren dürfen, so weit wie möglich durch Konsum und Erlebnis kompensieren, was ihnen freilich ebensowenig Lebenssinn zu verschaffen vermag?

Doch wäre es, scheint mir, ziemlich aussichtslos, dem Menschen unserer Tage mit dem Blick auf seine säkularisierte, technisierte, ökonomisierte, funktionalisierte Arbeit jetzt unter Berufung auf Thomas von Aquin darüber zu belehren, er sei als Ebenbild Gottes von Gott zum Mitarbeiter Gottes berufen worden, oder mit Luther, sein weltlicher Beruf sei seine göttliche Berufung, oder gar mit Calvin, durch den materiellen Erfolg seiner Arbeit sei ihm ein Zeichen seiner göttlichen Erwählung gegeben. Auch theologische Überhöhungen der Arbeit, daß der Mensch Gottes Schöpfungswerk weiterentwickle (so die Enzyklika »Laborem exercens« (1981)), helfen da wenig. Weder die mittelalterliche Ordnung der Stände noch die reformatorische Ordnung der Berufe – beides angeblich gottgewollt – kann uns heute Orientierungsrahmen sein, um der Arbeit einen Lebenssinn zuzuschreiben. Aussagen von Bibel und Tradition über den Lebenssinn auf den

Job, Beruf oder gar Stand zuzuspitzen, läßt sich nicht länger aufrechterhalten. Gewiß: Jeder Mensch hat eine Berufung; was dies aber konkret bedeutet, ist nicht einfach mit Arbeit und Beruf zu identifizieren, steht nicht einfach statisch fest, sondern ist im Vollzug einer Lebensgeschichte zu entdecken: durch Berufstreue genauso wie eventuell durch Berufswechsel, durch Erwerbsarbeit wie durch Nichterwerbsarbeit.

Theologisch entscheidend scheint mir die Frage, ob Arbeit für den Normalarbeiter auf Dauer überhaupt ausreicht, um einen Lebenssinn zu garantieren. Wie das Erlebnis, die ganze Kette der Erlebnisse, so reicht doch auch die Arbeit, der ganze Arbeitsprozeß, kaum aus, um dem normalen Menschenleben unter heutigen Lebensbedingungen auf Dauer einen Lebenssinn zu gewähren. Mit Recht hat sich in unseren Tagen die Einsicht durchgesetzt: Der Mensch lebt schließlich nicht um zu arbeiten, sondern er arbeitet um zu leben. Dies vernachlässigte sowohl die bürgerlich-kapitalistische wie die staatssozialistische Arbeitsideologie. Grund und Zweck der Arbeit ist das erfüllte Leben des einzelnen und das funktionierende Leben der Gemeinschaft. Damit ist nun freilich auch gesagt: Die Arbeit als solche hat letztlich nur dann einen Sinn, *wenn das Menschenleben selber einen Sinn hat.* Wie aber erhält das Menschenleben einen Sinn, einen bleibenden, durchhaltenden Sinn? Lassen Sie mich dazu zum Schluß einige Gedanken — in systematischer Form[15] — entwickeln:

(1) Einen Lebenssinn gibt es nicht ohne Arbeit.

Wie sollen Menschen denn auch Lebenssinn finden? Etwa durch *Nichtstun*? Etwa durch ständig neues *Erleben*, durch Freizeit, Vergnügen, Ausleben? Oder durch möglichst weitgehenden Leistungsverzicht, durch Resignation und Fatalismus, gar durch Ausflippen oder die große Verweigerung — eine Versuchung, die bei Überforderung auch Managern und Politikern verlockend erscheinen mag? Nein, so findet der Mensch nicht einfach zu sich selbst, findet er vielleicht nur seine eigenen

Untiefen, aber noch keineswegs den Sinn seines Lebens. Von jedem Menschen werden normalerweise Arbeit und Leistung gefordert. *Arbeit* als planvolles, auf ein Ziel ausgerichtetes Tun (was wesentlich mehr ist als die physikalische Arbeit des Tieres oder der Maschine) *charakterisiert* nun einmal den Menschen. Ohne sinnvolle Arbeit geht ein Stück Menschenwürde verloren. Was umgekehrt heißt: Um der Menschenwürde willen ist gegen alle Formen stumpfsinniger, entfremdeter, entwürdigender Arbeit Einspruch zu erheben und so weit wie irgendwie möglich für Abhilfe zu sorgen, bei uns und in den von uns abhängigen Ländern.

Arbeit ist freilich vom Wortgebrauch her nicht nur opus, operatio, Tätigkeit, sondern labor, neg-otium, Anstrengung, Mühe, Plackerei. Schon auf den ersten Seiten der Bibel kann man es nachlesen: Arbeit ist Auftrag und Anstrengung zugleich, ist Lust und Last, ist mit Erfolg und Scheitern verbunden. Arbeit, selbst wenn die Arbeitslast durch die moderne Technik für die große Zahl der Menschen sehr viel erträglicher geworden ist, ist normalerweise kein Spiel, wenngleich wirklich schöpferische Arbeit (für Geistesarbeiter vor allem) manchmal zum Hobby werden kann. Nein, ohne Arbeit kein Lebenssinn. Und eine bequeme junge Generation — in Schule, Universität, Beruf — ist kaum eine Antwort auf eine recht unbequeme Welt- und Arbeitsmarktsituation, in welcher der Arbeitsgesellschaft (auch dies ein Wort schon von Hannah Arendt) die Arbeit auszugehen droht.

(2) Lebenssinn gibt es keineswegs nur durch Arbeit.

Oder sollen Menschen vielleicht gerade umgekehrt ihren Lebenssinn in *Arbeit*, in Karriere, Erfolg, Leistungen finden? Auch dies nicht. Das Menschenleben ist mehr als Arbeit. Arbeit ist ein wichtiges Element, jedoch nicht der Grund unseres Lebens. Die menschliche Tätigkeit umfaßt nicht nur Arbeit, sondern alles soziale, politische und kulturelle Handeln, umfaßt nicht nur das Negotium, sondern auch das Otium: die

Muße, die ja nicht mit Müßiggang, Trägheit und Faulheit gleichzusetzen ist, Freizeit, Spiel, Musisches, Ruhe. Und wenn der moderne Mensch bei aller Arbeit nicht mehr zur Ruhe kommt, wenn er die Arbeit, die Erwerbsarbeit vor allem, zum Selbstzweck macht, wenn es zu chronischer Angespanntheit, ja, Überangespanntheit kommt, wenn er von Termin zu Termin hetzt und doch auf derselben Stelle tritt: Erfährt auf diese Weise der Mensch in moderner Form nicht das, was Paulus und Luther den »Fluch des Gesetzes« genannt haben?

Das moderne Berufsleben hält uns alle unter Leistungszwang, Zugzwang, Erfolgszwang, Arbeitszwang. Wir haben so oft das Gefühl, den Sinn unserer Existenz immer wieder neu rechtfertigen zu müssen, nicht mehr wie Luther vor Gottes Richterstuhl, sondern vor dem Forum unserer Umwelt, Firma, Bank, Behörde, der Öffentlichkeit oder meinem Selbst. Rechtfertigen aber können wir uns in dieser Leistungsgesellschaft nur durch Arbeitsleistung; nur durch Arbeitsleistung sind Menschen angeblich etwas wert. Das aber ist gerade die Frage: Gewinnen Menschen durch säkularisierte Werkfrömmigkeit nach dem Leistungsprinzip wirklich die Identität ihrer Person und den Sinn ihrer Existenz? Nein. Solche Selbstrechtfertigungen scheitern nur zu oft. Arbeit ist gewiß notwendige Bedingung, aber sie ist nicht einziger Inhalt unseres Daseins, und insofern sollten auch Unternehmer sich nicht nach der Arbeitsgesellschaft von gestern mit ihrer Disziplinierung durch lange Arbeitstage, Arbeitswochen, Arbeitsjahre zurücksehnen! Spätestens hier begreift man: Arbeit kann nicht die einzige Quelle von Lebenssinn sein; der Mensch ist mehr als Arbeit, und er bleibt auch dann noch Mensch, wenn er nicht mehr arbeitet, arbeitslos oder arbeitsunfähig ist.

Gefährdet ist der Mensch, Arbeit hin oder her, ohnehin, selbst wenn er bestens dotiert, behütet, bewacht ist. Der Name Alfred Herrhausen kommt einem wieder in den Sinn: Wer in der deutschen Finanzwelt war höher gestiegen als er, wer hatte größere Möglichkeiten, aber eine einzige Irrsinnstat vernichtete für ihn und seine Familie alles in einer Sekunde. Ein Leben also abgebrochen – und so sinnlos? Keineswegs: *Jeder Mensch ist mehr als seine Arbeit, mehr auch als sein Besitz*, ist mehr als sein Beruf, sein Erfolg, sein Verdienst, sein Vermögen, sein Werk. Leistungen sind wichtig, aber sie sind nicht das, worauf es letztlich ankommt, was letztlich Sinn stiftet. Und deutlich ist auch: Selbst das Geld, viel Geld, vermag den Menschen nicht zum Menschen zu machen, vermag nicht den Sinn seiner Existenz zu rechtfertigen. Und selbst der höchste Lebensstandard ist kein Ersatz für einen letzten Lebenssinn. Wie also soll der Mensch in seinem Leben einen Sinn finden?

(3) Lebenssinn ist zu finden durch ein begründetes Vertrauen!

Menschen gewinnen Lebenssinn nur dadurch, daß sie ihr Leben auf eine *Tiefengrundlage* stellen: Dies aber kann nicht einfach durch Arbeit, erst recht nicht einfach durch Erlebnis, sondern nur durch eine neue Grundeinstellung geschehen, durch anderes »Bewußtsein«, das wahrhaftiges Menschsein ermöglicht, eine neue Freiheit verschafft, auf Dauer Lebenssinn vermittelt. Und wie? Dadurch, daß der Mensch bei allem Leben und Erleben, allem Arbeiten und Verarbeiten in erster und letzter Instanz sich doch auf etwas verläßt, was ihn durch alle Erfolge und Mißerfolge des Lebens, ja, selbst durch Gutes und Böses, vielleicht gar Leben und Tod, hindurchzutragen vermag. Kurz gesagt: Einen letzten Sinn im Leben gewinnt der Mensch nur, indem er inmitten aller Arbeit, allen Erlebens und aller vorletzten Wirklichkeiten mit guten Gründen, aber ohne strikte Beweise ein also nicht irrationales, sondern durchaus vernünftiges Vertrauen auf eine letztlich verborgene Wirklichkeit setzt: jene allererste-allerletzte, wirklichste, geistige Wirklichkeit, die ihn (wenn er sich ihr tief innerlich öffnet) zu tragen, durchdringen, geleiten vermag, die wir mit dem viel mißbrauchten Namen *Gott* bezeichnen. Deshalb:

(4) Durch Bindung an den absoluten Sinn-Grund ist Freiheit in allem Relativen möglich.

Bindet sich der Mensch in diesem nicht blinden, sondern durchaus begründeten Vertrauen allein an *das eine Absolute,* das nicht die Arbeit und nicht das Erlebnis und auch nicht das Geld und das Kapital, sondern der eine wahre Gott ist, der mit keiner der endlichen Wirklichkeiten identisch ist, so wird der Mensch *wirklich frei: frei gegenüber allen endlichen Werten,* Gütern, Mächten, die dann ihre wahre Bedeutung bewahren, die eben eine nur *relative* ist. Er erkennt dann auch die Relativität seiner Arbeit und seiner Erlebnisse, die Relativität seiner eigenen Leistungen, aber auch die seiner Fehlleistungen. Er steht inmitten aller Arbeit nicht mehr unter dem unbarmherzigen Gesetz des Leisten-Müssens, aber auch nicht unter dem Zwang, der Langeweile durch ständige Erlebnisbefriedigung entkommen zu müssen. Er wird weder Sklave der Arbeit sein, der keine Zeit für Ruhe, Muße, Erholung, Musik und Kult hat, noch Sklave des Erlebnisses, der ständig auf der Suche nach Verausgaben und Ausleben, Rausch und Betäubung ist. Nein, es soll dem Menschen humanes Erleben in keiner Weise vergrault, gar verboten werden. Auch soll der Mensch nicht dispensiert werden von aller Leistung, im Gegenteil. Aber coram deo sind Menschen befreit von der Zwangsneurose, durch ständige neue Erlebnisse oder Leistungen den Sinn ihrer Existenz selbst rechtfertigen zu müssen.

So gesehen gehe ich auch nicht auf in meiner Rolle – als Wissenschaftler, Bankier, Geschäftsmann, Politiker. Ich bleibe Mensch, wahrhaft Mensch, und dies selbst dann noch, wenn ich der Emeritierung oder Pensionierung entgegengehe, wenn die Rollen fallen und die Ermüdung im Verdrängungswettbewerb beginnt. Noch immer vermag ich ebenso viel, ja mehr als manche andere zu leisten und erlebe mehr als viele andere. Aber gerechtfertigt in meiner ganzen Existenz, in meinem ganzen Menschsein bin ich nur aufgrund eines glaubenden Vertrauens auf eine ganz andere Wirklichkeit, auf den ganz Anderen. Ja, aufgrund meines glaubenden Vertrauens auf Urgrund und Urziel, den Schöpfer und Vollender der Welt und des Menschen weiß ich, daß mein Leben in jedem Fall, geschehe was immer, einen Sinn hat: und zwar nicht nur in meinen Erfolgen, auch in meinen Mißerfolgen, nicht nur bei Glanzleistungen, auch bei Fehlleistungen, nicht nur bei Leistungssteigerung, auch bei Leistungsabfall, nicht nur im Glück, auch im Unglück, nicht nur im blühenden Leben, sondern auch im Altern, ja, im unverhofften jähen Tod.

Ich habe Alfred Herrhausen nicht persönlich gekannt. Ich meine aber Grund genug zur Annahme zu haben, daß ihm diese Gedanken nicht fremd gewesen wären.

Anmerkungen

1 Vgl. zum Beispiel W. Schäuble, Und der Zukunft zugewandt, Berlin 1994.

2 Vgl. P. Ulrich, Transformation der ökonomischen Vernunft. Fortschrittsperspektiven der modernen Industriegesellschaft, Bern 1993, S. 458: »Die naheliegende Lösung ist eine duale Lebensform in einer homogenen Gesellschaft. Im fundamentalen Gegensatz zur heterogenen Doppelwirtschaft mit zwei sozial völlig getrennten, je einseitigen Lebensformen sind in der dualen Lebensform möglichst alle Personen in beiden Sektoren, im institutionellen Sektor (System) ebenso wie im informellen Sektor (Lebenswelt) tätig. Das erlaubt den bisher total im System Involvierten, die – bewußt oder unbewußt – an ihrer strukturellen Passivität leiden, das partielle »Aussteigen« zugunsten vermehrter autonomer Tätigkeit und den bisher Freigesetzten, die an ihrer Deklassierung leiden, das partielle »Einsteigen«.

3 G. Schulze, Die Erlebnisgesellschaft. Kultursoziologie der Gegenwart, Frankfurt 1993, 542 f..

4 G. Schulze, Die Erlebnisgesellschaft, S. 543.

5 G. Schulze, Die Erlebnisgesellschaft, S. 65 (dort auch Hinweise auf die Erlebnisforschung von R. A. Easterlin und W. Zapf).

6 C. Baudelaire, Journaux intimes, Paris 1887: Mon cillur mis a nu Nr. 10.

7 »Der Spiegel«, Nr. 9 (1993).
8 »Die Zeit« 21.05. 1993 (Leitartikel).
9 Vgl. H. Küng — K.-J. Kuschel (Hrsg.), Erklärung zum Weltethos. Die Deklaration des Parlamentes der Weltreligionen, München 1993 (Serie Piper 1958).
10 Erklärung zum Weltethos S. 26.
11 Erklärung zum Weltethos S. 26f.
12 Erklärung zum Weltethos S. 27f.
13 Ein Überblick über den Wandel des Arbeitsverständnisses vom Alten und Neuen Testament über Alte Kirche, Mittelalter und Reformation bis zur industriellen Arbeitswelt des 20. Jh.s findet sich im Artikel »Arbeit« der Theologischen Realenzyklopädie Bd III, Berlin 1978, S. 613–669.
14 H. Arendt, Vita activa oder Vom tätigen Leben, Stuttgart 1960, bes. — 45: Der Sieg des Animal laborans.
15 J. Pohier — D. Mieth (Hrsg.), Arbeitslosigkeit und Recht auf Arbeit. Themenheft von Concilium 18, 1982, Heft 12.
W. Kerber (Hrsg.), Arbeitswelt im Umbruch. Arbeitslosigkeit als Anstoß und Herausforderung, Düsseldorf 1984. F. Niess (Hrsg.), Leben wir, um zu arbeiten? Die Arbeitswelt im Umbruch, Köln 1984. D. Mieth, Arbeit und Menschenwürde, Freiburg 1985. W. Fahlbusch — H. Przybylski — W. Schröter, Arbeit ist nicht alles. Versuche zu einer Ethik der Zukunft, Bochum 1987. A. Rich, Wirtschaftsethik Bd II, Gütersloh 1990.

Diskussion

Köcher: Herr Professor Küng, das erste Drittel Ihres Referates war mir im Grundton eigentlich zu pessimistisch. Ich glaube nicht, daß Arbeit in diesem Maße für die Definition von Lebenssinn an Stellenwert verloren hat. Ich möchte dem vielmehr die These entgegensetzen, daß Arbeit in vieler Hinsicht als bewußt erlebte Quelle von Lebenssinn gewonnen hat.

In den 80er Jahren gab es eine Untersuchung unter Arbeitslosen, in der sie die Grenze der Zumutbarkeit bei der Frage definieren, welchen neuen Arbeitsplatz sie akzeptieren würden und welchen nicht. Die Grenzen der Zumutbarkeit wurden von den Arbeitslosen vor allen Dingen durch zwei Facetten definiert: Erstens bei der Mobilität, also dem Zwang, den Wohnort, den vertrauten Raum, verlassen zu müssen, und zweitens eine Arbeit annehmen zu müssen, die nicht befriedigt. Ich glaube, man hat heute einfach mit der Schwierigkeit zu kämpfen, daß weitaus mehr nach der Qualität der Arbeit und nach der Übereinstimmung mit den eigenen Neigungen und Fähigkeiten gefragt wird. Dabei stimme ich Ihnen zu, daß zwischen 1968 und 1980 ein gravierender Wertewandel stattgefunden hat, der die Freizeitorientierung stark in den Vordergrund geschoben hat. Auch hier ist es interessant, zu sehen, daß diese Entwicklung seit einigen Jahren rückläufig ist. Seit ungefähr drei Jahren sehen wir wieder eine wachsende Leistungsorientierung in der Bevölkerung; wir sehen gerade in der jungen Generation wieder deutlich andere Meinungen.

Ihre These, daß die Arbeit von der Masse nicht als sinnvoll, als befriedigend erlebt wird, teile ich nicht. Die empirischen Befunde sprechen eigentlich dagegen. Ich halte es für ein intellektuelles Vorurteil, daß eine monotone Tätigkeit von demjenigen, der sie ausübt, in der Regel als nicht sinnvoll empfunden wird. An sich ist der Sinn der Tätigkeit eines Müllarbeiters zunächst einmal evidenter als der Sinn der Arbeit eines Soziologen oder eines Theologen. Die subjektive Befindlichkeit ist da eigentlich eine andere. Ich halte es für unglücklich in unserer Gesellschaft, daß wir bestimmte Tätigkeitsfelder systematisch abgewertet und dadurch das Reservoir, das Potential für diese Tätigkeit selber doch sehr verengt haben.

Schließlich noch eine Anmerkung zu dem Punkt, den Sie mit der Auflösung von Regeln angesprochen haben. Eines der gravierendsten Probleme scheint mir zu sein, daß heute das Gleichgewicht zwischen der Verfolgung individueller Interessen und der Berücksichtigung von Gemeinwohlinteressen nicht stimmt. Dieses Gleichgewicht hat sich in den letzten Jahren mehr und mehr aufgelöst. Ethische Regeln sind mehr und mehr durch ein freies Spiel der Kräfte abgelöst worden. Der einzelne versucht, seine Interessen soweit wie möglich zu verfolgen, bis er praktisch an eine Grenze stößt. Das halte ich in der Tat für eine ganz gravierende Änderung, und hier kann man im Moment auch noch überhaupt keine Neuorientierung absehen. Man kann höchstens eine Hoffnung aus der Überzeugung der Mehrheit schöpfen, daß eigentlich eine moralische Wende überfällig ist.

Mittelsten Scheid: Für uns, die wir gelegentlich in Asien reisen, bietet sich aus der subjektiven Erfahrung ein ganz anderes Bild. Die Jugend, soweit ich sie dort kennengelernt habe — das trifft sogar mit Einschränkung für Japan zu—, macht nicht den Eindruck, daß sie von des Gedankens Blässe ähnlich angekränkelt sei, wie das vielleicht bei uns der Fall ist, und die politischen Führer schon gar nicht. Ich erinnere mich an Reden von Lee Teng-Hui oder Mahathir, die gerade dem Westen vorgeworfen haben, daß er durch seine Egoismen eine degenerative Gesellschaft, eine Gesellschaft im Abschwung produziert habe, die durch Kriminalität und den Verlust von Wertdirektiven gekennzeichnet sei, während gerade die Entwicklungsländer Asiens mit diesen Problemen nicht zu kämpfen hätten. Sie legten vielmehr großen Wert darauf, daß Institutionen wie beispielsweise die Familie noch intakt seien und daß der Staat als starker Staat, vielleicht sogar als autoritärer Staat, als Rahmenbedingung, allgemein bejaht wird.

Küng: Ich bin für diese Ergänzungen sehr dankbar. Ich habe ohnehin empfunden, daß man in so kurzer Zeit nicht genügend differenzieren kann. Was die Arbeit angeht, hätte ich erwähnen sollen, daß wir etwa mit Job-Rotation, Job-Enlargement und Job-Enrichment dahin streben, Teile der Arbeit wieder sinnvoller entwickeln zu wollen. Natürlich kann der einzelne monotone Arbeit unter Umständen auch relativ sinnvoll finden. Aber warum sind denn — zu Recht — heute in der

Wirtschaft Bestrebungen da, eine andere Arbeitsweise – etwa in kleineren Gruppen – einzuführen, die humaner ist? Ich meine aber doch, daß meine Schilderung nicht zu pessimistisch war, wenn ich sage, daß die Arbeit allein unseren jungen Leuten nicht einfach den Lebenssinn geben kann. Ich habe ja nach dem Lebenssinn und nicht nur nach dem Sinn der Arbeit gefragt. Diese beiden Größen zu verknüpfen, das ist das Problem. Da glaube ich nicht, daß die durchschnittliche Industriearbeit am Fließband das schon ist, was dann auch den Lebenssinn verschaffen kann. Da hätte ich Zweifel.

Strube: Herr Küng, ich habe den Eindruck, daß für Sie die Arbeit in erster Linie etwas ist, was im Individuum allein stattfindet, was ergebnisorientiert ist. Ich möchte die Gegenthese aufstellen: Arbeit ist ganz ausgeprägt eine soziale Veranstaltung. Wenn wir über Selbstverwirklichung sprechen, dann ist das häufig die Anerkennung der Arbeitskollegen, und es ist eben nicht nur die Zufriedenheit mit dem, was man selbst zustande gebracht hat. Wenn man das betrachtet und sich unsere Gesellschaft und ihre Atomisierung einmal klarmacht, dann wird das Erlebnis von Arbeitslosigkeit in seiner ganzen Schwere viel spürbarer. Dann wird aber umgekehrt die Selbstverwirklichung in der Arbeit auch viel breiter möglich sein, weil der Mensch hier seine Anerkennung erhält.

Küng: Ich stimme dem im Prinzip zu. Auch für den Professor ist es nicht sehr angenehm, wenn keine Hörer mehr kommen.

Isfort: Sie haben gesagt, einen Lebenssinn gäbe es nicht ohne Arbeit. Dem ist auch nichts entgegenzusetzen. Aber die Frage ist: Muß es unbedingt Erwerbsarbeit sein, oder kann es nicht auch Arbeit zum Beispiel an der natürlichen Umwelt oder am Mitmenschen oder an sich selbst sein? Wenn das so ist, dann stellt sich die Frage, ob die Tatsache, daß man nicht mehr soviel Arbeit braucht, um den Menschen mit materiellen Lebensgrundlagen zu versorgen, ein großes Unglück ist und ob es nicht notwendig ist, vielen Menschen auch zu zeigen, daß die Arbeit am Mitmenschen oder an sich selbst allen – sicherlich der Gesellschaft – große Fortschritte bringen könnte.

Gentz: Ich möchte an die letzte Frage anknüpfen, nämlich an die Unterscheidung zwischen bezahlter und nicht bezahlter Arbeit. Mir scheint das eigentliche Problem darin zu liegen, daß der Wert nicht bezahlter Arbeit gesellschaftlich fast nicht anerkannt ist und der Wert einer Arbeit sich letzten Endes in der Honorierung ausdrückt. Das scheint mir für die Wertgebung, die Sinngebung des Lebens eine sehr relevante Tatsache zu sein. Viele Menschen wollen nicht nur deshalb arbeiten, weil sie ein soziales Umfeld haben wollen – man kann soziale Umfelder auch in nicht bezahlter Arbeit finden – sondern weil sie glauben, nur über die Arbeit die soziale Anerkennung, die sich wiederum in der Vergütung ausdrückt, erwerben zu können. Hier hat, glaube ich, eine Werteverschiebung stattgefunden, über die wir nachdenken müssen. Wir müssen darüber nachdenken, ob wir nicht Arbeit, die im Grunde genommen nichts anderes als eine zielgerichtete Tätigkeit ist, auch anders gesellschaftlich anerkennen können als durch Geld, wie das bis jetzt bei der Erwerbsarbeit geschieht.

Küng: Ja. Aber umgekehrt haben Sie natürlich dann auch die Frage, ob nicht etwa die bisher nicht bezahlte Hausfrauenarbeit auch bezahlt werden müßte.

Fest: Herr Küng, Sie haben die Notwendigkeit neuer Normen, neuer Regeln, eines neuen Ethos betont. Ich frage mich nur, wie diese Regeln, diese Normen und diese Verbindlichkeiten hergestellt werden sollen. Die großen Weltreligionen haben ja ihre Regeln, die sie verkündeten, an ein System von Belohnungen und Strafen gebunden, die im Jenseits zu erwarten seien. Das ist heute nicht mehr verbindlich. Ich frage mich, wie man dann Regeln oder Normen oder ein gewisses Ethos entwickelt: Nur als Übereinkunft? Dann reichen auch Gesetze.

Nassauer: Ich möchte auf einen Gegensatz zurückkommen, den Frau Dr. Köcher erwähnt hat, nämlich den Gegensatz zwischen Individualinteresse und Gemeinwohl. Er prägt unsere Gesellschaft in starkem Maße. Die Individualinteressen oder auch Partikularinteressen sind machtvoll organisiert und in der Lage, sich durchzusetzen. Das Gemeinwohl wird eigentlich nur vom Staat vertreten. Gelegentlich tut er das verhältnismäßig kraftlos.

Inzwischen sind Individualinteressen auch argumentativ überhöht auf dem Markt. Gelegentlich gelten bei uns als Vollender der Demokratie die sogenannten Bürgerinitiativen, die das, was sie wollen, nicht dem Staat überlassen, sondern selbst Hand anlegen. Schaut man aber genauer hin, dann vertreten Bürgerinitiativen nahezu ausnahmslos Individualinteressen. Sie vertreten sie in aller Regel gegen das Gemeinwohl.

Wie können wir es also schaffen, dem Gemeinwohl wieder Überzeugungskraft zu verleihen? Ich erwähne zum Beispiel, daß Sozialhilfeempfänger gehalten sind, sogenannte gemeinnützige Arbeiten zu verrichten. Das ist nicht nur höchst umstritten, sondern wird von den Betroffenen rundheraus abgelehnt, ganz ersichtlich deswegen, weil Tätigkeit für das Gemeinwohl nichts ist, was besonders reizvoll ist.

von Voss: Wenn man sich die Frontstellung anschaut, Herr Mittelsten Scheid, die Sie beschrieben haben, so ist unübersehbar, daß in den asiatischen und in wachsendem Maße auch in den südosteuropäischen Bereichen hinter diesen Auffassungen ein enormes Maß an kollektiver Substanz steckt, die ständig von fundamentalistischen Vorstellungen angeschoben wird. So ist auch gar nicht überraschend, daß hinter diesen Vorstellungen von Individuum und Staat eine überaus deutliche autoritäre Auffassung von der Einordnung des einzelnen in staatliche Zielsetzungen steht, der wir kaum zustimmen können. Wir werden diese Frontstellung auch nicht mehr los, sie wird stärker werden.

Auf der anderen Seite beschreibt Arnold Gehlen in seinen späten Schriften mit großer Sorge – wohl auch zutreffend –, daß sich der abendländische Kulturkreis in einer Weise einer Hypotrophierung des Individualismus preisgegeben hat, auf die der Wohlfahrtsstaat ganz konsequent geantwortet hat. Das hohe Maß an Transferleistungen ist auch gar nicht anders zu erklären, und es wird auch immer weiter ausgedehnt. Deswegen geraten wir in allen europäischen Staaten auch in diesem Bereich unter einen enormen Druck zur Korrektur.

Wenn wir über Arbeitsmöglichkeiten nachdenken, so zeigt sich doch in fast allen Industriegesellschaften ein hohes Maß an Kartellierung der Arbeitsmärkte, das die Vielfalt von Arbeitsmöglichkeiten immer stärker eingeschränkt hat. Wir stehen vor der Schwierigkeit, dem wachsenden Erwerbswillen und dem Willen zur Tätigkeit – bei vielen Menschen ganz positiv besetzt – gar nicht die Möglichkeit zur Aufnahme von Arbeit eröffnen zu können.

Auf der einen Seite haben wir also eine überaus individualistische Ausprägung des Verständnisses des einzelnen und seiner Ansprüche an den Staat und auf der anderen Seite weltweit eine Frontstellung kollektiver Substanz, angeschoben durch fundamentalistische Zielsetzungen, die auch die enge Zusammenarbeit zwischen Staat und Wirtschaft überhaupt erklärbar werden läßt, eine Zusammenarbeit, die uns jedenfalls in diesem Maße völlig unvertraut ist. Staatliche Zielsetzungen werden dem einzelnen und auch den Gruppen auferlegt, und es wird sozusagen kommandiert und gehorcht.

Im Westen – individuell ausgeprägt persönliche Freiheit obenan gesetzt – eröffnen wir eben nicht die Vielfalt an Auswahlmöglichkeiten, die wir heute brauchen, um dem steigenden Erwerbswillen Gerechtigkeit widerfahren zu lassen.

Die Herausforderung für uns heißt: Schaffen wir mehr Vielfalt an Auswahlmöglichkeiten, dann werden wir auch mehr Arbeitsmöglichkeiten eröffnen können. Es ist wohl die schwierigste Frage an Politik, Gewerkschaften, Arbeitgeberverbände als den Kartellpartnern auf den Arbeitsmärkten, wie hier neue Freiräume eröffnet werden können. Sehen Sie, Herr Professor Küng, Chancen, diese Möglichkeit eines neuen Verständnisses, Vielfalt zu eröffnen und dem einzelnen Arbeit zu ermöglichen, überhaupt wieder zu schaffen?

Holtfrerich: Herr Küng, ich fand den zweiten Teil Ihrer Ausführungen sehr überzeugend. Aber es hat mich gewundert, wie wenig Positives Sie im ersten Teil dem Wertewandel zwischen den 60er und den frühen 70er Jahren haben abgewinnen können. Sie haben zum Beispiel Selbstverwirklichung eher auf der negativen Seite verbucht, obwohl doch – von Wissenschaftlern festgestellt – dieses Bedürfnis als das höchste Bedürfnis eines Individuums einzustufen ist. Sie haben bestimmte Dinge, die von der Jugend nach diesem Wertewandel angeregt worden und heute sozusagen Allgemeingut unserer Gesellschaft geworden sind, nicht erwähnt; zum Beispiel die ökologische Bewegung. Sie haben zwar erwähnt, daß es heute einige tausend Rechtsradikale gibt, die Ausländer angreifen. Sie haben aber nicht erwähnt, daß es Millionen Jugendliche gegeben hat, die sich spontan zu Lichterketten organisiert haben. Ich finde, das ist auch ein Ergebnis des Wertewandels dieser Zeit zum Beispiel gegenüber den 50er Jahren.

Küng: Auch Theologen sehen die Erde nicht vom Himmel aus, wie man immer vermutet, sondern von unten her. Ich kann nur sagen, daß wir keinen Einsatz für das Gemeinwohl haben werden, wenn nicht ein Ethos da ist. Auch auf diesen Individualismus, der zu Recht kritisiert worden ist und der in Asien ganz allgemein als spezifisch westlich angesehen wird, ist nur vom Ethos her eine Antwort zu finden.

Ich habe natürlich, Herr Holtfrerich, nichts gegen die Selbstverwirklichung sagen wollen. Ich habe auch darüber nur kurz geredet. Sie haben völlig recht, und auch ich sehe Selbstverwirklichung ganz und gar positiv. Aber daß Selbstverwirklichung ohne Selbstverantwortung keine Lösung ist, ist wohl auch klar.

Ich gebe zu, daß die 68er Bewegung natürlich auch Positives gebracht hat. Wenn ich mehr als einen kleinen Abschnitt in meinem Manuskript gehabt hätte, hätte ich das auch gesagt. Aber es ist eben auch vieles aufgelöst worden. Die ökologische Bewegung habe ich übrigens genannt. Sie ist für mich eines der drei Vorbilder, die zeigen, daß ein Bewußtseinswandel möglich ist. Niemand in diesem Saale denkt heute noch so wie vor 30 Jahren über die Frage, wie wir uns zur Natur einzustellen haben. Ebenso hat sich die Einstellung zu Krieg und Frieden grundsätzlich gewandelt. Auch hier denkt niemand mehr in diesem Saale darüber noch so wie vor 30 Jahren. Das dritte Feld ist die Einstellung zu der Frage der Partnerschaft von Mann und Frau. Hier hat sich doch in den letzten 30 Jahren auch vieles positiv geändert. Das ist also durchaus möglich, und so hoffe ich auch auf einen Wandel im Ethos überhaupt.

Damit komme ich auf die Frage von Herrn Fest. Sie haben recht, die Religionen haben – ich würde sagen: zum Teil – mit Lohn und Strafen gedroht. Die großen Gestalten der Religionen haben nicht so gedacht. Von Buddha kann man das nicht sagen, und die Bergpredigt ist auch nicht auf Lohn und Strafe aufgebaut. Ich bin der Meinung, daß man ein Ethos haben kann, auch wenn man nicht religiös ist. Das gestehe ich jedem zu, und ich kenne viele solche Leute. Aber es ist nicht ganz einfach zu begründen, warum der Mensch nur menschlich sein soll. Kant hat gemeint, daß die reine Vernunft da nicht mehr zuständig sei. Er hat angenommen, daß der Mensch einen kategorischen Imperativ in sich hätte. Das stimmte noch zu Zeiten von Kant und der Aufklärung. Aber das können Sie nach Friedrich Nietzsche und »Jenseits von gut und böse« nicht mehr annehmen.

Wie soll dann diese Frage beantwortet werden? Wir können doch der jungen Generation nicht zumuten, jetzt wieder selber ihre Werte zu finden und wieder ein neues Ethos zu konstruieren. Darum wollte auch diese Erklärung zum Weltethos von Chicago aus den Ressourcen der großen religiösen und ethischen Traditionen das deutlich machen, was wirklich von allen getan werden kann, wobei man davon abstrahiert, warum sie das machen. Das kann man nicht, wenn man die Religionen oder Glaubende und Nichtglaubende gemeinsam erreichen will. Warum sie menschlich sein wollen, das müssen sie dann für sich begründen. Als Christ weiß ich das. Ich weiß auch, daß der Jude weiß, warum er menschlich sein soll. Ich weiß auch, daß der Muslim das zu sagen weiß. Es ist natürlich unendlich viel einfacher, wenn man das von der Religion her begründen kann. Die Frage meines Neffen: Warum soll ich überhaupt etwas für andere tun?, kann ich natürlich mit der reinen Vernunft nur sehr schwer beantworten. Wenn ich dabei aber auf eine Gestalt wie Jesus von Nazareth verweisen kann, ist das kein Problem. Insofern hat das Ethos der Religionen gegenüber der reinen Philosophie, die ich sehr schätze und betreibe, auch noch den Vorteil, daß sie konkrete Lebensbilder hinstellen kann. Die konkreten Leitbilder sind ja auch etwas, was uns leider sehr abhanden gekommen ist.

MEINHARD MIEGEL

Vollbeschäftigung – eine sozialromantische Utopie?

I.

»Arbeit, Arbeit, Arbeit« – dieses Versprechen, das uns derzeit wieder von den Plakatwänden entgegenleuchtet, ist nicht neu. »Arbeit« wird den Deutschen schon seit 20 Jahren versprochen, doch unverändert steht »Arbeit« seit 20 Jahren an erster Stelle des deutschen Sorgenkatalogs. Und nicht erst seit 20 Jahren. Je weiter wir in der Geschichte zurückgehen, desto drängender wird die Sorge. In diesem Jahrhundert wird es im Westen Deutschlands nur 25 Jahre lang Arbeit für alle gegeben haben: in den Kriegsjahren von 1915 bis 1918 und von 1939 bis 1945 (was für eine Arbeit!) sowie von 1960 bis 1973. Dabei ist selbst letztere Vollbeschäftigungsphase ganz wesentlich nur das demographische Nachbeben der beiden vorangegangenen Kriege gewesen. Durch Kriegstote und kriegsbedingte Geburtenausfälle sank nämlich der Erwerbsfähigenanteil an der deutschen Wohnbevölkerung zwischen 1960 und 1973 von 67 Prozent auf 63 Prozent. Da sich zugleich auch noch die Erwerbsneigung dieses ohnehin kleinen Erwerbsfähigenanteils verminderte, so daß der Erwerbspersonenanteil an den Erwerbsfähigen von 68 Prozent auf 64 Prozent zurückging, standen dem Arbeitsmarkt in den sechziger Jahren nur noch 42,5 Prozent der deutschen Wohnbevölkerung zur Verfügung. Heute beträgt dieser Anteil 48,5 Prozent – ein Siebentel, oder in absoluten Zahlen fast 6 Millionen Erwerbspersonen mehr. Hätten wir heute die gleichen demographischen Bedingungen und die gleiche Erwerbsneigung wie während der einzigen westdeutschen Vollbeschäftigungsphase in Friedenszeiten — Arbeitslosigkeit wäre schwerlich ein Thema.

Doch wir haben diese Bedingungen nicht und deshalb ist Arbeitslosigkeit ein Thema, sowohl hierzulande als auch anderswo. Alle wirtschaftlich entwickelten Länder — von anderen soll hier nicht die Rede sein — leiden unter mehr oder minder großem Beschäftigungsmangel, auch wenn dieser Mangel im historischen Vergleich als eher geringfügig anzusehen ist.

Noch im 19. Jahrhundert waren in ganz Europa Arbeitslosenquoten von 10 bis 15 Prozent nicht wie heute die Ausnahme, sondern die Regel. Weite Teile des Kontinents versanken in Abständen von etwa einem Jahrzehnt in tiefen Krisen, die immer auch einhergingen mit der massenhaften Freisetzung von Arbeitskräften, so 1803/04, 1816/17, 1825/26, 1836/37, 1846/47, 1857, 1866, 1873. Erst in der Folgezeit festigte sich die Arbeitsmarktsituation so weit, daß Krisen nicht länger zu schweren Hungersnöten und Massensterblichkeit führten.

Der Kapitalismus, so klagten damals seine Kritiker, sei außerstande, die Arbeitskräfte, die er benötige, auch am Leben zu erhalten. Dabei war der Kapitalismus oder vielleicht genauer die sich entwickelnde Industriegesellschaft bei der Verfolgung dieses Ziels noch vergleichsweise erfolgreich. Denn noch um 1800, der Frühphase dieser Entwicklung, hatten — unterschiedlich in Zeit und Raum — noch etwa ein bis zwei Drittel der Erwerbsbevölkerung, die sogenannten Unterschichten, keine regelmäßigen und gesicherten Einkommensquellen.

In Berlin beispielsweise — in anderen größeren Städten dürfte es kaum anders gewesen sein — erhielt damals ein Drittel der größtenteils arbeitsfähigen und arbeitswilligen Bevölkerung — ein nicht mehr arbeitsfähiger weil alter Bevölkerungsteil spielte zahlenmäßig noch keine Rolle — Armenunterstützung. Tagelöhner, die zu jener Zeit einen hohen Anteil an der Erwerbsbevölkerung stellten, dürften während etwa der Hälfte ihrer Arbeitszeit ohne Einkommen gewesen sein. Meist reichten ihre Arbeitseinkommen nur für die nächste Mahlzeit. Etwa ein Siebentel der erwerbstätigen Bevölkerung — so schätzen heute Historiker — konnte sich durch seine Arbeit nicht ernähren, war also auf zusätzliche Einkünfte durch Bettelei oder Almosen angewiesen.

Aber auch bei noch tieferem Eindringen in die Geschichte hellt sich das Bild nicht auf. Von Ausnahmesituationen, zumeist nach Epidemien oder längeren Kriegen, abgesehen, stellten die weitgehend unproduktiven und deshalb sehr einkommensschwachen Unterschichten die europäischen Gesellschaften vom 13. bis 18. Jahrhundert vor schwierige wirtschaftliche und soziale Herausforderungen.

Noch für das 18. Jahrhundert wird der Anteil der Bevölkerung ohne halbwegs verläßliche Subsistenzgrundlage auf etwa 75 Prozent beziffert. Die meisten von ihnen verdingten sich — je nach Lebensraum — als Tagelöhner oder Dienstboten, Knechte oder Gesinde. Sie arbeiteten im fliegenden Wechsel als Handlanger im Häuser- oder Wegebau, auf Gütern oder in Handwerksbetrieben, im Transportwesen oder Bergbau. Doch trotz dieser hohen Flexibilität konnten viele ihren Unterhalt auf diese Weise nicht sichern. Ihre Arbeits- und Einkommensverhältnisse waren — regional unterschiedlich — häufig äußerst prekär. So zog oft bis zu einem Fünftel der erwerbsfähigen Bevölkerung als Bettler und Vagabunden und mitunter auch als Diebe und Räuber durch das Land.

Die situierte Gesellschaft verfuhr mit ihnen gnadenlos. Selbst Mundraub wurde gelegentlich mit dem Strang geahndet. Um die Zahl von Bettlern und Vagabunden nicht allzu stark ansteigen zu lassen, wurden sogar militärische Konflikte inszeniert, bei denen es im wesentlichen darum ging, mit möglichst geringen Mitteln möglichst viel »streunendes«, das heißt erwerbsloses Volk zu liquidieren. Heutige Historiker vermuten, daß auch die Schlachtordnung jener Zeit diesem Zweck entsprach. Denn militärisch machte sie wenig Sinn. Aber sie ermöglichte, jenes »streunende Volk« unter irgendwelchen Fahnen zu sammeln und dann so aufeinanderprallen zu lassen, daß viele auf dem Schlachtfeld blieben.

Überhaupt war die demographische Steuerung des Arbeitskräftepotentials während langer Phasen ein wichtiges — in heutiger Terminologie — arbeitsmarktpolitisches Instrument. Bevölkerungsschichten, die eine so verläßliche Subsistenzgrundlage hatten wie Bauern, Handwerker oder Kaufleute — der Adel kann hier außer Betracht bleiben —, achteten peinlich darauf, daß sie diese Subsistenzgrundlage nicht durch einen zu zahlreichen Nachwuchs gefährdeten. Dem diente eine Fülle von Sozialnormen wie Heiratsregelungen und dergleichen. Folglich vermehrten sich diese Gruppen zahlenmäßig nur recht langsam.

Die beachtliche Bevölkerungsvermehrung jener historischen Periode fand vor allem in den wirtschaftlich und sozial weitgehend ungebundenen besitz- und damit oft arbeitslosen Unterschichten statt. Großer Kinderreichtum war geradezu eines ihrer Kennzeichen und eine weitere Ursache ihres Elends. Nicht zuletzt deshalb beschworen noch im 19. Jahrhundert die Kathedersozialisten die Arbeiter, nicht so viele Kinder zu haben. Nur so könnten sie ihre Arbeit und ihr Einkommen sichern. Die physische Begrenzung des Arbeitskräftepotentials wurde lange und wird mitunter noch heute als Voraussetzung für einen ausgeglichenen Arbeitsmarkt angesehen. Denn Arbeit, so die ausdrückliche oder stillschweigende Unterstellung, ist knapp.

II.

Ist Arbeit wirklich knapp? Wohl kaum, wenn Arbeit in ihrem eigentlichen Wortsinn als »große Anstrengung«, »Mühsal« und »Plage« verstanden wird. Denn Anlässe, sich zu mühen und zu plagen, gibt es im Überfluß. Doch werden sie, von ein paar Sonderlingen abgesehen, von den Menschen möglichst gemieden.

Bereits im alten Judentum war »Arbeit im Schweiße des Angesichts« ein nachparadiesischer Zustand. In der griechischen Antike war körperliche Arbeit während langer Perioden Unfreien vorbehalten. Freie hingegen widmeten sich musischen, philosophischen und politischen Tätigkeiten. Ähnlich war in der römischen Antike körperliche Arbeit Sklaven zugewiesen. Freie arbeiteten nicht.

Die Christen erwarteten am Weltenende die eschatologische Ruhe von aller Arbeit. Bis zur Reformation deuteten sie Arbeit oft als Bußübung. Erst mit Luther und Calvin sowie den übrigen Reformatoren wurde sie zu einer Art Gottesdienst. Das machte sie zwar für Minderheiten akzeptabler, die Mehrheit jedoch versuchte sie weiter zu meiden.

Am Beginn des Industriezeitalters stand deshalb zunächst die »Erziehung zur Arbeit«. Ihr diente das gesamte Schul- und Bildungswesen, aber auch besondere Zuchtanstalten, in denen zunächst unterschiedslos Armen, Kriminellen, Kranken, Vagabunden sowie Findel- und Waisenkindern das Mühen und Plagen beigebracht werden sollte. Die Erfolge dieser Anstalten waren mäßig, die Sterblichkeit ihrer Insassen hoch.

Menschen mußten immer verführt, gedrängt und genötigt werden, sich zu mühen und zu plagen. Freiwillig taten sie das selten. Das ist heute nicht anders als früher. Wer heute große Anstrengungen auf sich nehmen und sich mühen und plagen will, kann das jederzeit und an jedem Ort. Dem steht nichts entgegen.

Aber auch wenn Arbeit – im nachreformatorischen Sinne –

als Teilhabe am Schöpfungswerk Gottes oder – säkularistisch gewendet – als das Streben des Menschen verstanden wird, Natur durch Kultur zu ergänzen, ist Arbeit alles andere als knapp. Die Ergänzung der Natur durch Kultur heißt nämlich, Bedingungen zu schaffen, unter denen das menschliche Leben nicht mehr – in den Worten des englischen Philosophen Thomas Hobbes – »elend, brutal und kurz«, sondern wohlhabend, freundlich und lang ist.

Wohl wird niemand bestreiten, daß die Menschheit bei der Schaffung derartiger Bedingungen im Laufe der Zeit beachtliche Fortschritte gemacht hat. Aber ebenso unbestreitbar dürfte sein, daß auch der vor ihr liegende Weg noch lang ist. Das gilt besonders im Blick auf den Preis, den sie für ihre bisherigen Fortschritte zahlen mußte. Die menschliche Kultur ist nicht nur äußerst zerbrechlich, sie hat zugleich auch die Natur, die sie ergänzen sollte, empfindlich beschädigt. Die Beseitigung vorhandener und die Vermeidung künftiger Schäden sowie die Festigung menschlicher Kultur erfordert noch sehr viel Arbeit.

III.

Wenn Arbeit weder in ihrem ursprünglichen Sinn von Mühe und Plage noch im Sinne der Umschöpfung der Natur durch den Menschen knapp ist, was ist dann knapp und behindert so hartnäckig die Beschäftigung aller, die dies wollen?

Die Beantwortung dieser Frage dürfte durch die Einsicht gefördert werden, daß alles Leben danach strebt, mit geringstem Aufwand den höchsten Ertrag zu erzielen. Menschliches Leben bildet hier keine Ausnahme. Dabei erfolgte die Steuerung von Aufwand und Ertrag während der längsten Zeit menschlicher Geschichte durch die Natur. Doch zunehmend begann der Mensch sich selbst zu steuern.

Anfangs war diese Steuerung noch recht naturnah. Ähnlich wie viele andere Lebewesen versuchte der Mensch, Mitmenschen von der Nutzung der praktisch einzigen Subsistenzgrundlage auszuschließen – dem Territorium mit seiner mehr oder minder natürlichen Fauna und Flora. Später erstreckte er diese Vorgehensweise auch auf andere sächliche Produktionsmittel. Auf diese Weise hoffte er seinen eigenen Aufwand zu mindern und seinen Ertrag zu steigern.

Erst verhältnismäßig spät erkannte der Mensch, daß weniger das Territorium und andere sächliche Produktionsmittel als vielmehr deren kreative Nutzung für die Verminderung seines Aufwandes und die Erhöhung seines Ertrages bedeutsam waren. Dank dieser kreativen Nutzung konnte eine wachsende Zahl von Menschen nicht nur physisch überleben, sie konnte sich zugleich auch psychisch entfalten.

Nach und nach entstand aus menschlicher Phantasie und Kreativität ein gewaltiger Wissens- und Erkenntnisbau, der zum eigentlichen Gehäuse menschlicher Existenz wurde. Das zeigen zum Beispiel Berechnungen, aus denen hervorgeht, wieviele Menschen die Erde ohne erkenntnisgesteuerte Eingriffe tragen könnte – einige Millionen. So aber trägt sie einige Milliarden, das Vielhundertfache. Das heißt, ginge es nach der Natur, wären die meisten Menschen nicht vorhanden. Anders gewendet: Die meisten Menschen verdanken ihr Dasein zwar auch der Natur, aber ebenso menschlicher Erkenntnisfähigkeit.

Was folgt hieraus für die Frage nach der Vollbeschäftigung? Weit mehr, als auf den ersten Blick sichtbar ist. Da Menschen im Gegensatz zu anderen Lebewesen das Prinzip von Aufwandsminimierung und Ertragsmaximierung erkenntnisgesteuert zu verwirklichen suchen, müssen sie zunächst in jenen in Jahrtausenden errichteten Wissens- und Erkenntnisbau eingepaßt werden. Diesem Zweck dient ihre Ausbildung im Elternhaus, in der Schule und im Beruf. Hier wird ihnen eine Fülle von Ideen vermittelt, die die meisten selbst nie hätten erdenken können, und die viele auch nur unvollständig aufnehmen.

Sie müssen sich aber auch selbst in diesen Bau einpassen. Dazu gehört, die Signale der Umwelt aufzunehmen und sinnvoll umzusetzen. Das gelingt vielen wiederum nur begrenzt. Sie leben auf kleinen Inseln des Wissens und der Erkenntnis, ausgestattet mit mehr oder minder großer individueller Phantasie und Kreativität. Menschen sind damit bei der Minimierung ihres Aufwandes und der Maximierung ihres Ertrages auf die Phantasie und Kreativität anderer angewiesen — sei es ihrer Vorfahren oder ihrer Mitmenschen. Ohne Rückgriff auf deren Leistung ist der einzelne weitgehend hilflos.

Das gilt gerade auch für den Bereich existenzsichernder Arbeit, in dem in besonderem Maße dem Prinzip der Aufwandsminimierung und Ertragsmaximierung Rechnung zu tragen ist. Ohne die Phantasie und Kreativität anderer sind die hier gestellten Aufgaben in aller Regel nicht zu lösen. Die Abhängigkeiten sind extrem. Doch sie sind nicht für alle gleich. Phantasie und Kreativität sind nämlich unter den Menschen recht ungleich verteilt. Auch wenn dies in einer egalitär gesonnenen Gesellschaft auf heftigen Widerstand stößt: Einige sind von anderen abhängiger als andere.

IV.

Dieser ungleiche Zugang zum Wissens- und Erkenntnisbau einer Gesellschaft sowie die Ungleichverteilung von individueller Phantasie und Kreativität dürften die wichtigsten Ursachen für die fast ständige unfreiwillige Arbeitslosigkeit eines Teils der Erwerbswilligen sein. Und zwar nicht, weil dieser Teil willentlich von denen von der Erwerbstätigkeit ausgeschlossen würde, die Wissen und Erkenntnis in Wissenschaft und Wirtschaft, Politik und Kultur besser zu nutzen verstehen als andere und/oder die aufgrund ihrer individuellen Phantasie und Kreativität in erheblichem Umfang eigene Aufwandsminimierung und Ertragsmaximierung betreiben können, sondern vielmehr, weil Wissen und Erkenntnis, Phantasie und Kreativität oder kurz: der Ideenhaushalt einer Gesellschaft weniger ergiebig ist als gemeinhin angenommen.

Der Grund hierfür ist einfach. Da die Ergiebigkeit dieses Haushalts von niemandem, besonders aber nicht von denen, die nur wenig zu ihm beitragen, zuverlässig eingeschätzt werden kann, besteht immer die Neigung, von ihm mehr zu erwarten, als er zu leisten vermag. Die Politik liefert hierfür fast täglich Beispiele. Sie verhält sich, als sei dieser Haushalt ein unerschöpfliches Füllhorn, aus dem sie sich ständig bedienen könnte, nur um dann festzustellen, daß ihre Versprechungen mangels Ideen — sie nennt es oft Geld — nicht verwirklicht werden können.

Aber auch der einzelne verhält sich kaum anders. Er will, soll und muß seinen individuellen Aufwand minimieren und seinen individuellen Ertrag maximieren. Da er jedoch von vornherein weiß, daß er hierzu der Mitwirkung anderer bedarf, neigt er dazu, deren Beitrag möglichst hoch, seinen eigenen hingegen möglichst gering zu veranschlagen.

Das ist ihm nicht vorzuwerfen, denn das gehört zu seiner Minimierungs-Maximierungsstrategie. Doch es hat Folgen: eine negative und eine positive. Zum einen gehen einige mitunter leer aus, wenn sie sich aus dem Ideenhaushalt bedienen wollen. Zum anderen besteht jedoch ein ständiger Anreiz zur Entwicklung immer neuer Ideen und damit zu gesellschaftlicher Dynamik.

Zunächst zur negativen Folge. Als der Mensch anfing, erkenntnisgesteuert in seine Umwelt einzugreifen, verbesserte er dadurch seine Lebensbedingungen. Doch in der ersten Phase reichte sein Ideenhaushalt nur aus, einer wachsenden Zahl von Menschen das physische Überleben zu ermöglichen. Er war hingegen nicht ergiebig genug, alle Geborenen vor dem Verhungern und Erfrieren zu bewahren. Obwohl damals die gleichen natürlichen Ressourcen zur Verfügung standen wie heute, verstand der Mensch es nicht, alle Erwerbswilligen so in den Produktionsprozeß einzubinden, daß sie zumindest ihr physisches Existenzminimum erwirtschaften konnten.

Das gelang erst in der zweiten Phase. Nunmehr war der Ideenhaushalt so ergiebig, daß bei fortschreitender Industrialisierung nicht nur allen das physische Existenzminimum gewährleistet werden konnte, sondern darüber hinaus noch einer großen Zahl von Menschen ein sozio-kulturelles Minimum. Aber wiederum war es nicht möglich, dieses sozio-kulturelle Minimum für alle bereitzustellen. Dazu reichte der Ideenhaushalt noch nicht aus. Bis in die zweite Hälfte des 19. Jahrhunderts lebte selbst in den wirtschaftlich fortgeschrittensten Regionen der Welt ein Teil der Bevölkerung unverändert am Rande des physischen Existenzminimums. Allerdings richteten sich die Erwartungen auch dieses Bevölkerungsteils von nun an auf die Erlangung des sozio-kulturellen und nicht länger nur des physischen Minimums.

Mittlerweile werden diese Erwartungen erfüllt. Der Ideenhaushalt der Bevölkerungen hochindustrialisierter Länder hat sich derart vergrößert, daß selbst die wirtschaftlich Schwächsten über ein sozio-kulturelles Minimum verfügen. In Deutschland beispielsweise hat ein Sozialhilfeempfänger heute den gleichen Lebensstandard wie ein qualifizierter Facharbeiter vor 60 Jahren. Dieser ist jedoch inzwischen — zusammen mit der großen Bevölkerungsmehrheit — weiter gekommen und genießt ein im historischen und internationalen Vergleich einzigartiges sozio-kulturelles Niveau. An diesem Niveau orientiert sich die ganze Bevölkerung. Ihre Erwartungen sind also nicht mehr nur auf die Sicherung des soziokulturellen Minimums, sondern auf die Erlangung jenes hohen sozio-kulturellen Niveaus gerichtet. Entsprechend erstrebt sie Tätigkeiten, die dieses Niveau materiell ermöglichen und darüber hinaus möglichst angenehm, interessant und nicht zuletzt sinnstiftend sind.

Zwar ist die Menge derart attraktiver Tätigkeiten in den hochindustrialisierten Ländern heute so groß wie nie zuvor in der Menschheitsgeschichte. Denn die Bevölkerungen dieser Länder haben einen vorläufigen Gipfelpunkt an Wissen und Erkenntnis, Phantasie und Kreativität erreicht. Aber wie stets genügt auch diese Ideenfülle nicht, die Erwartungen aller zu befriedigen.

Je nach Region stehen für ein Zehntel bis ein Fünftel der Erwerbswilligen derartig hochattraktive Tätigkeiten nicht zur Verfügung. Damit sind sie – da sie weniger attraktive Tätigkeiten ablehnen – nach heutiger Terminologie »arbeitslos«. Sie verfolgen ihre Minimierungs-Maximierungsstrategie erfolgreicher, wenn sie sich in das gesellschaftliche Transfersystem einbinden lassen, als wenn sie nachrangige Tätigkeiten ausüben.

Dabei ist absehbar, daß auch dann, wenn eines Tages der Ideenhaushalt die Beschäftigung aller Erwerbswilligen auf dem derzeit als angemessen angesehenen Niveau ermöglichen sollte, sich wenig an der Beschäftigungsproblematik ändern würde. Denn wie in der Vergangenheit dürfte der Erwartungshorizont der Bevölkerung auch künftig weiter steigen. Möglicherweise ist das nächste von ihr angesteuerte Ziel ein materiell auskömmliches Leben durch sinnstiftendes Spiel. Erste Anzeichen hierfür gibt es durchaus. Deshalb wird auch dann ein Teil der Erwerbswilligen wieder leer ausgehen.

Derartige Aussagen stehen in der ständigen Gefahr, als zynisch oder lebensfremd abgetan zu werden. Wird hier nicht herzlos über das Schicksal von Millionen von Menschen hinweggegangen? Dieser Frage ist eine gewisse Berechtigung kaum abzusprechen. Nur muß es der Politik im weitesten Sinne überlassen bleiben, die gesellschaftlich unverzichtbare Sympathie und materielle Unterstützung zu ermöglichen, die jene beanspruchen können, deren Erwartungen aufgrund der Überforderung des Ideenhaushalts nicht erfüllt werden.

V.

Aufgabe der Wissenschaft ist es, Sachverhalte wie diese nüchtern zu analysieren. Und hier zeigt sich, daß die Überforderung des Ideenhaushalts nicht nur die negative Folge hat, Vollbeschäftigung zu erschweren oder sogar zu vereiteln, sondern auch die positive, produktive Spannungen zu erzeugen, die für jeden Fortschritt unerläßlich sind. Indem die Bevölkerung vom vorhandenen Ideenhaushalt stets mehr erwartet, als er zu leisten vermag, weckt sie Kräfte, die geeignet sind, den Ideenhaushalt zu bereichern. Dadurch wächst diese einzige bedeutsame Subsistenzgrundlage hochindustrialisierter Länder. Im Gegensatz zu allen anderen Subsistenzgrundlagen folgt sie gewissermaßen den gesellschaftlichen Bedürfnissen.

Umgekehrt führt der Verlust dieser produktiven Spannungen zu wirtschaftlicher und gesellschaftlicher Stagnation. Das zeigt das Beispiel der sozialistischen Länder. Dort hatte jeder Erwerbswillige eine Beschäftigung. Aber alle waren nur entsprechend der vorhandenen Möglichkeiten beschäftigt. So wurden auch viele Tätigkeiten ausgeübt, die die Bevölkerungen hochindustrialisierter Länder als unattraktiv ablehnen. Die Folge: Zwar waren alle beschäftigt, aber die Ideen zur Schaffung neuer attraktiver Tätigkeiten und damit zu weiterer wirtschaftlicher Dynamik wurden immer spärlicher.

Allerdings sollte hieraus nicht geschlossen werden, durch eine wachsende Diskrepanz von Beschäftigungswunsch und -wirklichkeit könne — wenn auch zum Preise hoher Arbeitslosigkeit — wirtschaftlicher und gesellschaftlicher Fortschritt beliebig gesteigert werden. Auch in diesem Bereich gibt es wie in allen gesellschaftlichen Bereichen kritische Obergrenzen. Werden sie überschritten, erzeugen sie nicht länger produktive Spannungen, sondern lähmen vielmehr.

Bezogen auf den Arbeitsmarkt heißt das, daß ein gewisses Maß an Arbeitslosigkeit für die Betroffenen zwar hart, für die

Bevölkerung insgesamt jedoch eher förderlich ist. Steigt die Arbeitslosigkeit aber über eine kritische Obergrenze, ist sie nur noch Indikator für ein lähmendes Auseinanderdriften von Erwartung und Leistungsfähigkeit. Ob in den hochindustrialisierten Ländern diese Obergrenze bereits überschritten ist, ist ungewiß. Die Arbeitslosenstatistiken sprechen dafür, die soziale Ruhe und Gelassenheit der Bevölkerung einschließlich der Arbeitslosen eher dagegen.

Ist also Vollbeschäftigung eine sozialromantische Utopie? Ja und nein. Eine Bevölkerung sollte das Ziel der Vollbeschäftigung aktiv verfolgen und sich ihm nach Kräften annähern. Sie sollte aber nicht versuchen, es ganz zu erreichen. Denn der Preis hierfür wäre zu hoch: Stagnation, weil die Bevölkerung ihren Blick nicht mehr hebt, oder Diktatur, die ihr das verwehrt. Mit dem Begriff der Vollbeschäftigung sollte daher sorgsam umgegangen werden. Er enthält immer auch ein Stück Utopie. Das sollte so bleiben. Denn Utopien sind kostbar, besonders sozialromantische.

Diskussion

Köcher: Sie haben gesagt, der höhere Erwartungshorizont der Gesellschaft sei ein Motor des Ideenhaushaltes, damit mit einer zeitlichen Verzögerung eine Anpassung an die Bedürfnisse stattfinden könne. Aber muß man nicht auch vom anderen Ende her anfangen und an diesem Erwartungshorizont immer wieder korrigierend arbeiten? Muß es nicht auch ein Ziel sein, die Gesellschaft darauf einzustimmen, daß kontinuierliche Lohnerhöhungen nicht ein Naturgesetz sind und daß Haustarifverträge eigentlich ein sehr vernünftiges Prinzip sind? Übrigens hat sich die Bevölkerung in den letzten zwei Jahren mehr und mehr zu der Überzeugung durchgerungen, daß das so ist. Muß man nicht auch an der Bewertung bestimmter Berufe und bestimmter Tätigkeiten ansetzen, etwa indem die Dienstleistungsberufe aufgewertet werden? Die deutsche Nation hat ja inzwischen ein sehr gestörtes Verhältnis zur Dienstleistung. Das ist auch ein Hemmschuh, der verhindert, daß hier Potentiale des Arbeitsmarktes ausgeschöpft werden. Die Frage ist also, ob man den Erwartungshorizont wirklich so als gegeben voraussetzen und sich frei entwickeln lassen muß oder ob man hier nicht einwirken sollte.

Quadbeck-Seeger: Herr Miegel, ich habe große Probleme mit dem Begriff »Ideenhaushalt«. Diese Metapher erinnert so an Ausgeglichenheit von Einnahmen und Ausgaben oder was auch immer man damit assoziiert. Es ist aber doch damit gemeint etwa die Wissensressource oder Ideenressource. Dahinter steht ein evolutionärer Prozeß mit einer gewissen Offenheit. Das verengen Sie, wenn Sie bei dem Begriff »Haushalt« bleiben.

Miegel: Ich danke Ihnen für diesen Hinweis. Ich habe »Haushalt« ganz im griechischen Sinne verstanden, und das hat mit Soll und Haben nichts zu tun. Das ist einfach das »Wirtschaften«. Vielen Dank, daß Sie das durch Ihre Frage noch einmal verdeutlicht haben.

Strube: Sie hatten den hochgespannten Erwartungshorizont als Triebfeder herausgestellt. Ich glaube, das können wir alle akzeptieren. Aber glauben Sie nicht, daß irgendwo große Risiken schlummern, wenn in unserer heutigen Diskussion über die Chancen der Innovationsoffensive gesagt wird, man müsse den Erwartungshorizont weiter ausdehnen?

Miegel: Ich glaube, das geht in eine ähnliche Richtung wie die Frage von Frau Köcher. Wenn wir dauernd irgendwelche Wolkenkuckucksheime bauen und Erwartungshaltungen in die Welt stellen, die weit über unsere Realisierungsmöglichkeiten hinausgehen, dann — ich wiederhole es — wirkt das Ganze nur noch lähmend. Wenn wir in Aussicht stellen, wir könnten durch einen nationalen Beschäftigungspakt Vollbeschäftigung herstellen, dann sind das Vorstellungen, die keineswegs konstruktive Wirkungen, sondern nur Erwartungen erzeugen. Also kommt die Enttäuschung, also kommt die Lähmung. Dafür wollte ich wirklich nicht plädiert haben. Ich wollte vielmehr die Diskussion um die Arbeitslosigkeit um einen positiven Aspekt bereichern.

Schily: Wenn man den zweiten Teil Ihrer Ausführungen hört, dann müßte ja jede Art von Beschäftigungsmaßnahme — also staatliche Beschäftigungsprogramme — von Nachteil sein.

Wie verhält es sich denn mit den Arbeiten, die eigentlich so notwendig wären, aber nicht erledigt werden? Im Böllschen Sinne würde das heißen: Es gibt immer mehr Arbeitslose, und immer mehr Arbeit bleibt liegen. Ich nehme nur den ganzen Bereich der Pflegeleistung, wo wir wirklich Notstände haben. Aber hier bleibt Arbeit liegen und wird nicht getan.

Miegel: Zu Ihrem ersten Punkt, den Beschäftigungsmaßnahmen. Es gibt Extremsituationen, wenn, wie zum Beispiel in den neuen Bundesländern, eine Volkswirtschaft praktisch zusammenbricht und die Menschen von einem Tag auf den anderen in Millionenzahlen auf der Straße stehen. Dazu möchte ich sagen, daß es hier doch die Notwendigkeit gibt, sich so zu verhalten, wie man sich im großen und ganzen verhält.

In einer normal sich entwickelnden Gesellschaft wie denjenigen in Westdeutschland oder Frankreich oder Großbritannien halte ich derartige Arbeitsbeschaffungsmaßnahmen oder, wie Sie gesagt haben, Beschäftigungen, die zentral oder sonst gesteuert sind, für außerordentlich problematisch. Ich glaube, dadurch werden hier wichtige kreative Prozesse eher behindert. Die Arbeiten, die in diesem Rahmen angeboten werden können, bringen die wirtschaftliche und gesellschaftliche Entwicklung nicht voran. Es handelt sich nur um Konservierung von Vorhandenem.

Was die notwendigen Arbeiten angeht, so gibt es hier Entwicklungsprozesse. Es gibt Phasen, in denen diese Arbeiten aus den genannten Gründen zurückgelassen werden: Sie sind nicht attraktiv genug, sie haben zu wenig Sozialprestige, sie sind nicht interessant genug, sie werden nicht so entlohnt, daß man sich diesen hohen sozio-kulturellen Standard erlauben kann. Wenn diese Positionen dann verwaisen, erkennt man, wie notwendig es ist, sie zu besetzen. Also werden neue Ideen entwickelt — ich bin in diesem Punkte ganz optimistisch —, die dazu führen, daß auch diese Tätigkeiten, die für die Gesellschaft wichtig sind, erbracht werden. Für mich sind das Wachstumsprozesse.

von der Heydt: Ich komme mit Ihrem Begriff der Arbeit, der Relation zwischen Arbeit und Ertrag nicht recht klar. Sie haben zwar aus der Vergangenheit abgeleitet, daß Arbeit Mühe und Plage ist, und haben vor allem die physische Arbeit gemeint. Sie haben diese Maximierungsthese aber bis in die heutige Zeit hinein durchgehalten. Als Ökonom kommt mir das verständlich vor; das ist das Wirtschaftlichkeitsprinzip. Aber das soll ja hier offenbar auch einer Interpretation menschlicher Verhaltensmuster dienen.

Von daher habe ich die Frage: Können Sie mit der Arbeit nicht gewissermaßen auch auf die Ertragsseite gehen? Herr Küng war doch bereit, der Arbeit auch als einem Element des Lebenssinnes Rechnung zu tragen. Sie meinen mit Ertrag doch psychisches und monetäres Einkommen, also im Sinne von Befriedigung der Bedürfnisse. Wenn nun aus Arbeit auch eine Befriedigungsmöglichkeit für Bedürfnisse fließt, dann könnte man doch vielleicht mit der Arbeit auch auf die Ertragsseite gehen. Und dann, wie gesagt, vermischt sich diese Relation: Aufwand und Ertrag, Maximierung der Differenz zwischen Aufwand und Ertrag.

Miegel: Ich sehe das nicht so. Selbst wenn man, wie Sie sagen, auf die Ertragsseite geht, gibt es ja so etwas wie einen optimalen Punkt. Der Mensch versucht, einen bestimmten Ertrag mit dem geringsten Aufwand, oder mit einem bestimmten Aufwand den größtmöglichen Ertrag zu erzielen. Selbst wenn er hohe Befriedigung aus seiner Arbeit zieht, möchte er dennoch den Aufwand, den er dafür leistet, möglichst reduzieren. Ich glaube, das ist ein sehr ehernes Gesetz. Ich möchte sagen: Es ist ein Naturgesetz, daß das so abläuft, wobei ich mir über die Begrenztheit des Begriffes »Naturgesetz« durchaus bewußt bin. Aber das gilt auch dann, wenn ich sage: Arbeit kann befriedigend wirken. Herr Küng hat ja sehr nachdrücklich ausgeführt, daß es viele Dinge sind, die befriedigen und sinnstiftend sind. Dennoch tendiert der Mensch wie alles Leben dazu, diese schönen Dinge, inklusive der Sinnstiftung, auch – ich betone: auch – durch eine Minimierung seines Aufwandes zu erreichen.

Necker: Ich finde die gesamtgesellschaftliche Analyse sehr interessant, anregend und überzeugend. Daß eine Gesellschaft permanent in Gefahr ist, sich zu überfordern, ist offenkundig. Daraus müßte dann aber auch die Konsequenz gezogen werden, daß die Priorität des gesellschaftlichen und politischen Handelns darin bestehen müßte, dieser Überforderung entgegenzuwirken. Offensichtlich überwiegen ja die Antriebskräfte zur Überforderung, und sie sind auch größer als die retardierenden Elemente.

Auf der anderen Seite fehlt mir bei dieser Thematik die einzelmenschliche Perspektive. Der einzelne Mensch erfährt eine Optimierung seiner Sinnerfüllung und seines Lebens keineswegs nur im materiellen Bereich, sondern eben auch im geistig-psychologischen. Und hier ist das Engagement ein wesentlicher Teil dessen, was zur Sinnerfüllung gehört. Ich persönlich bin der Meinung, daß wir gerade durch eine zu individualistische Sinnerfüllung in eine Sackgasse gekommen sind und daß das Engagement – über den einzelnen hinaus – auch die Basis für eine Überwindung von Frustration in unserer Gesellschaft darstellt. Ich glaube, daß ein Gegenstück zu Ihrer Position eben die einzelmenschliche Betrachtung sein sollte und sein müßte.

Sie haben darauf hingewiesen, daß wir trotz einer relativ hohen Arbeitslosigkeit – insbesondere wenn man die offizielle und die versteckte Arbeitslosigkeit zusammen sieht – de facto noch ein hohes Maß von sozialem Frieden haben. Das ist wirklich ein Phänomen. Man muß das besonders deshalb so sehen, weil wir in Deutschland – im Verhältnis zu einigen anderen Ländern – eine relativ niedrige Beschäftigungsquote haben.

Daraus meine Frage: Haben Sie Indikatoren, worauf diese relative soziale Ruhe zurückzuführen ist? Dieses kann ja nicht nur am Transfersystem liegen. Es hängt doch wohl auch davon ab, wie der Mensch innerhalb der Gesellschaft seine Anerkennung findet und wie er sein Leben auch bei einer unzureichenden Einbeziehung in einen wesentlichen Teil der menschlichen Gesellschaft gestaltet.

Miegel: Wir in Deutschland (West) haben – zusammen mit den Vereinigten Staaten, Großbritannien und Japan – eine der höchsten Beschäftigungsquoten. Wir bewegen uns – jetzt einmal von rezessiven Einbrüchen abgesehen – im Mittelwert um 49 Prozent. Das ist, bezogen auf die Wohnbevölkerung, sehr hoch. Bei unseren Nachbarn sieht das ganz anders aus. Italien, Frankreich, Spanien haben Beschäftigungsquoten von 41 Prozent, 42 Prozent. Das ist auch schon ein Teil der Antwort. Die Leistungen, die erbracht werden, sind in diesen Ländern nicht oder kaum geringer als in Ländern, in denen die Beschäftigungsquote hoch ist. Dort ist das Ganze nur anders organisiert. In diesen Ländern wird ein großer Teil von Arbeitsleistungen – jetzt nicht im Schwarzmarkt – informell erbracht. Ich denke hier an die unglaublich produktive Institution der Hausfrau. In Italien und Spanien spielt sie noch eine andere Rolle. Die Arbeitsleistung, die hier erbracht wird, ist so gut wie die Arbeit einer Köchin in der Kantine, die dann über den Markt ihre Leistung anbietet, wo sie nachgefragt wird.

Meine Antwort auf die Frage, worauf die große soziale Ruhe zurückzuführen ist, lautet: Sie ist im wesentlichen darauf zurückzuführen, daß wir alle zusammen durch unsere formelle und unsere informelle Arbeit einen sehr hohen Lebensstandard haben. Dadurch ist ein Anlaß zu Spannungen aus existentieller Not heraus nicht vorhanden.

Gentz: Herr Miegel, im Grunde genommen zeichnen Sie ein durchaus optimistisches Bild. Dennoch, meine ich, lebt Ihr ganzes Modell davon, daß Sie sagen: Es werden aus Optimierungsgesichtspunkten immer wieder Ideen geboren, die letzten Endes auch zu neuer Beschäftigung führen.

Die Frage bleibt, ob wir uns wirklich darauf verlassen können, daß in diesem von Ihnen gezeichneten Ideenhaushalt die Kreativität immer wieder groß genug ist, um Ansporn zu sein, etwas Neues zu schaffen. Das gilt insbesondere für Gesellschaften, wo die Rahmenbedingungen schon relativ fest zementiert sind. Dort lassen die äußeren Rahmenbedingungen – zum Teil aus gesellschaftlichen Überzeugungen, zum Teil auch aus administrativen Begrenzungen heraus – diesen Spielraum eigentlich nicht mehr zu.

Nun kann man sagen, daß man solche Gesellschaften auch wieder in Bewegung bringen kann. Ich denke, ein Teil dieses Prozesses findet zur Zeit in der Bundesrepublik auch statt. Die Frage ist aber, ob das ausreichend ist. Das führt wieder zu der Frage zurück, wann ein sozialer Spannungsbogen überfordert wird. Ich würde Ihnen folgen, daß es wirklich utopisch und gar nicht erstrebenswert ist, daß wir eine Vollbeschäftigung im eigentlichen Sinne des Wortes haben, nämlich daß die Arbeit zu 100 Prozent verteilt ist. Aber wo ist der Punkt – insbesondere in einer doch vielleicht in den äußeren Rahmenbedingungen sehr stark verfestigten Gesellschaft—, wo dieses Spannungspotential deshalb wächst, weil die soziale Leistung und damit der Transferprozeß plus Lebensstandard nicht mehr gewährleistet werden können?

Miegel: Wo der Punkt ist, ist sehr schwer zu sagen. Wir wissen empirisch, daß es Gesellschaften gibt, die durch Gewalt daran gehindert werden, kreativ zu sein. Kreativität ist dort unerwünscht, sie stört, sie erzeugt diese Spannungen, von denen bestimmte Gruppen der Gesellschaft fürchten, daß sie eruptiv wirken könnten. Andere Gesellschaften sind, wie heute früh Herr Kopper schon sagte und Sie eben angedeutet haben, verkrustet; es gibt dort zu viele Dinge, die daran hindern, kreativ zu sein. Hier bin ich wiederum sehr optimistisch: Ich glaube daß diese Verkrustungen durch die Kreativität — die immer eine Einzelkreativität ist — so oder so gesprengt werden. Eines Tages platzt diese Kruste weg, und die Sache geht irgendwie weiter.

Hier bin ich wiederum an dem Punkt, den ich schon in einem anderen Zusammenhang angesprochen habe: Es gibt auf dieser Strecke, bis diese Kruste weggesprengt wird, Holperwege, und die Sache ist kompliziert. Tausende, zehntausende an kreativen Lösungen werden gehemmt. Wir, die wir alle sehr ungeduldig sind, geraten bereits in hohe Irritationen, wenn jetzt mal für die Dauer von fünf, zehn oder 15 Jahren die Dinge nicht so laufen, wie wir uns das vorstellen. Historisch ist das überhaupt nichts in dem Suchprozeß der Menschheit, die Natur durch Kultur zu ergänzen, und darum geht es.

WOLFGANG FRANZ

Säkulare Unterbeschäftigung: Ist die Zwei-Drittel-Gesellschaft noch zu vermeiden?

In wirtschaftlich schwierigen Zeiten erheischen Krisenpropheten und Menschheitsbeglücker seit jeher eine größere Aufmerksamkeit als in normalen Konjunkturlagen. Zu diesen Leuten gehören u.a. Pessimisten, die uns seit mindestens hundert Jahren in schöner Regelmäßigkeit darauf vorbereiten wollen, daß der Arbeitsgesellschaft jetzt aber ganz sicher die Arbeit ausgehe, oder auch bestimmte Trendforscher, welche z.B. über das Fernsehen dem staunenden Publikum Zukunftsberufe wie den des »Kommunikators« oder »Sinnstifters« schmackhaft machen wollen, was immer sich hinter diesen Berufsbezeichnungen auch verbergen mag.

Während man in ruhigeren Zeiten über solche Einlassungen je nach Gemütslage mit einem Achselzucken oder mit heiterer Ironie zur Tagesordnung übergehen könnte, gilt es in diesen Monaten, einem solchen Gerede argumentativ Einhalt zu gebieten und Stellung zur Frage der Gefahr einer säkularen Unterbeschäftigung zu nehmen. Dazu ist es erforderlich, eine nüchterne Arbeitsmarktbilanz zu ziehen, erkennbare Entwicklungstendenzen für die absehbare Zukunft aufzuzeigen und bei Fehlentwicklungen praktikable Handlungsalternativen zu diskutieren. Genau dies zu tun ist Zweck meines Referates. Ich werde zu der Schlußfolgerung kommen, daß wir in der Tat Gefahr laufen, auf längere Sicht mit krisenhaften Erscheinungsformen auf dem Arbeitsmarkt konfrontiert zu sein, es aber andererseits keinen Anlaß zur Resignation gibt. Man kann etwas gegen die hohe Arbeitslosigkeit tun, man muß dies aber auch wollen.

I. Eine Bestandsaufnahme: Wo liegen unsere Probleme?

Eine kurze Bestandsaufnahme, der ich mich zuerst widme, hat mit der Feststellung zu beginnen, daß die wirtschaftliche Entwicklung derzeit von drei Problemfeldern berührt wird. Zum einen wirkt auf dem Arbeitsmarkt noch für eine Zeit bis etwa 1995/96 die Rezession nach, welche wir nach übereinstimmenden Analysen der Wirtschaftsforschungsinstitute im großen und ganzen überwunden haben. Zweitens macht die Finanzierung der mit der deutschen Einheit verbundenen Lasten Opfer erforderlich, beispielsweise in Form von Einbußen bei den Netto-Realeinkommen der Arbeitnehmer, was verständlicherweise zu entsprechenden Unmutsäußerungen führt. Eine dritte Herausforderung besteht in der Bewältigung von mittel- bzw. längerfristigen Strukturproblemen sowohl auf der Nachfrageseite des Arbeitsmarktes als auch bei der Lohnfindung. Dieser dritte Problemkreis ist mein Thema, d.h. ich werde im folgenden alle eher konjunkturell bedingten Phänomene ausblenden, womit selbstverständlich keine Verharmlosung dieser Aspekte beabsichtigt ist.

Es lohnt sich, kurz die vergangenen Entwicklungstendenzen von Arbeitsangebot und -nachfrage nachzuzeichnen, nicht zuletzt auch, um zu zeigen, wie fragwürdig diese These ist, der »Arbeitsgesellschaft gehe die Arbeit aus« und auf dem deutschen Arbeitsmarkt würden kaum noch Arbeitsplätze geschaffen. Im Zeitraum zwischen 1983 und 1989 stieg in Westdeutschland die Zahl der beschäftigten Arbeitnehmer nach Angaben des Sachverständigenrates zur Begutachtung der gesamtwirtschaftlichen Entwicklung von 23,2 Mio. auf 24,7 Mio. Personen, also um 1,5 Millionen. Rechnet man die Zunahme der beim Staat Beschäftigten heraus, so beläuft sich der Anstieg der Zahl der im privaten Sektor beschäftigten Arbeitnehmer immer noch auf 1,2 Mio. Noch exorbitanter war der Beschäftigungsgewinn in den Jahren 1989 bis 1992, der sich — ebenfalls im privaten Sektor — auf mehr als 1,7 Mio. Personen belief. Solche Zahlen legen nun nicht gerade den zwingenden Schluß nahe, daß bei uns keine Arbeitsplätze geschaffen werden könnten, weil es hier nichts zu tun gäbe.

Ebenso irrig ist die häufig geäußerte Vorstellung eines unbeweglichen, völlig inflexiblen Arbeitsmarktes. In den Jahren 1990 bis 1992 sind in Westdeutschland pro Jahr knapp 7 Mio. sozialversicherungspflichtige Beschäftigungsverhältnisse begonnen worden, also etwa 20 Mio. im gesamten Zeitraum 1990 bis 1992, und das bei einer durchschnittlichen Zahl von sozialversicherungspflichtigen Beschäftigten von durchschnittlich rund 23 Mio. Personen. Mit solchen Zahlen pflegt man üblicherweise nicht einen völlig erstarrten, »sklerotischen« Arbeitsmarkt zu beschreiben.

Eine vergleichsweise hohe Dynamik läßt sich bei einem großen Teil der Arbeitslosen identifizieren. 1993 lag der durchschnittliche Bestand an Arbeitslosen in Westdeutschland bei rund 2,3 Mio. Menschen. Im selben Jahr verzeichnete die Arbeitslosenstatistik etwa 4,5 Mio. Zugänge und 4,1 Mio. Abgänge in bzw. aus der Arbeitslosigkeit, wobei zu berücksichtigen ist, daß etwa rund ein Drittel aller Arbeitslosen als Langzeitarbeitslose das ganze Jahr dem Bestand der Arbeitslosen angehören. Mit Ausnahme der genannten Langzeitarbeitslosen — auf die ich noch zu sprechen kommen werde — spricht das nicht unbedingt für eine alles lähmende Statik des Arbeitsmarktes.

Wenn der Arbeitsmarkt eine solch beachtliche Dynamik aufgewiesen hat, woher resultieren dann unsere Probleme? Die Antwort lautet, daß diese Dynamik in Form einer Zunahme von Arbeitsplätzen nicht ausgereicht hat, um dem gestiegenen Arbeitsangebot ausreichende Beschäftigungsmöglichkeiten zu bieten. In den Jahren 1983 bis 1992 ist in Westdeutschland die Zahl der Erwerbspersonen um 2,3 Mio. Menschen gestiegen, weil wir Zuwanderungen zu verzeichnen hatten und die Erwerbsquote der Frauen sich im gleichen

Zeitraum um etwa acht Prozentpunkte erhöht hat, um nur zwei Aspekte beim Arbeitsangebot herauszugreifen. M.a.W., die oben aufgezeigten Erfolge bei der Schaffung von Arbeitsplätzen wurden von einer Ausweitung des Arbeitsangebotes überkompensiert.

Nun läßt sich diese Entwicklung auf der Angebotsseite nicht rückgängig machen, im Gegenteil, eine höhere Erwerbsbeteiligung von Frauen wird aus vielerlei Gründen als wünschenswert angesehen und wir müssen auch in der Zukunft mit einer höheren Erwerbspersonenzahl rechnen, nicht zuletzt auch auf Grund von Einwanderungen beispielsweise von Aussiedlern. Wie hoch diese Zunahme des künftigen Arbeitsangebotes ausfällt, ist schwer abschätzbar, und seriöse Studien behelfen sich deshalb mit alternativen Szenarien, während sich die eingangs erwähnten Krisenpropheten bewußt die extrem pessimistischen Varianten herauspicken, um damit Panikmache zu betreiben. Wie dem auch sei, selbst optimistische Szenarien kommen zu dem Ergebnis, daß das Arbeitsangebot Ende dieses Jahrzehnts trotz der auf Grund des Geburtenrückgangs schrumpfenden Nachwuchsjahrgänge höher liegen wird als heute, d.h. selbst bei einer konjunkturellen Erholung wird die Zahl der Arbeitsplätze beim Status quo nicht ausreichen. Es muß also gehandelt werden.

Zur Bestandsaufnahme gehört noch ein zweites gravierendes Problem, welches ich oben schon kurz angedeutet habe. Es besteht in dem hohen und steigenden Anteil von schwer vermittelbaren Arbeitslosen. Neben diversen vermittlungshemmenden Merkmalen wie fehlender Schul- oder Berufsausbildung oder gesundheitlichen Einschränkungen erzeugt die Erfahrung mit Arbeitslosigkeit als solcher wiederum Arbeitslosigkeit. Anders formuliert, je länger jemand bereits arbeitslos ist, umso geringer wird die Wahrscheinlichkeit, daß der oder die Betreffende ein Beschäftigungsverhältnis findet. Wir nennen das in der Arbeitsmarktökonomik das Hysterese-Phänomen. Die unmittelbare wirtschaftspolitische Folgerung lautet, daß die Bekämpfung von Arbeitslosigkeit zwar sehr viel Geld kostet, sie aber umso teurer wird, je länger damit gewartet wird. Gründe für diesen Hysterese-Effekt sind die Abschreibung des Humankapitals während der längeren Arbeitslosigkeitsphase, eine auf Grund enttäuschter Hoffnungen sinkende Motivation, sich um einen Arbeitsplatz zu bemühen, und die verminderten Einstellungschancen eines Langzeitarbeitslosen etwa im Vergleich zu einem Bewerber in ungekündigter Stellung – all dies Merkmale, die in den seltensten Fällen allein, sondern in der Regel gehäuft bei einem Arbeitslosen auftreten. Rezessionen wirken bekanntlich als Sortiervorgänge auf dem Arbeitsmarkt und eingeschränkt leistungsfähige Arbeitnehmer, die in konjunkturell guten Zeiten vielleicht auch aus sozialen und solidarischen Motiven im Unternehmen verblieben sind, haben nach dem Verlust ihres Arbeitsplatzes z.B. auf Grund einer Betriebsschließung in einer Rezession wenig Chancen auf Wiedereinstellung. Auch hier besteht hoher Handlungsbedarf.

Als seien dies nicht bereits genügend Probleme, kommt die drückende Beschäftigungssituation in Ostdeutschland noch hinzu. Schließt man die nur auf Grund von arbeitsmarktpolitischen Maßnahmen einschließlich eines vorgezogenen Ruhestandsalters versteckte Arbeitslosigkeit ein, so errechnet sich für Ostdeutschland leicht eine bereinigte Arbeitslosenquote von über 30 Prozent. Auch in diesem Fall sind zunächst deutliche Worte an die Adresse einschlägiger Ideologen angebracht. Es ist nicht so, daß während und nach der Vereinigung keine »ökonomischen Fehler« gemacht worden wären. Ich nenne beispielhaft den Umstellungskurs, die Lohnentwicklung in Teilbereichen der ostdeutschen Wirtschaft und das Restitutionsproblem. Andererseits stellt es schon eine Diffamierung eines marktwirtschaftlichen Systems dar, wenn diesem der Beschäftigungseinbruch angelastet wird, anstatt dafür die sozialistische Diktatur in der ehemaligen DDR verantwortlich zu machen.

Da die Ursachen der Arbeitslosigkeit in Ostdeutschland hinlänglich breit analysiert und diskutiert worden sind, genügt hier ebenfalls der Hinweis auf die Notwendigkeit eines raschen Handelns. Was also ist zu tun?

II. Die Einsicht in das Verteilbare

Bevor ich auf einzelne Maßnahmen eingehe, liegt mir daran, deutlich in Erinnerung zu rufen, daß die Mach- und Beherrschbarkeit des Wirtschaftsprozesses durch die Wirtschaftspolitik nach aller Erfahrung sehr begrenzt ist. Es stellt vielleicht eine Binsenweisheit dar, kann aber nicht oft genug betont werden, daß es völlig absurd ist anzunehmen, man brauche nur einige Hebel zu bewegen, um das gewünschte Resultat zu erzielen. Das Rufen nach dem Staat in einer Beschäftigungskrise verkennt außerdem die Prioritäten: Arbeitsplätze müssen und sollen bei den privaten Unternehmen geschaffen werden, der Staat soll dafür die Rahmenbedingungen gewährleisten und versuchen, durch arbeitsmarktpolitische Maßnahmen den Strukturwandel beim Arbeitsangebot zu erleichtern und auf Grund von Arbeitslosigkeit entstehende soziale Härten abzumildern.

Gegen diese Rollenverteilung zwischen privater Wirtschaft und Wirtschaftspolitik wird häufig verstoßen. Es ist mitunter schwer, sich des Eindrucks zu erwehren, daß auf dem Arbeitsmarkt manchmal gern Verträge zu Lasten Dritter abgeschlossen werden. Ein Beispiel mag verdeutlichen, was gemeint ist.

Das Entstehen von Arbeitslosigkeit kann aus makroökonomischer Sicht leicht erklärt werden, wenn in einem Land, das auf Preisniveaustabilität bedacht ist, die Verteilungsansprüche das tatsächlich verteilbare Sozialprodukt übersteigen. Wenn eine der beiden Tarifparteien oder beide mehr als das Verteilbare verteilen wollen, kommt es in marktwirtschaftlichen Systemen zu einer offen erkennbaren Inflation. Wir haben das Mitte der siebziger Jahre erlebt, als in den Tarifverhandlungen versucht wurde, den Teil unseres Sozialproduktes, der von rohstoffexportierenden Staaten z.B. durch die exorbitanten Erdölpreissteigerungen beansprucht wurde, durch höhere Löhne nochmals zu verteilen. Dies hat letztlich eine höhere Inflationsrate und Beschäftigungsverluste gekostet, denn eine auf Geldwertstabilität bedachte Zentralbank kann höhere Inflationsraten nicht akkommodieren, sondern muß mit einer monetären Restriktionspolitik kontern. Arbeitslosigkeit hat in dieser Situation die Funktion, disziplinierend auf überzogene Verteilungsansprüche einzuwirken. Damit ich nicht mißverstanden werde: Arbeitslosigkeit ist nicht notwendig, freiwillige Einsicht allemal besser. Arbeitslosigkeit reduziert Verteilungsansprüche, indem sie Unternehmen mit Umsatz- und Gewinneinbußen bestraft, so daß Versuche, über eine aggressive Preispolitik einen höheren Anteil am Sozialprodukt zu erreichen, ebenso erfolglos bleiben müssen wie entsprechende Versuche der Arbeitnehmer mittels überzogener Lohnforderungen, als deren Ergebnis Arbeitsplatzverluste zu verzeichnen sind.

In einer solchen Lage ist die Wirtschaftspolitik ziemlich machtlos, schlimmer noch, die Gesellschaft hat die Folgen eines solchen Verteilungskampfes zu tragen, etwa in Form von Unterstützungszahlungen für die Arbeitslosen. Dies sind die erwähnten Verträge zu Lasten Dritter.

Daraus folgt, daß in Zeitperioden geringerer Produktivitätszuwächse zunächst einmal die Einsicht in das Verteilbare wachsen muß, und zwar vor dem Hintergrund eines verschärften globalen Wettbewerbs. Es ist wohl nicht so, daß deutsche Güter und Dienstleistungen im Durchschnitt schlechter geworden wären. Aber unsere internationalen Konkurrenten haben hinsichtlich der Qualitätsstandards aufgeholt, wenn uns nicht sogar überholt, so daß Produktionskosten heutzutage eine noch größere Rolle spielen als früher.

Anders formuliert: »Wer aufhört, besser zu werden, hört bald auf, gut zu sein« (A. Herrhausen).

Mit der geforderten Einsicht in das Verteilbare ist selbstverständlich nicht gemeint, daß wir uns mit der bestehenden Höhe des Sozialproduktes auf absehbare Zeit zufrieden geben müssen.

III. Neubewertung des Arbeitsbegriffs und »zweiter Arbeitsmarkt«?

Im Lichte der öffentlichen Diskussion lohnt es sich, einen Moment bei diesem Aspekt zu verweilen.

Die zentrale Stellung der Arbeit im heutigen Gesellschaftssystem und ihre positive Bewertung — ora et labora! — ist sicherlich erst historisch gewachsen und deshalb grundsätzlich veränderbar. Es sind auch andere Bewertungen des jeweiligen Stellenwertes von Erwerbsarbeit und Nichtarbeitszeit denkbar. Es würde indessen an Zynismus grenzen, in einem erfolgreichen Wertewandel — so er denn überhaupt zu bewerkstelligen ist — bereits eine arbeitsmarktpolitische Maßnahme zu sehen. Meine Prioritäten liegen jedenfalls weniger in einer Umwertung der Arbeit — als deren Ergebnis sich einige Soziologen eine »Entdramatisierung der Arbeitslosigkeit« (W. Lepenies) versprechen—, sondern eindeutig in der Schaffung von Arbeitsplätzen.

In die gleiche Richtung zielt meine Skepsis bezüglich der Wünschbarkeit und Realisierungschancen eines »zweiten« Arbeitsmarktes, d.h. einer vom Staat zu Lasten des »ersten« Arbeitsmarktes finanzierten Beschäftigungsgesellschaft. Dieser Idee ist auf den ersten Blick eine gewisse Attraktivität nicht abzusprechen, geht es doch darum, für verlorene Arbeit nicht — wie derzeit — »nur« finanziell zu entschädigen, sondern eine andere Arbeit zur Verfügung zu stellen. Weiterhin wäre der Gesellschaft — so das Argument — auch gedient, wenn Arbeitslose zur Wertschöpfung beitrügen, anstatt nur für das Nichtstun alimentiert zu werden.

Wie bereits ausgeführt, besteht bei uns kein Mangel an Arbeit. Die erwähnte Skepsis bezieht sich auch nicht darauf, daß es in einigen Fällen sinnvoll sein kann, Beschäftigungsverhältnisse für Arbeitslose zu subventionieren. Dabei denke ich jedoch in erster Linie an Ostdeutschland, solange sich dort privates Unternehmertum im Transformationsprozeß noch nicht in hinreichendem Umfang herausgebildet hat und der zweite Arbeitsmarkt unter bestimmten Voraussetzungen eine Starthilfe geben kann. Für Westdeutschland resultiert die Skepsis hauptsächlich aus den Erfahrungen, die wir mit der Dauerhaftigkeit von Subventionen gemacht haben. Die Rücktrittsandrohung eines Bundeswirtschaftsministers hat vor einigen Jahren nur dazu gereicht, in außerordentlich mühsamer Weise gerade mal 10 Mrd. DM an Subventionskürzungen aufzulisten.

Neben einer Dauersubventionierung besteht weiterhin die Gefahr einer subventionierten Konkurrenz mit dem ersten Arbeitsmarkt und der Vorgabe »gesellschaftspolitisch wertvoller Aufgaben« durch den Staat, die dann vom zweiten Arbeitsmarkt durchzuführen sind. Es darf auch nicht dazu kommen, daß auf Grund einer subventionierten Tätigkeit im zweiten Arbeitsmarkt ihrerseits ein Anspruch auf Lohnersatzleistungen entsteht. Im übrigen reicht in diesem Zusammenhang das bisherige Instrumentarium in Form der Arbeitsbeschaffungsmaßnahmen (ABM) aus.

IV. Die Schaffung von Arbeitsplätzen

Zum Arsenal einer mittelfristig angelegten Wachstumspolitik gehört der schrittweise Umbau unseres Steuer- und Abgabensystems. Es gehört zu den Ungereimtheiten unseres Sozialsystems, daß seine Leistungen in hohem Umfang durch eine Abgabenbelastung des Produktionsfaktors Arbeit finanziert und gleichzeitig laute Klagen über den Verlust von Arbeitsplätzen erhoben werden. Andererseits soll natürlich auch nicht der Produktionsfaktor Sachkapital stärker besteuert werden, denn Investitionen sind für die Erzeugung von Arbeitsplätzen notwendig. Eine höhere fiskalische Besteuerung der Wertschöpfung oder des Gewinns ist ebenfalls unerwünscht, um nicht ausländische Investoren abzuschrecken.

Wenn dennoch Sozialleistungen im bisherigen Umfang aufrechterhalten werden sollen, bieten sich zwei miteinander verbundene Wege an. Erstens sollten einige der bisherigen Sozialleistungen wie z.B. die Lohnfortzahlung im Krankheitsfall und Abfindungsleistungen im Rahmen von Entlassungen nicht länger dem Unternehmen aufgebürdet werden, bei dem die »Schadensfälle« auftreten. Am Beispiel der gesetzlichen Regelung der Lohnfortzahlung im Krankheitsfall läßt sich leicht zeigen – wenn auch vielleicht etwas überspitzt –, daß unser System mitunter ans Absurde grenzt. Arbeitnehmer werden unabsehbar lange krank – im Extremfall, weil sie sich in Ausübung von Risiko-Hobbys wie z.B. Drachenfliegen oder Extremklettern Verletzungen zugezogen haben. Nun geht das Unternehmen nicht nur einer Arbeitskraft verlustig, in deren Qualifikation u.U. erheblich investiert wurde; es muß nicht nur für den erheblichen Zeitraum der gesetzlichen Lohnfortzahlungsfrist den vollen Lohn weiterzahlen und obendrein selbst bei einer ganzjährigen krankheitsbedingten Abwesenheit das volle Urlaubsgeld sowie das 13. Monatseinkommen entrichten, sondern es riskiert möglicherweise auch noch, daß die Aushilfskraft, welche es natürlich auch bezahlen muß, nach sechs Monaten ebenfalls unter den gesetzlichen Kündigungsschutz fällt. Wenn die Arbeitnehmer eine derart weitgehende finanzielle Absicherung im Krankheitsfall wünschen – wogegen nichts einzuwenden ist –, dann bietet sich der individuelle Abschluß einer entsprechenden privaten Versicherung an. Es ist aber nicht einzusehen, warum ein Unternehmen, welches nicht nur »olympiareife« Arbeitnehmer einstellt, sondern auch prinzipiell krankheitsanfällige Mitarbeiter, obendrein noch das Nachsehen in Form z.T. beachtlicher Lohnfortzahlungen haben soll.

Neben dieser Änderung des Abgabensystems in Richtung einer Versicherungslösung ist als zweite Säule des Umbaus eine stärkere steuerliche Belastung des Konsums bei gleichzeitiger Senkung der Beiträge zur Sozialversicherung ins Auge zu fassen. Ein behutsamer Übergang zu einer höheren Besteuerung des privaten Konsums hätte zumindest zwei Vorteile. Zum einen würde die Abgabenbelastung beim Faktor Arbeit zurückgenommen, so daß dessen Einsatz verbilligt würde. Dies führt tendenziell zu einer höheren Beschäftigung. Gegenzurechnen ist allerdings die Reduktion des privaten Konsums bei einer Substitution des Arbeitgeberanteils zur Sozialversicherung durch einen höheren Mehrwertsteuersatz. Der andere Vorteil besteht darin, daß der Staat den Konsum seiner Bürger leichter und mit geringerem Aufwand kontrollieren kann als deren Einkommen, so daß Anreize zur Steuerhinterziehung verringert werden. Irgendwann werden auch die der Besteuerung illegal entzogenen Einkommen konsumiert, und sei es in der nächsten Generation.

Ein Umbau unseres Steuersystems ist selbstverständlich nicht die einzige Maßnahme zur Stärkung der Wachstumskräfte. Hinzu kommen sollte ein Abbau von Subventionen und deren Umschichtung von schrumpfenden in wachsende Branchen der Volkswirtschaft, also beispielsweise eine verstärkte Förderung der Forschung und Entwicklung im naturwissenschaftlichen Bereich zu Lasten von Subventionen bei Landwirtschaft und Bergbau, wobei insbesondere auch Projekte im Mittelstand mehr als bisher zu begünstigen sind. Dazu gehören auch eine nachhaltigere Betonung des Leistungsgedankens und eine Umorientierung im Bildungssystem in Richtung auf eine verstärkte Förderung der beruflichen Bildung im Rahmen des dualen Systems, einen Ausbau der Fachhochschulen und eine effizientere Auslese bei der Feststellung der Studierfähigkeit und der Studienrichtung.

V. Mehr Flexibilität?

Die Forderung nach einer höheren Flexibilität des Arbeitsmarkts genießt nach wie vor hohe Priorität in verschiedenen Vorschlägen zur Verbesserung der Beschäftigungssituation. Zur Untermauerung der These vom Bestehen überbordender institutioneller Verkrustungen werden häufig wahre Kolossalgemälde eines überregulierten deutschen Arbeitsmarktes angefertigt, welcher sich fest im Würgegriff gesetzlicher Schutzvorschriften und eingefahrener Lohnbildungsrituale befinde und unfähig zur Schaffung von Arbeitsplätzen sei. Wie eingangs anhand der Zahlen über die Dynamik des deutschen Arbeitsmarktes dargestellt, kann von einem starren, »sklerotischen« Arbeitsmarkt keine Rede sein. Der deutsche Arbeitsmarkt ist keineswegs so inflexibel wie oft behauptet. Es bleibt aber die Frage, ob eine noch höhere Flexibilität Beschäftigungsgewinne induzieren könnte. Wo liegen mithin Flexibilisierungspotentiale, worin bestehen die Chancen und Risiken einer höheren Flexibilisierung?

Bekundungen über die Notwendigkeit einer stärkeren Flexibilisierung und Differenzierung der Verdienste sind mittlerweile Legion. An der Breite der Diskussion überrascht zunächst, wie behende ein sich nunmehr seit etwa 40 Jahren im großen und ganzen bewährtes Lohnfindungssystem ernsthaft in Frage gestellt wird. Die Flexibilisierungspotentiale sind nämlich größer als allgemein unterstellt, denn zwischen der Tarifentlohnung und den tatsächlich erzielten Effektivverdiensten besteht schon jetzt eine erhebliche Lohnspanne in Form übertariflicher, freiwilliger Leistungen. Diese Lohnspanne variiert von Branche zu Branche und verändert sich im Konjunkturverlauf, weil Unternehmen in einer Rezession eine als nicht verkraftbar angesehene Tariflohnerhöhung mit einer teilweisen Kürzung der Lohnspanne verrechnen. Das mag natürlich zu Unmutsäußerungen seitens der Belegschaft führen, die den freiwilligen Charakter dieser Leistungen längst vergessen hat.

Bemängelt wird ferner eine seit längerer Zeit abnehmende Differenzierung der Lohnstruktur nach Branchen, Regionen und Qualifikationen. Eine solch generelle Behauptung ist empirisch wenig untermauert. Die OECD und die Mehrheit des Sachverständigenrates kommen vielmehr zu dem Ergebnis, daß sich die Lohnstruktur alles in allem in den letzten Dekaden wenig verändert habe. Wesentlich diskussionswürdiger ist deshalb das Argument, daß die Lohnstruktur flexibler werden müsse, um Beschäftigungsimpulse zu liefern. Das kann in der Tat nicht von der Hand gewiesen werden, aber dazu wären zunächst einmal die oben dargestellten, bereits vorhandenen Flexibilisierungspotentiale in Form einer höheren Variabilität der Lohnspanne auszunutzen. Außerdem muß auf die Kehrseite der vielgepriesenen höheren Flexibilität hingewiesen werden, denn in wirtschaftlich günstigeren Zeiten läuft auch die Lohnanpassung nach oben dann natürlich reibungsloser. Schließlich ist zu beachten, daß eine Dezentralisierung der Lohnfindung auf die betriebliche Ebene ebenfalls eine Konfliktverlagerung nach unten bedeutet, was zu unerwünschten Belastungen des Betriebsfriedens und damit der Effizienz führen kann.

Eine höhere Flexibilität wird auch beim Arbeitsrecht eingefordert. Hier lohnt es sich ebenfalls, genauer hinzusehen, bevor geurteilt wird. Mit der Lohnfortzahlung im Krankheitsfall sowie der Sozialplanregelung hatte ich mich bereits kurz befaßt. Daher soll der Kündigungsschutz bzw. dessen Deregulierung kurz gestreift werden.

Vor dem Hintergrund einiger Entscheidungen von Arbeitsgerichten und Teilen der arbeitsrechtlichen Literatur muß die Öffentlichkeit in der Tat den Eindruck einer bevorstehenden Katastrophe gewinnen: Heerscharen von ständig »freien« Mitarbeitern z.B. in den Medien klagen sich in unkündbare Dauerarbeitsverhältnisse ein; Unternehmen können nach der Ruhestandsentscheidung des Bundesarbeitsgerichts (BAG) einer allmählich vergreisenden Belegschaft nur durch hohe Abfindungsprämien entrinnen und müssen bei notorischen Bummelanten nachweisen, daß eine konkrete Störung des Arbeitsverhältnisses vorliegt. Die einschlägige Literatur ist schon soweit, daß der Arbeitsrechtler Rüthers schreibt: »Unter dem Gesichtspunkt des Bestandsschutzes allein müßte man einem Kleinverleger, der eine Sekretärin sucht, fast raten, die geeignete Bewerberin zu heiraten, statt sie einzustellen«.

Insbesondere ist auch zu berücksichtigen, daß Urteile des BAG und unterer Arbeitsgerichtsinstanzen in der Regel wie Normen, d.h. »flächendeckend« für ganze Fallgruppen, wirken und von ihnen teilweise beträchtliche psychologische Wirkungen vor allem vermutlich auf Kleinunternehmen ausgehen. Insoweit wären mehr Realitätssinn und »ökonomisches Denken« keine schlechten Ratgeber für Arbeitsrichter. Andererseits besteht kein Anlaß zu einer Überbewertung der Restriktionen, die der gesetzliche Kündigungsschutz auferlegt. Die meisten Unternehmen sind aus guten »ökonomischen Gründen« ohnehin überwiegend an stabilen Beschäftigungsverhältnissen interessiert, weil sie häufig beträchtlich in die Qualifikation ihrer Belegschaft investiert haben. In diesem Rahmen sind die gesetzlichen Regelungen dann »ökonomisch nicht schädlich«, aber im wesentlichen überflüssig, sieht man einmal von der Reduktion der Transaktionskosten ab, welche mit dem gesetzlichen Kündigungsschutz einhergehen kann. Vielmehr kommt dem Gesetzgeber die Aufgabe zu, durch gesetzlich verankerte Mindestanforderungen Arbeitnehmer vor reinen Willkürmaßnahmen zu schützen und für eine minimale Kündigungsfrist Sorge zu tragen. Ein darüber hinausgehender Kündigungsschutz sollte individuellen Regelungen des Arbeitsvertrages vorbehalten bleiben.

Ein letzter Aspekt des Flexibilisierungspotentials liegt bei der Arbeitszeit. Damit hier Beschäftigungsimpulse freigesetzt werden, sind hauptsächlich zwei Bedingungen erforderlich, nämlich Freiwilligkeit und Kostenneutralität. Beide Kriterien sind im wesentlichen und beispielhaft erfüllt, wenn es Arbeitnehmern ermöglicht wird, eine Präferenz für Teilzeitarbeit bei gegebenem Stundenlohnsatz (»ohne Lohnausgleich«) zu realisieren. Während Westdeutschland 1991 mit einer Teilzeitquote bei den Frauen in Höhe von 34 Prozent im internationalen Vergleich einen guten Mittelplatz einnimmt, liegen wir mit der entsprechenden Ziffer in Höhe von 2 Prozent für Männer eher am unteren Ende der Skala. Prima facie scheint daher die Teilzeitarbeit für Männer am ehesten als steigerungsfähig. Allerdings besteht wenig Anlaß zu euphorischen Einschätzungen insbesondere der kurzfristigen Möglichkeiten. Teilzeitarbeitsplätze werden vor allem im Dienstleistungssektor geschaffen; dies ist häufig mit Kosten verbunden und es bedarf der Überwindung beachtlicher Akzeptanzprobleme, angefangen bei der Meinung, Teilzeitbeschäftigte seien weniger leistungsmotiviert, bis hin zu der tatsächlichen Bereitschaft zum Einkommensverzicht. Trotzdem sollten Anstrengungen unternommen werden, solche freiwilligen Arbeitszeitverkürzungen zu fördern, denn angesichts der prekären Beschäftigungssituation können wir es uns nicht leisten, auf Maßnahmen zur Bekämpfung der Arbeitsmarktsituation zu verzichten, die nicht von vorneherein aussichtslos sind.

VI. Schlußbemerkung

Es ist dieser Tagung angemessen, mit einem Zitat Alfred Herrhausens zu schließen. Er sagte 1989: »Dieses Land hat immer noch kluge Köpfe und fleißige Hände, es ist wohlgeordnet und verläßlich, reich an Erfahrung und Kenntnissen, kulturell vielfältig und aktiv – und, was das wichtigste ist, es ist frei. Lassen wir also alle Larmoyanz beiseite. Um die Herausforderungen, die vor uns liegen, zu meistern, müssen wir uns und unsere Mitbürger motivieren. Motivieren aber kann man nur, wenn man prägende und anregende Ausstrahlung besitzt. Haben Sie schon einmal einen Pessimisten mit Ausstrahlung gesehen?«.

Diskussion

Strube: Sie haben den Gesichtspunkt der Flexibilisierung relativiert, in diesem Zusammenhang aber nur beiläufig etwas zur Arbeitsgerichtsbarkeit gesagt. Sie haben Ihren Kollegen Rüthers zitiert, der immer darauf hinweist, daß ein Arbeitsverhältnis einen höheren Schutz genießt als die Ehe, was ja ein Faktum ist. Sie haben darauf hingewiesen, daß nach der Rechtsprechung des Bundesarbeitsgerichtes eine Vielzahl von Krankheiten auch bei längerer Dauer keinen Kündigungsgrund darstellen, sondern daß die Arbeitgeber dann gehalten sind, eine Ersatzarbeitskraft einzustellen, selbst auf das Risiko hin, daß für diese dann ebenfalls der Kündigungsschutz eintritt. Müßten Sie nicht auch etwas dazu sagen, ob nicht der Gesetzgeber die Entschlossenheit und den Mut zu einem Arbeitsgesetzbuch aufbringen sollte, das dieser ausufernden Rechtsprechung Einhalt gebietet?

Franz: Das ist eine sehr gute Frage, nur bin ich dafür wahrscheinlich die falsche Adresse. Überspitzt und zynisch könnte man sagen: Das Beschäftigungsförderungsgesetz 1985 mit der Möglichkeit befristeter Arbeitsverträge war möglicherweise der Versuch der politischen Seite, überzogene Arbeitsgerichtsurteile zu relativieren und den Unternehmern die Möglichkeit zu geben, flexiblere Arbeitsverträge abzuschließen. Das war vielleicht eine Notbremse; ich weiß es nicht. Wann ein Arbeitsgesetzbuch politisch durchsetzbar ist, kann ich Ihnen nicht sagen.

Necker: Mir fehlte bei der Aufzählung der Möglichkeiten, Belastungen durch Arbeitskosten zu senken, die Frage, ob nicht auch der Staat stärker sparen kann. Die wirtschaftswissenschaftlichen Institute haben im letzten Gutachten eine Bemerkung gemacht, die eigentlich sehr einleuchtend ist, nämlich daß der Staat im Zweifelsfalle jede eingenommene Mark ausgeben wird und immer etwas mehr und daß man den Geldhahn zudrehen muß, um Sparsamkeit überhaupt erst zu erzwingen. Wir sollten uns klarmachen, daß die Erhöhung der Konsumausgaben über die Mehrwertsteuer auch den Abstand zwischen den Kosten der Arbeit einerseits und den netto verfügbaren Einkommen der Arbeitnehmer andererseits vergrößert. Damit wird auch das Abdrängen von Arbeit in die Schattenwirtschaft verstärkt, weil dieses dazu zwingt, noch mehr Arbeit selber zu erledigen, weil sie sonst nicht mehr bezahlbar ist.

Franz: Ich glaube, ich bin frei von dem Verdacht, etwas gegen eine zusätzliche Ersparnis des Staates zu sagen. Der Sachverständigenrat predigt das seit Jahren. Es gibt hierzu Möglichkeiten genug. Die Subventionskürzungen habe ich genannt, aber man könnte noch eine Reihe weiterer Dinge aufzählen.

Daß die Arbeitnehmer bei einer Erhöhung der Mehrwertsteuer verstärkt in die Schattenwirtschaft gehen werden, glaube ich nicht. Auch in der Schattenwirtschaft braucht man

Güter, die gekauft werden müssen und die mit einer Mehrwertsteuer belastet sind. Die eigentliche Arbeitsleistung ist natürlich frei. Ich bin mir nicht sicher, ob die höhere Mehrwertsteuer einen rapiden Zugang in der Schattenwirtschaft zur Folge hätte. Auf jeden Fall aber hätte eine Mehrwertsteuererhöhung den Vorteil, daß der Staat den Konsum der Bürger besser besteuern kann als das Einkommen. Es ist ja zu glauben, was man heutzutage in der Zeitung liest: daß Finanzämter nicht mehr in der Lage sind, das Einkommen zu erfassen.

Köcher: Sie haben gesagt, daß die größten Potentiale bei der Teilzeitarbeit bei Männern lägen. Von der Nachfrage her sehe ich das anders: Hier liegen die größten Potentiale nach wie vor bei den Frauen. Das gilt insbesondere für Frauen in Ostdeutschland, die zu sehr großen Teilen aus der Vollzeitbeschäftigung kommen. Für mich wäre es eine vordringliche Maßnahme, in Ostdeutschland verstärkt Frauen-Teilzeitarbeitsplätze zu schaffen, um damit die Arbeitslosigkeit gravierend nach unten zu drücken. Das ist auch im Zusammenhang mit dem anderen Aspekt zu sehen, daß die hohe Arbeitslosigkeit in Ostdeutschland sich in den Köpfen mehr und mehr mit dem marktwirtschaftlichen System verbindet, was dazu führt, daß das marktwirtschaftliche System diskreditiert wird. Das ist leider nicht mehr nur die Position einiger Ideologen, sondern wir sehen einen erdrutschartigen Verfall der Akzeptanz der Marktwirtschaft in Ostdeutschland.

Das Wichtigste scheint mir Ihr Hinweis zu sein, daß man alle Energie darauf verwenden muß, den Anteil der Langzeitarbeitslosigkeit herunterzudrücken. Man kann nicht ständig auf den Gesamtblock der Arbeitslosen starren und sagen, daß man ihn verkleinern muß, sondern man muß vor allem den Anteil der Langzeitarbeitslosen so niedrig wie möglich halten. Welche Möglichkeiten sehen Sie da? Ich habe den Eindruck, daß das bisher überhaupt nicht angestrebt wird.

Franz: Hinsichtlich der Frage nach der Teilzeitarbeit für Frauen bin ich vollständig mit Ihnen einverstanden. Ich sehe nur ein Problem: Bekommen wir, wenn wir jetzt ganz forciert nur die Teilzeitarbeit für Frauen fördern, nicht eine Art Zweiklassengesellschaft bei den Beschäftigten: die Frauen arbeiten Teilzeit und die Männer Ganzzeit? Ist es das, was wir wollen? Ich gebe Ihnen recht, daß die Nachfrage bei den Frauen größer ist als bei den Männern. Aber ich wäre ganz froh, wenn auch die Quote der Teilzeitarbeit für Männer gesteigert werden könnte. Ich sehe die Akzeptanzprobleme und glaube, daß derzeit in Ostdeutschland vor allem Chancen für teilzeitarbeitende Frauen vorhanden sind.

Dann die Frage, was man hinsichtlich der Langzeitarbeitslosigkeit machen kann. Auch hier ist die Situation außerordentlich schwierig, und es ist nicht zu erwarten, daß wir in Kürze oder auch nur mittelfristig größere Erfolge erzielen werden. Die Arbeit auf diesem Feld ist sehr mühsam und vor allen Dingen auch eine sehr, sehr teure Angelegenheit. Aber ich nehme an, daß uns Nichtstun gerade in diesem Bereich noch teurer zu stehen kommt. Man kann ja nicht nur die betriebswirtschaftlichen Kosten der Langzeitarbeitslosigkeit sehen, sondern man muß auch die sozialen Folgen berücksichtigen: Abgleiten in die Kriminalität, in den Drogenkonsum, in den Rechtsradikalismus, gerade bei Jugendlichen. Das kommt uns vermutlich hinterher noch teurer zu stehen, als wenn wir irgendwelche Maßnahmen beschließen.

Was kann man machen? Meine Präferenz wäre eine Verstärkung der Maßnahmen im Rahmen der Arbeitsbeschaffungsmaßnahmen, trotz ihrer Probleme; also Weiterbildung, Qualifizierung, meinetwegen auch Lohnsubvention für Langzeitarbeitslose. Ich bin mir vollkommen klar darüber, daß das alles mit Problemen verbunden und keine einfache saubere Lösung ist. Aber ich frage mich bei einem solchen Zustand eben, ob man ihn nicht durch irgendeine Maßnahme verbessern kann, auch wenn dann noch nicht solche Verhältnisse erreicht werden, wie sie uns in einer Idealwelt vorschweben. Insofern würde ich für eine Verstärkung des Katalogs der Arbeitsbeschaffungsmaßnahmen plädieren, allerdings mit einer besseren Effizienzkontrolle.

Kopper: Ich möchte auf das zurückkommen, was Herr Necker schon angeschnitten hat. Wir alle glauben doch, daß die zukunftsgerichtete Lösung auch darin bestehen muß, daß bei uns der Dienstleistungssektor mehr Beschäftigung zur Verfügung stellt. Nun wissen wir alle, daß beim Dienstleistungssektor die Personalkosten im Vordergrund stehen. Durch eine Mehrwertsteuererhöhung würde man diesen Faktor überproportional verteuern. Dadurch würde diese Ausdehnung schwieriger; überdies würde es möglicherweise ein weiteres Versiegen bei der steuerlichen Quelle durch Abwanderung in die Schattenwirtschaft geben. Ich stehe deshalb diesem Vorschlag mit sehr gemischten Gefühlen gegenüber.

Franz: Die Mehrwertsteuer wird auf die gesamte Wertschöpfung erhoben, und da ist es zunächst einmal unerheblich, wie weit diese kapital- oder lohnintensiv geschaffen wird. Sie müssen berücksichtigen, daß ich gleichzeitig für eine Senkung der Sozialversicherungsbeiträge plädiert habe. Das würde gerade bei personalintensiven Unternehmen zu Buche schlagen. Ich idealisiere jetzt einmal: Wenn man bei den personalintensiven Betrieben die Lohnkosten senkt, indem man die Sozialversicherungsbeiträge dort reduziert und dies durch eine Mehrwertsteuererhöhung kompensiert, dann verursacht man natürlich eine höhere Inflationsrate. Und man muß von vornherein sagen, daß die Preissteigerung jetzt nicht wieder durch irgendwelche Tarifverhandlungen hereingeholt werden kann. Darauf müßte man sich verständigen. Das halte ich aber nicht für aussichtslos. Die Gewerkschaften haben gerade in den letzten Monaten gezeigt, daß die Möglichkeiten, zu vernünftigen Tarifabschlüssen zu kommen, größer sind, als dies noch vor zwei, drei Jahren angenommen wurde.

Grundsätzlich vermute ich, daß diese Verlagerung in Gestalt einer Verschiebung der Belastung von den Sozialversicherungsbeiträgen hin zu der Mehrwertsteuer oder anderen Dingen — ich will mich jetzt nicht auf die Mehrwertsteuer kaprizieren — personalintensiven Betrieben hilft.

Noch eine Bemerkung zur Arbeitsgerichtsbarkeit: In vielen Fällen sind Unternehmen an langfristig stabilen Beschäftigungsverhältnissen interessiert. Man sollte also den Kündigungsschutz auch nicht als Katastrophe darstellen. Dennoch: Wir haben in Konstanz hervorragende Arbeitsrechtslehrer, aber wir sind alle der Meinung, daß ein bißchen mehr Ökonomie bei der Arbeitsrechtslehre not täte.

Heinz Riesenhuber

Neue Produkte – Neue Arbeit. Welche Chancen signalisieren Forschung und Technologie?

(Nachschrift der frei gesprochenen Rede)

Ich bedanke mich für die freundliche Einladung, in einer halben Stunde über ein ungeheuer komplexes Thema zu reden. Die Situation, in der wir uns befinden, will ich nicht beschreiben; sie wird in einer zugespitzten Frage zusammengefaßt: Geht uns die Arbeit aus? Es ist offenkundig, daß dies eine nicht sehr sinnvolle Fragestellung ist. Arbeit ist unbegrenzt vorhanden, aber nicht für jeden Preis. Wenn zu einem gegebenen Preis die Arbeit knapp wird, dann muß man entweder den Preis heruntersetzen oder eine bessere Arbeit liefern. Wenn wir also unser Modell mit den kürzesten Arbeitszeiten, den höchsten Einkommen und dem stärksten Sozialsystem durchhalten wollen, müssen wir in unserer Leistung eindeutig besser sein als die anderen, sonst wird dieses Modell sich in offenen Märkten nicht halten.

Dazu sind eine Reihe von Paradigmen, die sich in den 60er, 70er und 80er Jahren festgesetzt haben, neu zu betrachten. Man kann hierzu beliebig viele nennen. Es gab die These, hohe Löhne seien deshalb gut, weil sie Innovation erzwingen. Das ist in der Tat gut, solange es gelingt. Aber wenn in der Zeit von 1990 bis 1993 die Löhne um 24 Prozent, die Produktivität aber nur um 7 1/2 Prozent gestiegen ist, dann ist hier der Bogen überspannt worden.

Es ist ein weiteres dieser Paradigmen gewesen, daß man die niedrigen Löhne anheben müsse, weil dies ein soziales

Anliegen sei. Aber wenn die einfache Arbeit zu teuer ist, verschwinden die entsprechenden Arbeitsplätze vom Markt – mit der Folge, daß es dann in einem Bereich Arbeitslosigkeit gibt, wo – wie zum Beispiel in Amerika bei den sogenannten McDonalds-Jobs – zunächst ein Arbeitsplatzgewinn möglich gewesen wäre.

Oder ein drittes Paradigma: Die Welt sei um so schöner, je weniger man arbeite. Das geht von der Verkürzung der Lebensarbeitszeit – mit dem ständigen Zusammenrücken der Spanne zwischen BAföG und Rente – über die Frage der Verkürzung der Jahresarbeitszeit bis zur Wochenarbeitszeit.

Demgegenüber sind jetzt die Paradigmen anders. Große Parteien plakatieren als Wahlslogan: Arbeit – Arbeit – Arbeit! Dies ist noch keine inhaltliche Aussage, aber es signalisiert eine Änderung des Klimas, indem man über die Frage redet.

Der Verlust von Arbeitsplätzen wird in diesem Jahr weitergehen; 450 000 werden zusätzlich verlorengehen, vor allem in der Industrie. Aber dies will ich nicht beschreiben.

Die Tendenz wird sein: Wir wollen offene Märkte. Je offener die Märkte sind, desto größer wird die Konkurrenz sein, desto zahlreicher werden die Bereiche sein, in denen wir nicht mehr einen begrenzten Binnenmarkt mit relativ geringer Konkurrenz haben werden, sondern wo wir mit den besten und preiswertesten Konkurrenten der Welt in unserem eigenen Markt kämpfen müssen. Die Zukunft ist nicht nur High-Tech, die Zukunft ist High-Tech, Low-Tech und No-Tech. Der Friseur muß sich nicht im Weltmarkt bewähren. Aber selbst das Einkommen eines Friseurs hängt davon ab, wie sich die Unternehmen, die sich im Weltmarkt bewähren müssen, dort wirklich behaupten. Denn nur als Resultat dieser Leistung etabliert sich hier bei uns das erwartete Preisniveau. Dieses Preisniveau diffundiert dann auch in die anderen Bereiche der Wirtschaft, weil der Preis in einem funktionierenden Markt, der allerdings nur begrenzt existiert, das Steuerungsinstrument auch für die Arbeit ist.

Die Aussagen darüber, wie wir jetzt dastehen, sind sehr unterschiedlich. Die Statistiken des Deutschen und des Europäischen Patentamtes, die gerade in diesen Wochen mit Begeisterung vorgetragen werden, zeigen, daß die Anmeldefreudigkeit für Patente deutscher Unternehmen in einigen kritischen Bereichen sehr bedenklich niedrig ist. Dabei ist eine faszinierende Feststellung zu machen: Wir sind nach wie vor relativ stark in den Bereichen, in denen wir auch in den 80er Jahren erfolgreich waren. Dazu gehört die gehobene Technologie, die einen Forschungsinhalt von 3 1/2 bis 8 1/2 Prozent — OECD-Definition — im Produktpreis hat. Aber in den Spitzentechnologien, wo wir im Produktpreis einen Forschungsinhalt von 8 1/2 Prozent und mehr haben, ist die Patentstatistik nicht günstig; sie ist rückläufig oder liegt auf einem geringen Niveau. Das geht von der Mikroelektronik über die Informationstechnik bis zur Gentechnologie.

Aber schauen wir uns einmal die systematischen Analysen an, etwa Michael Porters Werk über den Wettbewerb der Nationen. Da ist sein Urteil über Deutschland ein bißchen ambivalent. Zwar erkennt er an, daß wir in dem weltweiten Vergleich nach dem Ansehen und bei den Umfragen nach wie vor in einer Reihe von Techniken Spitze sind. Nach den Umfragen sind wir in der Chemie, im Maschinenbau und in der Automobilindustrie auf Rang 1; in der Elektrotechnik sieht es etwas schlechter aus. Aber er weist doch darauf hin, daß Deutschland in der Gefahr ist, von altem Ruhm zu leben, daß die Frage offen ist, ob die neuen Cluster von Technologien rechtzeitig entstehen werden, ob wir in dem Gesamtsystem Bedingungen schaffen — von der Technik über die Wirtschaft, die Dienstleistungen und die Banken bis zu den staatlichen Rahmenbedingungen —, die hinreichend sicherstellen, daß Innovationen rechtzeitig als möglich erkannt und schnell in der Praxis umgesetzt werden.

Die Frage, wo hier neue Arbeitsplätze entstehen könnten, ist in der ersten Runde relativ simpel zu beantworten. Sie können sicher nicht dadurch entstehen, daß man ein Mehr vom Gleichen produziert. Bei dem, was wir schon haben, verkaufen wir, was wir haben. In den alten Märkten ist eine weitgehende Sättigung vorzufinden. Demnach stimmt es schon, daß hier die Frage nach den neuen Produkten eine Schlüsselfrage ist.

Was tatsächlich nun zu diesen neuen Produkten gehört, ist eine ziemlich komplexe Frage. Man kann sie von zwei Seiten angehen. Die eine Betrachtungsweise ist: Haben wir überhaupt neue Lösungsansätze, neue Techniken, die uns Zugänge eröffnen zur Lösung von Problemen, die vorhanden sind oder sich neu entwickeln? Es geht also um Techniken, die wir noch nicht hatten, wo der Wettbewerb wieder offen ist. Bei den alten Techniken ist die Welt ja im wesentlichen aufgeteilt. Wenn man das Ganze von unten her angeht, dann stellt sich also die Frage: Was entsteht an neuer Technik?

Wenn man es von oben her angeht, lautet die Frage: Was entsteht an neuen möglichen Nachfragen, Dienstleistungen und Problemlösungen?

Wenn man die Sache von unten her angeht, sind einige anscheinend triviale Erkenntnisse doch sehr beeindruckend. Die erste: Die Einschätzung der Wucht, mit der neue Techniken aus den Ergebnissen der Wissenschaft entstehen, und die Einschätzung der Techniken selber ist unter den verschiedenen Industrienationen weitgehend übereinstimmend. Wir kennen die Umfragen aus den Vereinigten Staaten. Wir haben etwa 11 oder 12 Arbeiten aus den letzten drei Jahren analysiert. Sie sagen im Grunde wenig anderes als die Umfragen aus Japan oder die Arbeiten, die wir selbst in verschiedenen Feldern in Deutschland und in Europa durchgeführt haben.

Bereiche, die heute schon in den Märkten ein großes Gewicht haben, werden sich weiterentwickeln. Der stärkste Bereich wird zweifellos die Mikroelektronik und die Informationstechnik sein. Hier wird es eine Weiterentwicklung zum Immer-Kleineren, zum Immer-dichter-Integrierten und zum

Immer-Komplexeren geben. Das geht dann in verschiedene Richtungen; von der Mikroelektronik, von der Mikrotechnik zur Nanoelektronik und zum Noch-Kleineren. Mit dem, was jetzt nach verschiedenen Verfahren schon an winzigen Motoren oder Pumpen konstruiert wird, kommt man in eine neue Dimension. Ich spreche jetzt nur über den Input an Technik. Ich spreche noch nicht über Märkte und Anwendungen.

Oder nehmen wir das Zusammenfügen verschiedener Techniken. Da gibt es in der Mikro-Systemtechnik einen Sensor und einen Aktor. Der Sensor kann ein Biosensor sein, der angibt, wieviel Insulin im Blut ist und wie der Blutzuckerspiegel ist. Der Aktor kann eine Pumpe sein, die das Insulin in das Blut hineinpumpt. Dazwischen besteht dann noch ein Stellglied, ein Steuermechanismus. Das Ganze ist auf so kleinem Raum integriert, daß es irgendwo unter der Haut implantiert werden kann.

Oder eine andere Richtung: Die Opto-Elektronik ist ein sensationeller, grundsätzlich neuer Ansatz. Elektrische Ströme stören sich, wenn sie sich überschneiden; Lichtquanten nicht. Die Chance, zu einer noch viel dichteren Packung zu kommen und damit eine völlig andere Qualität von Informationsverarbeitung zu erreichen, ist eine faszinierende Möglichkeit. Ich beschreibe hier nicht die technischen Details, ich beschreibe auch nicht die Verklammerung von Opto-Elektronik, Optronik und Mikroelektronik, ich beschreibe nur Felder.

Oder nehmen Sie die Gentechnik. Auch hier kann es in gewaltigem Umfang zur Änderung von Märkten kommen. Wir sehen es ja heute schon in der pharmazeutischen Industrie. Ich nenne nur einmal einige Stichworte: Diagnostika, Therapeutika; Interferon: einer der wenigen Ansätze zur Bekämpfung des Krebses, auch wenn es in der ersten Runde nicht das geleistet hat, was man gehofft hatte. Oder die Möglichkeit, Viren anzugehen. Vom Krebs bis zum Schnupfen haben wir keinen prinzipiell anderen Ansatz. Ich nenne weiter die Möglichkeit, Pflanzen zu züchten, die den Stickstoff aus der Luft holen und keinen Dünger brauchen. Aber auch die Möglichkeit, Pflanzen zu züchten, die sich gegen Schädlinge selber wehren, die resistent sind gegen Krankheiten, die auch unter den Bedingungen der Sahel-Zone überleben können, die die Getreidegrenze in Sibirien weiter in den Norden schieben.

Auch Möglichkeiten, Umweltprobleme durch Bakterien zu lösen, kann uns die Gentechnologie bringen. Wir haben ja schon Bakterien, die das Öl in kontaminierten Böden fressen. Wir haben welche, die Dioxin fressen – vielleicht noch nicht behende genug; das müssen wir ihnen noch beibringen. Aber insgesamt haben wir einen neuartigen Ansatz zur Problemlösung.

Oder nehmen wir die Materialwissenschaften: Pulvermetallurgie, Verbundwerkstoffe, Keramik, diamantharte Oberflächen mit Anwendungen in ganz unterschiedlichen Bereichen, etwa von Knochenimplantaten oder Gelenkköpfen in der Medizin. Und dann noch ein weiterer Schritt: Materialien, die sich adaptieren können; also ein Flugzeugflügel, der sich während des Fluges in seinem Profil den Bedingungen angleichen kann.

Nehmen wir die Adaptronik oder die Biomemetik, den Nachbau der natürlichen Strukturen. Ein Grashalm ist von einer einzigartigen Statik; dies muß man von innen heraus verstehen. Der Haifisch ist nicht deshalb schnell, weil seine Haut glatt, sondern weil sie rauh ist. Wie kann man das bei einer Flugzeugoberfläche nachbauen?

Oder schauen wir weiter in den Bereich völlig neuer Werkstoffe. Hier können die Fullerene, diese bucky-balls, diese Fußballmoleküle, völlig neue Anwendungsmöglichkeiten zum Einschleusen oder Ausschleusen von Chemikalien oder Medikamenten bringen. Oder denken wir an Eigenschaften der Hochtemperatur-Supraleitung, an der jetzt gearbeitet wird. Hier geht es um Möglichkeiten, Strom widerstandslos zu transportieren.

Ich sprach von der Opto-Elektronik. Die Frage war, wie in

der Opto-Elektronik überhaupt Speicher gemacht werden können; man fand hier zunächst keine Lösung. Plötzlich sagten die Biologen, daß sie obskure Bakterien kennen, die in schwefelhaltigen Quellen überleben können und die einen bestimmten Farbstoff haben. Dieses Baktereorhodopsin kann sich für optische Speicher eignen, unter normalen Umständen allerdings nur bei sehr niedrigen Temperaturen. Wenn man die Batterien aber gentechnisch modifiziert, dann funktioniert das Prinzip auch bei normalen Temperaturen.

Dies zeigt, daß sich die Problemlösungen aus verschiedenen Wissenschaftszweigen explosiv entwickeln. Die wissenschaftliche Entwicklung wird zunehmend zum Kontinuum. Die präzise Trennung zwischen Biowissenschaften und Chemie existiert da nicht mehr. Die Hirnforscher möchten wissen, wie die Informatiker eine parallele Architektur für einen Rechner aufbauen. Die Informatiker möchten wissen, wie ein neuronales Netz arbeitet. Das heißt, Wissenschaft wächst zusammen. Sie wird komplexer, die Grenzen der Disziplinen verschwinden.

Dazu kommt: Die verschiedenen Bereiche der Wissenschaft bedingen sich immer stärker gegenseitig. Nur dann, wenn man auf die Gesamtheit der Wissenschaft Zugriff hat, kann man Produkte bringen, die neuartige Problemlösungen bieten.

Die Situation wird so sein, daß wir bestrebt sein müssen, soviel Wissenschaft wie möglich im eigenen Lande zu haben. Auf der anderen Seite müssen wir uns aber über folgendes im klaren sein: Je schneller die Wissenschaft sich entwickelt, desto zwingender ist eine internationale Vernetzung der Wissenschaft. Denn auch ein sehr reiches Industrieland – auch Europa insgesamt – kann dann die Gesamtheit der Wissenschaften nicht mehr halten. Während aber die Vernetzung der Wissenschaft in einer sehr dynamischen Weise von selbst erfolgt – die Interaktion der Grundlagenforschung in Freiheit führt zu einer lebendigen globalen Community –, ist die weltweite Interaktion zwischen den Unternehmen und vor allem auch zwischen den Unternehmen und den wissenschaftlichen Instituten ein Schritt in der Kultur, den wir noch zu entwickeln haben. Unsere japanischen Freunde sind hier von einer großen Ingeniosität. Sie haben exakte und interessante Informationen über das, was die Konkurrenz tut und plant. Sie wissen auch, was Wissenschaftler in anderen Ländern tun. Sie haben eine bezaubernde Herzlichkeit, Wissenschaftler einzuladen, mit ihnen zu diskutieren und überaus anregende Fragen zu stellen, über die jeder deutsche Professor mit großer Begeisterung redet. Was daraus entsteht, sind erfolgreiche Produkte, nicht »Made in Germany«, sondern »Made in Japan«.

Die komplementäre Frage dazu ist: Welches können die Märkte sein, in denen das neue Wissen angewendet wird? Die Wissenschaft und ihre Ergebnisse bieten einen Input. Damit jedoch sind noch keine neuen Produkte oder Verfahren, sondern nur die Voraussetzungen, die Möglichkeiten dazu entstanden. Der kreative Akt des Erkennens eines neuen Marktes, einer Problemlösung, eines Produktes, eines Verfahrens ist ein weiterer Schritt, der in seiner Art völlig anders gestaltet ist.

Die Frage ist, wo die neuen Märkte sein könnten. Ich möchte hier jetzt nicht systematisch — das wäre der klassische Approach — die verschiedenen Sektoren abhandeln. Die primären Sektoren der Landwirtschaft und des Bergbaus sind für die Frage neuer Arbeitsplätze nur unter einem Aspekt interessant: Sie kosten uns soviel an Subventionen, daß die Besteuerung der neuen Technik so hoch sein muß, daß ihre Konkurrenzfähigkeit beeinträchtigt wird und damit die gesamte Volkswirtschaft in Probleme kommt.

Der Erfolg des MITI in der ersten Runde in den 70er Jahren war weniger eine Frage der großen Vision zukünftiger Techniken. Diese Vision zu haben ist einfach, wenn man hinten ist; dann nämlich ist die überlegene Technik bei denen, die vorne sind. Man muß hier nur machen, was andere schon getan haben, und diese Programme sind vergleichsweise simpel. Die große Leistung des MITI war vielmehr, daß es ihm gelungen ist, frühzeitig alte Industrien so zu reduzieren, daß genügend Raum für das Wachstum von neuen Industrien frei war. Das war ein Strukturwandel, der zum Teil schmerzhaft war, der aber in sorgsam angegangenen Konsensbildungsprozessen überwiegend leise gelungen ist.

Es bleiben die zwei anderen Sektoren, die Dienstleistungen und die Industrie. Bei den Dienstleistungen möchte ich den ganzen Bereich der konsumnahen Dienstleistungen überhaupt nicht diskutieren. Hier geht es bis zu dem bekannten »Dienstmädchenprivileg«, was im übrigen eine ziemlich törichte Formulierung ist, denn hier bezahlt ja ein Privater aus seinem versteuerten Einkommen Gehälter. Wenn man aber will, daß der Private etwas aus seinem versteuerten Einkommen zahlt, während die Firma aus einem unversteuerten Einkommen Gehälter zahlt, dann stellt man damit Regeln auf, die für den Arbeitsmarkt kontraproduktiv sind. Die Frage der konsumnahen Dienstleistung ist aber hier nicht der Punkt, um den es mir eigentlich geht.

Wenn man die Dienstleistungen insgesamt betrachtet, dann stellt man fest, daß einzelne Länder in einer begrenzten Zeit beim Aufbau von Dienstleistungen extrem erfolgreich waren. Großbritannien hat Dienstleistungen unterschiedlicher und komplexer Natur sehr schnell aufgebaut. Das gilt auch für die Vereinigten Staaten. Daß Großbritannien zugleich viel Industrie verloren hat, ist eine andere Angelegenheit. Daß aber bei uns der Aufbau von Dienstleistungen nicht mit der notwendigen Dynamik und der Wirksamkeit für die Schaffung von Arbeitsplätzen durchgezogen worden ist, bleibt im Kern unbestritten.

Nun müßte man das Ganze, wenn man es präzise machen wollte — aber soweit kann ich nicht gehen, denn ich habe nur eine begrenzte Zeit—, bei den industrienahen Dienstleistungen sehr sorgfältig durchgehen. Man schätzt, daß 40 Prozent dessen, was heute an Arbeitsplätzen dem Industriesektor zugerechnet wird, schon zu den Dienstleistungen gehört, wenn auch innerhalb der Unternehmen. Das fällt nur dann auf, wenn diese Dienstleistungsbereiche ausgegliedert werden und als eigene Firmen Zulieferungen erbringen. Aber ich glaube, daß man für den Zusammenhang zwischen neuer Technik und Arbeit in einer ersten Näherung zugleich von Dienstleistungen und Industrie sprechen kann; denn es gibt eine große Zahl von Dienstleistungen, die direkt oder indirekt technology-driven sind. Hier sind nicht nur die Beratungsdienstleistungen gemeint, ein Bereich, wo neue Problemlösungen zu suchen sind und in einer sehr lockeren und dezentralen Verknüpfung von Know-how eine neue Struktur von Firmen entsteht. Es geht vielmehr auch um einen möglichen Aufbau von Dienstleistungen neuer Art. Finanzdienstleistungen sind natürlich von dem abhängig, was die Computerei zu leisten vermag. Wenn Sie mit einer gewissen, über die Möglichkeiten konventioneller Statistik hinausgehenden Treffsicherheit die Devisenkurse der nächsten Tage vorhersagen wollen, brauchen Sie ein äußerst lernfähiges neuronales Netz — ein System also, das durchaus bereits vorstellbar ist. Dabei räume ich ein, daß diese Möglichkeit bei Aktienkursen noch jenseits des Horizontes liegt und vermutlich auch dort bleiben wird. Ich könnte stattdessen den Bildungsbereich anführen. Es gibt weite Felder, in denen Dienstleistungen neu entstehen, die wesentlich in neuer Technik begründet sind, indirekt und direkt.

Wenn man sich die Felder neuer Technikanwendungen ansieht, dann ist es lehrreich, auf bestimmte Papiere zu rekurrieren, die kluge Leute jetzt ausgearbeitet haben. Mit einigen Konsequenzen, die Herr Delors in seinem Weißbuch zieht, bin ich durchaus nicht einverstanden. Er hat die Frage gestellt, wo stärkere Beschäftigung entstehen wird, und er hat den Blick einerseits auf die Felder gerichtet, in denen Netzwerke entstehen, und andererseits die Felder betrachtet, in denen neue Arten von Problemlösungen gefunden werden können.

Da ist z.B. der Umweltschutz. Dieser Markt wird wachsen. Daß der Markt hier in Deutschland frühzeitig entstanden ist, lag an sehr ehrgeizigen Gesetzen, die nicht etwa den Sinn hatten, die Industrie zu fördern, sondern die Umwelt schützen sollten. Aber eine Sekundärfolge war, daß unsere Unternehmen früher als andere eine weit entwickelte Technik hatten. Wenn Deutschland in guten Jahren bei gewerblichen Gütern einen Weltmarktanteil von 11 Prozent besaß, hatte es bei der Umwelttechnik einen Anteil von 21 Prozent. Das heißt also: Ein Vorsprung zahlt sich hier sehr aus.

Die Qualität der Innovation ist der eine Punkt, das Innovationstempo — schneller zu sein als andere — ist der zweite Punkt. Das ist etwas, was in vielen Bereichen aus den Märkten selber entsteht, in anderen Bereichen, wie etwa beim Umweltschutz, mitunter auch staatlicher Rahmenbedingungen bedarf. Wenn der Staat keine Gesetze setzt, wird Umwelttechnik nicht entstehen; das gilt von der Überwachung über den Schutz bis zur Sanierung. Es sind Sensoren notwendig, die real time informations liefern, was im Abwasser oder im Abgas des Schornsteins enthalten ist. Das geht dann weiter zur Satellitenüberwachung oder auch zu der Überprüfung, ob die Regenwälder weiter abgeholzt werden oder ob die Aufforstung erfolgreich war. Das ist ein Feld, dessen Komplexität zunimmt, und es reicht bis zu der Frage, wie wir kontaminierte Böden mit technischen, chemischen oder biologischen Methoden sanieren.

Wichtig ist auch die Frage der Gesundheit, der pharmazeutischen Industrie, der gerätetechnischen Industrie, der vernetzten Systeme. Wie bekomme ich z.B. Gesundheitsinformationen so zusammen, daß nicht jeder Arzt, der mich untersucht, nur eine unvollkommene Anamnese erhält und mich wiederum von Kopf bis Fuß durchchecken muß?

Verkehr! Wie bauen wir komplexe Systeme auf? Wie schaffen wir es, daß der Transrapid sich durchsetzt? Wie bauen wir Güterverkehrsketten und Personenverkehrsketten auf? Wie vernetzen wir fünf Verkehrsträger so miteinander, daß der Verkehrsfluß optimiert wird und eine bestmögliche Dienstleistung bei geringstmöglichem Ressourcenverbrauch geboten wird? Wer dies zuerst schafft, wird für die Weltmärkte ein einzigartiges Angebot nicht nur an Einzeltechniken, sondern an systemaren Lösungen anbieten können, die modular und schrittweise errichtet werden können.

Informationstechnik! Ich rede jetzt nicht über die Data Highways. Wenn es darum geht, sie technisch zu realisieren, dann sind wir sehr gut; hier ist kaum jemand so weit wie die Deutschen. Aber es geht auch darum, die Dienste aufzubauen und rechtzeitig zum Funktionieren zu bringen. Video on demand; die Möglichkeit, seine Steuererklärung interaktiv mit dem Finanzamt aufzustellen, (was ein begrenzter Lustgewinn ist, wie ich einräume); die Vorzüge des Tele-Shopping genießen. Nutzungsmöglichkeiten gibt es auch in der Erziehung, in der Ausbildung. Jenseits der Highways kann man auf ganz schmalen Pfaden Verkehrsleittechniken machen. Es geht hierbei nicht nur um die Maut, sondern auch darum, wie man unter Vermeidung der Staus von A nach B kommt.

Kultur! Daß unsere französischen Freunde mit einer solchen Leidenschaft bei den GATT-Verhandlungen für die Kultur gekämpft haben, entsprang sicherlich nicht nur einer leidenschaftlichen Liebe zu Brigitte Bardot. Es ging vielmehr um die grundsätzliche Frage, ob auf einem der gewaltigsten Märkte unter der Hand und leise — weil er als Markt noch nicht von allen erkannt worden ist — eine solche amerikanische Übermacht entsteht, daß andere Konzerne dort nicht mehr auftreten können.- Auch hier haben wir übrigens eine technology-driven Entwicklung. Es geht hier um einen Bereich, der durchaus jenseits der Technik ist. Der menschliche Kopf, das menschliche Gehirn und die menschlichen Gefühle sind weit weg von der Technik. Aber wenn eine virtual reality aufgebaut werden kann, bei der sehr persönliche Erlebnisse beliebiger Art so vermittelt werden können, als sei man mittendrin, dann eröffnen sich auch hier gewaltige Märkte — technology-driven — neuer Art.

Dabei habe ich jetzt noch kein Wort darüber gesagt, was neue Techniken für die Länder der Dritten Welt bedeuten. Wenn auf einer begrenzten Welt eine wachsende Zahl von Menschen überleben soll — bis wir eine weitere Milliarde erreicht haben, wird es keine zehn Jahre dauern—, ist das im Grunde nur dann möglich, wenn neues Problemlösungspotential aufgebaut wird. Das reicht dann von der Ernährung über die Pflanzenzüchtung und die Gesunderhaltung bis zu der Frage, wie diesen Ländern der Zugang zum Weltmarkt geöffnet wird. Nur dann, wenn wir ständig weiter voranschreiten zu noch ehrgeizigerer Technik, können wir ihnen Raum lassen für eine Technik, die sie selbst beherrschen, mit der sie sich austauschen, an der Weltwirtschaft teilnehmen und ihre eigene Zukunft aufbauen können. So können sie dann auch selber in einer Gemeinschaft der Völker Partner werden: über den Markt.

Die neuen Techniken werden also kommen. Die Frage ist, ob sie in Deutschland kommen werden, und ob sie in Deutschland rechtzeitig kommen werden. Sie können sich nämlich ihren Standort selber suchen. Kapital ist mobil und Technik ist mobil. Die Staaten sind nicht mobil. Die Regierungen sind auch nicht mobil. Eine Regierung kann sich nicht aus Ärger über das eigene Volk aufmachen und sagen: Wählen wir uns ein neues Volk. Die Technik aber kann hingehen, wo sie will, und sie geht dorthin, wo sie die besten Chancen findet, tatsächlich angewandt zu werden.

Nun ist zu fragen: Wie setzt man dort an? Ich möchte jetzt nicht die hier wohlvertraute Standortdiskussion führen, finde aber die Formulierung, die Herr Necker gelegentlich gebraucht, vorzüglich: Es gehe um eine Kombination von Deregulierung, Innovation und Kostensenkung. Sie macht deutlich, daß hier jeder gefordert ist: bei der Deregulierung der Staat, bei der Kostensenkung Unternehmen und öffentliche Hände, bei der Innovation die gesellschaftlichen Gruppen, die Unternehmer selber, aber auch die Tarifpartner.

Innovation: ist ein ungemein komplexer gesamtgesellschaftlicher Prozeß. Das klingt jetzt abscheulich, aber es ist wahr. Es ist ein Prozeß, bei dem die Wissenschaft eine treibende Funktion innehat. Natürlich müssen auch die Unternehmen selber Innovationen hervorbringen, und sie haben dabei sogar die stärkste Rolle. Entscheidend ist aber auch, daß die vom Staat zu setzenden hoheitlichen Rahmenbedingungen stimmen, und daß die Menschen — was in einer offenen Gesellschaft unverzichtbar ist — sie grundsätzlich akzeptieren oder, besser noch, selbst wollen. Insofern werde ich jetzt nicht die Bedingungen einer Deregulierung, der Haushaltssanierung, der Finanzpolitik darstellen; das wäre wieder eine andere Rede. Ich will auch nicht die Aufgaben der Tarifpartner beschreiben, obwohl es hier schon einen sehr faszinierenden Prozeß gibt. Mich hat weniger die moderate Höhe der Abschlüsse als das beeindruckt, was an struktureller Innovation jetzt plötzlich diskussionswürdig und möglich geworden ist. Durch die Dezentralität der Entscheidungen, einen maßgenauen Zuschnitt der Entscheidung von der Arbeitszeit über die Arbeitsorganisation bis hin zu dem Eintrittstarif für Berufsanfänger im Chemievertrag ergab sich ein Gewinn an Flexibilität im Gesamtsystem. Auch das gehört zur Innovation.

Über die Unternehmen selber will ich gar nichts sagen. Wenn mir Unternehmer sagen: Wir haben manchmal overengineering im Maschinenbau betrieben, dann werde ich das mit Demut akzeptieren. Wenn sie sagen, wir müßten uns wieder daran gewöhnen, auf Kundenwünsche einzugehen, und dürften nicht nur der vehementen Leidenschaft unserer Ingenieure nachgeben, dann ist das etwas, was ich mit Freude höre. Die Erkenntnis eines jeden Verkäufers: Der Wurm muß dem Fisch schmecken, nicht dem Angler, ist eine sehr wichtige neue Erkenntnis in diesen Jahren — über alle Leidenschaften der Ingenieure hinaus.

Ich will auch nichts über konjunkturelle Entwicklungen sagen, darüber, wieviele Arbeitsplätze im Abschwung verlorengehen; offensichtlich sehr viel mehr, als im Aufschwung wieder gewonnen werden können.

Hierzu allerdings eine Fußnote: Bei der allgemeinen Verzagtheit, die sich aus der Prognose für die nächsten zehn Jahre ergibt, sollte man sich frühere Prognosen vor Augen halten. Anfang der 80er Jahre gab es die Prognose, daß wir 1992 24,5 Millionen Arbeitsplätze haben würden. Wir haben aber 28,2 Millionen gehabt. Man ist leicht geneigt, aus dem Moment heraus eine pessimistische Prognose abzugeben. Jede Status quo-Prognose ist im Grunde eine Reflexion der letzten statistischen Zahl und des meistens desolaten Gemütszustandes des Mannes oder der Frau — auch sie haben manchmal bekümmerte Gemüter —, von dem oder der sie geschrieben wird.

Ich möchte das Stichwort: »Standort Deutschland« in den Techniken selbst nur sehr kurz anreißen. Wir brauchen eine freie Grundlagenforschung, die stark, vielfältig, in Konkurrenz und ohne Zielvorgaben ist. Sie muß möglichst unbürokratisch arbeiten können. Sie darf nicht so gebunden sein, daß Professoren den ganzen Tag bei Haushalts- und Stellenplanverhandlungen fleißig sein können, ohne einen Gedanken an die Wissenschaft verwenden zu müssen. Wir brauchen eine Grundlagenforschung, die sich international vernetzt. Unsere Studenten müssen bereit sein und Freude daran haben, in andere Länder zu gehen. Unsere Wissenschaftler müssen sich in anderen Ländern zu Hause fühlen. Die Grundlagenforschung muß an den Universitäten genauso zu Hause sein wie bei den Großforschungseinrichtungen. Die Grundlagenforschung muß aber auch wissen, daß sie den Dialog mit der Wirtschaft, die Innovationen braucht, suchen muß. Das darf nicht mit dem Ziel geschehen, die Freiheit der Fragestellung aufzugeben. Sie muß aber selber prüfen, was von dem durch sie Entwickelten tatsächlich nützlich sein kann. Sie muß es anbieten. Dann soll der Wirtschaftler sagen: Hier greife ich zu, hier frage ich nach. Das sollte nicht in der Weise geschehen, daß wir eine Serie von Konferenzen für einen Dialog zwischen Wissenschaft und Wirtschaft aufbauen. Wenn man sich nur hinsetzt und anfängt, eine Tagesordnung abzuarbeiten, dann hat man in der Regel aufgehört, zu denken. Die Kooperation muß vielmehr in eine Vernetzung eingebunden werden, in der der Wissenschaftler gerne mit dem Unternehmer im Wald spazieren geht oder ein Bier trinkt. – Auch dies ist wichtig für Deutschlands Zukunft.

Immer wieder brauchen wir diese Vernetzung, das lebenslange Lernen, das Wissen, daß man immer wieder Neues zu ergreifen hat, daß man sich nicht auf dem ausruhen kann, was man hat.

Es geht auch darum, daß man in schwieriger Zeit die Forschungshaushalte nicht beschneidet. Das gilt für den Staat – da habe ich auch eine Anmeldung –, aber es gilt auch für die Unternehmen. Es ist richtig, Projekte auch mal totzuschlagen. Das Argument »Wir haben schon soviel Geld drangehängt, jetzt müssen wir es weitermachen!« ist lebensgefährlich. So versumpft plötzlich eine ganze Forschung. Erfinden kann man neue Projekte leicht; sie totzuschlagen, ist ein moralischer Kraftakt. Aber dann darf man nicht etwa abbauen, sondern muß in die nächste Stufe anspruchsvollerer Technik gehen. Man muß wissen, daß man mit dem Paradigma der mittleren Technik, mit dem wir in den 80er Jahren so erfolgreich waren, in den 90er Jahren nicht mehr durchkommen kann. Das scheint mir eine der entscheidenden grundsätzlichen Feststellungen zu sein.

Die Frage ist auch, wie der Dialog zwischen Staat und Wirtschaft funktioniert. Meine subjektive Meinung ist, daß diese allgemeine Rätediskussion, die jetzt ausgebrochen ist, höchst problematisch sein kann. Wenn jeder mit dem anderen redet und glaubt, daß der Rat dann sagt, was man tun soll, dann wird die Dynamik erschlaffen, und das Ergebnis ist nicht der

Innovationssprung, sondern der Mittelwert einer zufälligen Meinung. Der Innovationssprung geht nur aus der Offenheit des Wettbewerbs hervor.

Wohl aber muß man bedenken: Wo sind hier Schnittstellen, die Staat und Wirtschaft gemeinsam angehen sollten? Der Transrapid wird nicht fahren, wenn wir nicht zwischen einer Bank, die hier im Hause wohlbekannt ist, der Industrie und dem Staat ein gemeinsames Verständnis für die komplementären Aufgaben — vom Gesetz und den Rahmenbedingungen bis zur Finanzierung — erreichen. Die Gentechnik wird nicht funktionieren, wenn Wissenschaft und Wirtschaft dem Staat nicht präzise sagen, wie die Rahmenbedingungen aussehen müssen. So ist das erste Gengesetz und die erste Novellierung entstanden. Die Märkte für die Telekommunikation werden nicht laufen, wenn es uns nicht gelingt — und ich sage kein böses Wort über die Postgewerkschaft; ich beherrsche mich hier sehr —, die Telekom zu privatisieren, so daß sie sich als Unternehmen im Markt zu schlagen hat und die notwendigen Infrastrukturen aufbauen kann.

Über all das hinaus ist die entscheidende Frage sehr simpel: Möchten wir nur oder wollen wir? Solange wir uns nicht darüber im klaren sind, ob wir wollen, ob wir erfolgreich sein wollen, ob wir neue Technik wollen, sind wir in Schwierigkeiten. Die Risikoscheu der Deutschen ist das größte Risiko für die Deutschen. Weil wir ein mögliches kleines Risiko scheuen, das wir beherrschen können, vermeiden wir die Problemlösung auf großen Feldern, oder wir verschieben sie, von der Kerntechnik bis zur Gentechnologie. Es ist die Kernfrage, die ein großer deutscher Philosoph, Karl Valentin, gestellt hat: »Wie ist es eigentlich? Mögen täten wir schon, aber dürfen haben wir uns leider nicht getraut.«

Wir müssen uns entscheiden, was wir wollen. Vielleicht läßt sich die Situation noch besser erklären, wenn man als Analogon den Begriff des »Klimas« heranzieht. Das Klima wächst nicht von selbst; es ist keine geologische Tatsache wie der

Taunus. Das Klima wird jeden Tag in Deutschland neu geschaffen. Es wird in dem Maße der neuen Technik angemessen sein, in dem diejenigen, die von neuer Technik etwas verstehen, das Klima mitgestalten und sich nicht nur darauf beschränken, ihren eigenen Bereich in Ordnung zu halten, was allerdings in dieser schwierigen Zeit durchaus schon eine großartige Leistung wäre. Es gehört zu den ermutigenden Tatsachen, daß in den letzten zehn Jahren Leute aus Wissenschaft und Wirtschaft sich zunehmend der öffentlichen Diskussion gestellt haben.

Wir bekommen die Arbeitsplätze dann, wenn wir sie wollen. Die Deutschen neigen dazu, in einer gepflegten Kultur der Verzagtheit in Sack und Asche zu gehen, oder sie können zu anderen Zeiten vor lauter Kraft kaum mehr gehen. Aber was dazwischen ist, das Augenmaß und die Gelassenheit, Abschätzung, der Mut und die Zuversicht, das mangelt uns bisweilen.

Eine letzte Bemerkung! Es ist immer sehr interessant, zu sehen, welche Tugenden in einer bestimmten Zeit gelten. Aber noch interessanter sind natürlich die Sünden. Auf alten Bildern ist die Hölle stets faszinierender dargestellt als das Paradies. Es ist interessant, welche der Sünden man heute vergessen hat. Viele kennen ja noch aus dem Beichtunterricht die sieben Todsünden, darunter die superbia, die avaritia und die voluptas — ganz schändlich! Da gab es aber noch eine Todsünde, und die ist vergessen. Von dieser achten Todsünde schreibt schon Origines. Augustinus hat sie aufgegriffen, und Thomas sagt: Wer dieser Sünde verfällt, der ist verloren in seiner Seele, selbst wenn er in allen anderen Tugenden vollkommen ist. Gemeint ist die acedia, die schwarze Schwermut, das Nicht-mehr-glauben an die Güte Gottes, der Verlust des Vertrauens: Wenn ich alles getan habe und mehr nicht tun kann, aber nicht weiß, was herauskommt, dann bin ich am Schluß doch in Gottes Hand, und der wird es richten. Und diese begründete Zuversicht, in die Zukunft zu schreiten mit dem, was man kann, und darauf zu vertrauen, daß es gelingt, das ist etwas, was mir in dieser Zeit für unser reiches und lebendiges Land die knappste Ressource zu sein scheint.

Diskussion

Walter: Herr Riesenhuber, Sie sagen, daß wir die Arbeitsplätze bekommen, wenn wir sie nur wollen. Ich bin mir unsicher, ob meine Sicherheit, daß die These zutrifft und Ihre Begeisterung beim Vortrag dieser These ausreichen, die Pessimisten zu überzeugen. Die Mehrzahl der Deutschen neigt zur Schwermut. Sie glauben nicht, daß eine modernere Technologie in Deutschland die Zahl der Arbeitsplätze vermehrt. Können Sie uns bei unserer Überzeugungsarbeit für eine zuversichtlichere Sicht der Dinge noch mit einigen Illustrierungen nachhelfen?

Riesenhuber: Herr Walter, ich will es mal an zwei Stellen sehr simpel machen. Sie sehen es mir nach, wenn ich hier nicht auf dem Niveau unerbittlicher Wissenschaftlichkeit bin, auf dem Sie gewohnt sind, sich zu bewegen.

Unsere japanischen Freunde haben über Jahre hinweg Vollbeschäftigung bis über die Nasenspitze gehabt. Sie haben nämlich Innovationen schneller als andere auf die Weltmärkte gebracht. Sie haben Produkte exportiert und damit Arbeitsplätze importiert. Solange es überhaupt noch Raum für Innovationen, für neue Märkte, für neue Produkte gibt, solange es Nachfrage dafür gibt und solange die Weltmärkte offen sind, werden die Arbeitsplätze zuerst zu dem gehen, der die Produkte zuerst anbieten kann. In dem Maße, wie es uns gelingt, in dieser Spitze mitzuarbeiten, haben wir eine starke Position.

Die zweite Bemerkung kommt von einer völlig anderen

Seite. Ich habe vorhin schon darauf hingewiesen, daß wir etwa ab 1984 bis 1991 in den alten Bundesländern einen Zuwachs von über drei Millionen Arbeitsplätzen hatten. Dieser Zuwachs ist nicht nur absolut, sondern auch im Vergleich zu den ursprünglichen Prognosen dramatisch. Er ergab sich in solchen Firmen und Branchen, in denen neue Technik eingesetzt worden ist. Je stärker der Anteil der Kosten für Forschung und Entwicklung am Produkt war, desto stärker war der Arbeitsplatzzuwachs. Das muß nicht immer im einzelnen Bereich sein, das kann hernach auch bei einem Lieferanten sein. Die Informationstechnik ist dafür ein dramatisches Beispiel. Das ist auch kein Beweis, aber eine Tendenz.

Beides gründet — und deshalb habe ich diese zwei Punkte herausgearbeitet — auf zwei Annahmen: Einmal muß es neue Märkte geben — also Bereiche, in denen Problemlösungen nachgefragt werden—, und zum anderen muß es neuen Input für diese Problemlösungen geben, also neue Technik. Ich glaube, daß beides wahr ist. Einige Beispiele habe ich genannt, andere überhaupt nicht. Zum Beispiel habe ich den gesamten Energiebereich nicht diskutiert. Auch hier haben wir ein sehr großes Feld.

Insofern sehe ich in diesem Szenario keinen Ansatz für einen begründeten Pessimismus. Ich sehe allerdings auch keine Garantie für den Erfolg. Ich sehe eine Chance. Das Gefährlichste für die Chance ist, daß — wie es manchmal der Fall zu sein scheint — die Leute meinen, es gelingt ja doch nicht und die Welt ist zu. Nur dann, wenn man glaubt, daß es gelingen kann, hat man überhaupt eine Chance, daß es gelingt. Die Weisheit der Deutschen, sich auf jede Niederlage sorgsam einzustellen — daß es nicht so laut platscht, wenn man auf den Bauch fällt—, ist nur begrenzt hilfreich.

Strube: Herr Riesenhuber, würden Sie mir zustimmen, daß Innovation auch Zeit braucht und daß man sie in der Zwischenzeit finanzieren muß? Ich meine, daß die Schlußfolgerung, die Sie gezogen haben, dreimal zu unterstreichen ist: In dieser Zeit, wo Innovationen zu finanzieren sind, müssen die Unternehmen ihre preisliche Wettbewerbsfähigkeit auf den Gebieten, auf denen sie heute erfolgreich am Weltmarkt teilhaben, aufrechterhalten. Die Kostenseite ist für uns also außerordentlich wichtig. Und genauso wichtig ist, daß Vater Staat den Unternehmen über Steuern und Abgaben nicht die Mittel wegnimmt, die sie für die Finanzierung der Innovationen brauchen.

Riesenhuber: Herr Strube, die Aussage ist richtig. Was folgt daraus? Wir wollen die Steuern runterkriegen und die Steuerstruktur ändern. Die Besteuerung des Ertrages ist etwas anderes als die Besteuerung der Substanz, wenn kein Ertrag da ist. Es geht also um die Struktur des Steuersystems, nicht nur um die Höhe der Steuern. Es geht auch um das Verhältnis zwischen direkter und indirekter Besteuerung. Durch die direkte Besteuerung wird die Arbeit in einem sehr großen Bereich besteuert. Wenn etwas, was einem ohnehin manchmal schwer fällt, noch besteuert wird, dann ist die Frage, ob es da einen dynamischen Zuwachs gibt, schon interessant. Die indirekte Besteuerung ist eine Besteuerung des Konsums. Insofern war das, was am Ende der 80er Jahre geschehen ist, richtig gewesen. Die Einkommensteuer wurde insgesamt um 60 Milliarden DM pro Jahr reduziert. In einem begrenzten Umfang von 10, 12 Milliarden DM wurden die indirekten Steuern erhöht. Der Bundesfinanzminister hat erklärt — der Bundeskanzler hat es bestätigt —, daß bis zum Jahre 2000 der Staatsanteil wieder auf 45 Prozent zurückgeführt werden soll. Anfang der 80er Jahre waren wir bei 50 Prozent. Anschließend ist es auf 45 Prozent runtergegangen. Dann kam die deutsche Einheit mit all den Belastungen. Das Ziel ist also klar.

Daß ich Ihnen hier keine beglückende Antwort geben kann, weiß ich selbst. Wir gehen hier auf einem schmalen Pfad zwischen Staatsverschuldung, Steuererhöhung und Sparsamkeit.

Jeder weiß auch, daß wir in den nächsten Haushalten noch einmal gewaltig sparen müssen. Gegenüber den ursprünglichen Haushalten haben wir in der Summe aber wahrscheinlich schon über 100 Milliarden eingespart. Ich könnte Ihnen das jetzt vorrechnen.

Ich möchte auch ein zweites Element nennen, wenn ich darf. Sie sagten: Innovation braucht Zeit. Hier haben wir möglicherweise eine freie Variable. Die Chemie ist ja der einzige Bereich, der in Japan wirklich präsent ist. Wenn ich mir die Innovationsstrategien unserer japanischen Freunde ansehe, dann frage ich mich manchmal, ob es nicht klug wäre, so von diesen japanischen Innovationsstrategien zu lernen, wie die Japaner selbst von unserer Grundlagenforschung lernen. Wenn die Japaner ein Projekt zu 40 Prozent fertig haben, dann fangen sie an, die Pilotanlage umzurüsten, und bevor sie überhaupt anfangen, überlegen sie, wie sie an den Markt rangehen. Es geht also um diese verschränkten Prozesse. Wenn ich hier an Ihr eigenes Haus denke, dann weiß ich, daß das von der Chemie in den letzten drei, vier Jahren in einer sehr eleganten Weise aufgegriffen worden ist. Aber in anderen Industrien scheint das noch nicht ganz selbstverständlich zu sein.

Necker: Herr Riesenhuber, Ihre richtige Erkenntnis wird auf der anderen Seite durch sinkende Haushaltsmittel für Forschung auf dem staatlichen Sektor natürlich in Frage gestellt. Welchen Rat können Sie der Industrie geben, damit die Haushaltsmittel in ihren Anteilen sich an diese Erkenntnis besser anpassen?

Riesenhuber: Ich bedauere, daß die Mittel sinken. Die Möglichkeit eines bescheidenen Abgeordneten, dies zu verändern, ist begrenzt. Wir versuchen mit den üblichen konspirativen Mitteln, was wir können; was herauskommt, weiß ich nicht.

Der Vorschlag der sogenannten Weule-Kommission scheint mir klug zu sein: die Ressourcen zu nutzen. Ich weiß nicht, ob es möglich sein wird — ich möchte das eher bezweifeln —, in einer sehr begrenzten Zeit 75 Prozent der staatlichen Großforschungseinrichtungen — das sind ja immerhin mehr als zwei Milliarden DM im Jahr — auf anwendungsnahe Arbeit mit der Industrie umzustellen. Ich würde es für eine großartige Sache halten, wenn die Industrie versuchen würde, diese Kapazitäten zu nutzen. Es würde ein erheblicher Teil bleiben müssen, der reine und freie Grundlagenforschung ist. Aber es ist ein sehr großer Bereich dabei, in dem Anwendungstechnik entwickelt wird. Diese Technik ist nur dann und in dem Maße sinnvoll, wie sie von Beginn an zusammen mit künftigen Anwendern gemacht wird. Der Technologie-Transfer eines fertigen Produktes, das nichts vom Markt weiß, gelingt fast nie. — Vielleicht ist das nicht ganz befriedigend. In einer unvollkommenen Welt ist die vollkommene Antwort aber eher verdächtig.

Miegel: Ich möchte noch einmal auf die Frage von Herrn Walter zurückkommen. Ich glaube nicht, daß diese Frage befriedigend beantwortet worden ist. Wir sind uns völlig darüber einig, daß die Entwicklung, der Lebensstandard usw. ganz entscheidend von den Dingen abhängen, die Sie beschrieben haben. Wenn ich die Arbeitsmarktstatistiken von Japan, den Vereinigten Staaten und westeuropäischen Staaten analysiere, komme ich zu dem Ergebnis, daß es nirgendwo — einschließlich Japan — so viele hochattraktive Arbeitsplätze wie in Deutschland (West) und vielleicht auch noch in Frankreich gibt. Die hohen Beschäftigungsraten in den Ländern, die gerne herangezogen werden — Japan und USA —, sind ausschließlich darauf zurückzuführen, daß dort in weiten Bereichen des Arbeitsmarktes von der Bevölkerung Tätigkeiten akzeptiert werden, die hier schlechterdings nicht akzeptiert werden. Anders formuliert: Wir haben in Japan und in den

Vereinigten Staaten — sei es im Sektor der Selbständigkeit, sei es im Sektor der abhängigen Beschäftigung — völlig eindeutige Entwicklungen, die besagen: Der Anteil von Menschen, die in hochattraktiven Bereichen tätig sind, nimmt ab, der Anteil von Menschen, die in weniger attraktiven Bereichen tätig sind, nimmt zu. In den Vereinigten Staaten haben wir in den zurückliegenden zwei Jahren einen Rückgang der interessanten Dienstleistungsberufe um 4,6 Prozent und einen Anstieg in Dienstleistungsberufen, die früher überhaupt nicht in den Arbeitsmarkt integriert waren, um über 6 Prozent beobachten können. In den Vereinigten Staaten sind in den letzten zwei Jahren 80000 Arbeitsplätze im Bereich Autowaschen und Parken entstanden. Das sind Tätigkeiten, die hier nicht über den Arbeitsmarkt abgewickelt werden. Die Bevölkerung lehnt das ab.

Ist es nicht entscheidend, daß diese hohe Wertschöpfung, die in den Bereichen vorgenommen wird, die Sie beschrieben haben, dann eben auch nach unten in diese einfachen Tätigkeiten abfließen und übertragen werden kann, indem diese Arbeitsplätze geschaffen werden und die Bevölkerung sie annimmt?

Wir müssen also beide Teile sehen, einmal den Bereich der Hochwertschöpfung und auf der anderen Seite die gesellschaftliche Organisation, die es ermöglicht, diese Hochwertschöpfung bis hin zu der einfachsten Tätigkeit fließen zu lassen. In unserer Gesellschaft haben wir Hemmnisse in der Übertragung, in der Kaskade, in dem Herunterfließen der Wertschöpfung der hohen Bereiche in die niedrigen Bereiche.

Riesenhuber: Es läuft, so scheint mir, auf folgende Kernfrage hinaus: Sind wir bereit, für diese Arbeitsplätze am unteren Ende der Qualifikationsskala niedrigere Preise, niedrigere Löhne zu akzeptieren oder nicht? Meine Antwort ist hier sehr simpel: Wenn dies akzeptiert wird, werden diese Arbeitsplätze entstehen. Wenn es nicht akzeptiert wird, glaube ich nicht, daß es einen Mechanismus gibt, sozusagen in einer gutwilligen Umverteilung die höheren Einkommen zu beschneiden und die niedrigeren anzuheben. Die tatsächliche Arbeit läuft ja mikroökonomisch immer im eigenen Betrieb. Wenn im eigenen Betrieb niedrig qualifizierte Arbeit verhältnismäßig hoch bezahlt werden muß, wird man sich überlegen, wie man sie wegrationalisieren kann. Das geht von den Reinigungsfirmen, die auf alle möglichen Arten arbeiten, über die 500-Mark-Jobs bis zu gelegentlichen Arbeitsverhältnissen, die sich, liebenswürdig gesagt, in Grauzonen befinden, wie man hört. Ich habe dazu keine eigenen Erkenntnisse.

Die gutwillige Umverteilung, das Anheben der niedrigen Einkommen aus sozialen Gründen, ist über Jahre hinweg versucht worden. Der einzige Erfolg war, daß sie verschwunden sind. Die Zukunftskommission 2000 von Baden-Württemberg — ein ganz kluger Kreis, der in einer gewissen Fröhlichkeit diskutiert hat, auch wenn Herr Riester manchmal etwas abweichende Meinungen geäußert hat — hat als einen Punkt herausgestellt: Wir brauchen wieder Lohndifferenzierung. Das Zusammenstauchen der Lohnskala führt zu einem Verlust von Arbeitsplätzen. Das gilt im Kern für alles, was den Markt gegen seine eigene Gesetzlichkeit reguliert.

Bei einem Vergleich mit anderen Ländern haben wir ein sehr hohes Maß an qualifizierten Arbeitsplätzen. Wie sich das entwickelt, kann Herr Walter sehr viel genauer erklären als ich. Wenn die Produktivität schneller wächst als der Produktabsatz — ich sage das mal sehr verkürzt—, ergibt sich ein bestimmter Arbeitsplatzeffekt. Wenn wir eine Status-quo-Prognose machen würden, dann könnten wir sagen: Die Zahl der Arbeitsplätze wird innerhalb von fünf Jahren bis 1995 von 9 Millionen auf 6,7 Millionen heruntergehen. Das ist etwa die Relation. Wieviele davon zurückkommen, ist völlig offen.

Für mich ist einer der ermutigenden Punkte, daß diese Frage bei den Tarifverhandlungen diskutierbar geworden ist.

Vor zweieinhalb Jahren war sie noch nicht diskutierbar. Hier scheint mir eine der entscheidenden Innovationen zu liegen. Wir befinden uns ja in einem gewaltigen Strukturwandel. Wenn wir mit den Paradigmen der 80er Jahre ins Jahr 2000 gehen wollen, werden wir wahrscheinlich in sehr große Schwierigkeiten kommen. Wenn aber die Bereitschaft besteht, auch unkonventionelle Fragen zu stellen und zu diskutieren, gibt es eine gewisse Chance. Dazu gehört auch die Frage, ob es besser ist, daß jemand zu einem geringeren Einkommen arbeitet, als daß er überhaupt nicht arbeitet. Er arbeitet ja schließlich, er zahlt nur keine Steuern. Wenn Ihnen aber die Arbeitslosen erklären, daß sie mit ihrer Arbeitslosenhilfe oder ihrem Arbeitslosengeld plus Schwarzarbeit sehr viel besser dastehen, als wenn sie ein normales Arbeitsverhältnis hätten, dann ist das natürlich eine kritische Frage, die ich jetzt nicht ausdiskutieren will, die aber auch zum Thema gehört.

Kopper: Herr Riesenhuber, vor dem Hintergrund einiger Stichworte wie: »Diskrete Trennung«, »Die Wissenschaft wächst zusammen«, »interdisziplinäres Vorgehen«, »Technologieklasse«, möchte ich Sie folgendes fragen: Glauben Sie, daß von der Erziehung und der Ausbildung her sich dieses Land, die Menschen, die Wissenschaftler in diesem Lande, aber auch die Wirtschaft in ihrer Struktur ganz besonders dafür eignen, diese Dinge stärker zu betreiben, als das bisher der Fall war, oder was müssen wir da tun? Ich füge auch die typisch deutsche Abneigung vor Zusammenballungen auch industrieller Natur an. Es muß alles fein sortiert sein; bloß nicht von einem Kästchen ins andere.

Riesenhuber: Michael Porter weist darauf hin, daß die Stärke einer Industrienation in ihrer Fähigkeit besteht, Cluster aufzubauen. Er nimmt als Beispiel die baden-württembergische metallverarbeitende Industrie und spricht dabei nicht nur über die Ketten der Zulieferungen und Verflechtungen, sondern genauso über die Fachhochschulen und über die technischen Universitäten. Wo dies gelingt, ist eine essentielle Voraussetzung für den Erfolg gegeben. Sie haben recht: Es gibt Bereiche, in denen es gelingt, und andere, in denen es sehr viel schlechter gelingt.

Ich möchte das mal in zwei ganz unterschiedlichen Bereichen angehen. Von Leuten in der Wirtschaft ist die Wirtschaftswissenschaft oft als ein hilfreiches Fach angesehen worden. Unsere Wirtschaftswissenschaft ist makroökonomisch sehr interessant. Unsere Volkswirtschaftslehre ist durchaus tüchtig. Überraschend ist allerdings, daß wir hier sehr lange keinen Nobelpreis mehr gehabt haben. Die Auseinandersetzung unserer Wirtschaftswissenschaft mit neuen Techniken – von der Frage der Vernetzung über die Frage der Konkurrenzfähigkeit bis zur Frage der Umwelttechnik – findet nur relativ begrenzt statt. Wenn eine Wissenschaft aber nicht mehr imstande ist, komplexe Systeme auf einen Nenner zu bringen, also die Zusammenschau herzustellen, wird es für den einzelnen, der sich da zu bewegen hat, schwierig. Ich würde es also für hilfreich halten, wenn die Wissenschaft hier eine stärkere integrierende Kraft ausübte.

Ich sage das für eine zweite Ebene. Es fehlt uns eine Kultur der Übergänge. Jemand fängt beim Finanzamt an und wird beim Finanzamt pensioniert. Jemand fängt bei Siemens an und wird bei Siemens pensioniert. Jemand fängt in der Politik an und wird in der Politik pensioniert. Dies führt dazu, daß alle diese Gruppen in sich funktionieren, aber das Gespräch zwischen ihnen schwierig ist. Das Gespräch beginnt nur, wenn es kritisch wird, und das ist der übelste Moment, ein Gespräch zu beginnen. Wenn es uns gelingen würde, etwas fließendere und schnellere Übergänge für den Austausch unterschiedlicher Lebenserfahrungen in verschiedenen Bereichen zu erreichen, dann wäre das eine große Hilfe.

Ein dritter Bereich. Ich bin ganz ermutigt, wie jetzt in verschiedenen Unternehmen unterschiedliche Arbeitsbereiche zusammengedacht werden. Der Maschinenbau, der klassischerweise nur mit einem einzigen Bereich zusammengearbeitet hat, beschäftigt sich heute ebenso mit der numerischen Steuerung wie mit der Oberflächentechnik und dem Laser. Er weiß, wo er das bekommt, und bindet das alles in ein System ein. Das ist eine beachtliche Leistung. Daß dies noch nicht weit genug geht — auch in den internationalen Verflechtungen —, scheint mir ein kritischer Punkt zu sein.

Insgesamt: Hier liegt einer der schwierigsten Punkte für unsere Zukunftsfähigkeit. Wenn wir in einem komplexen System monokausale Lösungen suchen, weil wir mehr nicht übersehen, sind diese wahrscheinlich nur zufällig richtig.

Quadbeck-Seeger: Sie haben den niedrigen Stellenwert der Innovationen in den Budgets des Staates beklagt. Der Staat ist aber ein großer Beschaffer. Wir sollten nicht nur den Transrapid sehen. Auch viele kleine Beschaffungsvorgänge könnten innovative Impulse geben. Sie selbst haben früher einmal einen Anstoß gemacht: Computer in die Schulen. Daraus ist nichts geworden. Das wäre ein großer innovativer Markt. Darauf sollte der Staat auch mehr Augenmerk legen. Das heißt, die Abgeordneten müßten die Beschaffungen, die in diese Richtung gehen, doch kritischer anschauen als bisher.

Riesenhuber: Herr Quadbeck-Seeger, da haben Sie recht. Nachdem ich das hier in Demut akzeptiert habe, will ich zwei Fußnoten anbringen.

Die eine: Es wäre schon interessant, wenn sich hier die Industrie manchmal aggressiver artikulieren würde. Ich darf ein Beispiel geben. Vor einigen Jahren habe ich nach vieler Mühe ein Gespräch mit dem Postminister, der Telekom und der entsprechenden Industrie zusammengebracht, dessen Themen allen Beteiligten bekannt waren. Sie sollten sagen, was sie voneinander wollten, einmal im Aufbau von Infrastruktur, dann hinsichtlich der Internationalität und Deregulierung und hinsichtlich öffentlicher Beschaffung. Die Vorstellung war: Wenn die Industrie sagt, wir brauchen die Gewißheit, daß in fünf Jahren ein bestimmtes Kommunikationsnetz in vollem Umfange da ist, dann werden die Endgeräte produziert und die Dienstleistungen bereitgestellt. Ich war fasziniert einerseits von der grundsätzlichen Bereitwilligkeit der Telekom, dem zu folgen, andererseits von der, sagen wir, ungemein behutsamen Zurückhaltung der Industrie in der Äußerung ihrer Wünsche. Mir scheint es schon sehr erstrebenswert zu sein, deutlich zu sagen, was man will und wo man den Staat fordert. Wenn also ein großes Unternehmen konkret sagt: Hier sind 24 Punkte, die unseres Erachtens kontraproduktiv sind und die durch Verordnung bereinigt werden können, dann kann sich der Staat daranmachen. Es ist also nicht nur eine Tugend, bescheiden zu sein; manchmal ist das auch kontraproduktiv.

Eine zweite Fußnote, die Sie, Herr Quadbeck-Seeger, in aller Bescheidenheit erlauben: Sie sagten, die Abgeordneten sollten das mitbedenken. Da haben Sie schon recht. Nur muß ich sagen: Unter den Abgeordneten gibt es viele tüchtige Leute ganz unterschiedlicher Art. Es gibt hervorragende Schullehrer, vorzügliche Rechtsanwälte, ganz ausgezeichnete Leute, die in den Gewerkschaften wichtige Funktionen ausgeübt haben; übrigens weniger Arbeiter aus den Betrieben oder Betriebsräte, die sind selten. — So ist nun mal das Parlament. Der Glaube, daß diese Leute dadurch, daß sie in den Deutschen Bundestag einrücken, einen gewaltigen Zuwachs an Weisheit und Verständnis für technische Zusammenhänge erfahren, ist zu optimistisch. Insofern wäre es schon eine erwägenswerte Angelegenheit, den einen oder anderen qualifizierten Kollegen zu ermutigen, daß er, wenn auch nicht gleich in den Bundestag, so doch in einen Landtag oder ein Stadtparlament geht.

Und zu der Ansicht, daß die Parteien so indolent seien und keine Seiteneinsteiger zulassen würden, möchte ich nur eine behutsame Bemerkung machen: Auf der hessischen Landesliste für den Deutschen Bundestag steht auf dem ersten Nachrückplatz ein Mann, der, vorsichtig gesagt, vor sechs Monaten in der hessischen Landespartei noch nicht sehr bekannt war. Es ist ein Chemiker, der mit Gentechnik zu tun hat und aus einem gesunden mittelständischen Unternehmen kommt. Es ist also möglich.

Pfeiffer: Herr Riesenhuber, ich fand Ihre Analyse sehr interessant. Sie sind ein Japankenner. Ich war im März und April in Japan und habe nur eine rote Kurve gesehen: das war nämlich die Patentlinie. Da geben die Japaner viel Geld aus. Sie haben gesagt, daß bei einem internationalen Vergleich Japan bei den Patentanmeldungen an erster Stelle stehe, vor USA und Deutschland. In Japan wird jede Schraube genauso wie der Inhalt und die Form patentiert. Bei einem Auto wie Lexus hat man 1200 Patente. In Deutschland ist ABS ein Patent, da wird die Schraube nicht patentiert. Genauso ist es bei einer elektronischen Einspritzpumpe.

Sie sagten sehr nett, daß die Grundlagenforschung in Deutschland nicht schlecht sei. Aber als Bednorz und Müller den Nobelpreis für die Hochtemperatursupraleitung bekamen, war ein Jahr später in Hakone, einem schönen Ort am Fuji gelegen, ein Institut mit 400 Ingenieuren, Physikern, Mathematikern und Chemikern da, finanziert von großen Firmen. Die sind in der Zwischenzeit auch schon etwas fündig geworden.

Sie nannten die Fullerene. Das hat Herr Kretschmer in Heidelberg gemacht. Das ist ein Kohlenstoff 60, der härter als Diamant ist, der für vieles verwendbar ist. Gehen Sie mal nach Japan: Unweit von Hakone ein Institut mit 300 Leuten, finanziert von verschiedenen Industriekreisen. Wo gibt es so etwas in Deutschland?

Ein nächstes Beispiel: Gestern abend war die akademische Gedenkfeier für Wolfgang Paul, der 1989 den Nobelpreis erhielt. Dabei hat ein Engländer in einem Vortrag gesagt: Was Paul mit dem Ionen-Käfig gemacht hat, ist in der Zwischenzeit das Geschäft von Hewlett Packard, und die haben in eineinhalb Jahren 735 Millionen Dollar gemacht. Wer hat Herrn Paul beraten? Wo gibt es Berater für deutsche Grundlagenforscher, damit sie diese Arbeiten auch patentieren lassen, bevor sie sie veröffentlichen? Hier müßte ein Nachhilfeunterricht erteilt werden. Viele Dinge werden sofort veröffentlicht, ohne daß ein Rat gegeben wird, rechtzeitig diese Sachen unter Verschluß zu nehmen.

Riesenhuber: Lieber Herr Pfeiffer, dies alles ist wahr. Ich sprach von dem Gespräch zwischen Professoren und Unternehmern. Das ist nicht nur eine Frage der Einzelprojekte, sondern eine Durchdringung der Kultur. Wenn ein Professor mitbedenkt – einige tun es, und ich könnte Ihnen hier Namen aus Frankfurt nennen –, was er anmelden kann, dann ist das nur zu begrüßen. Aber von der Politik her kann man das nicht organisieren. Der Glaube, daß Politik hier etwas Sinnvolles machen kann, ist viel zu sehr verbreitet. Die Politik erbringt schon eine enorme Leistung, wenn sie die Leute nicht mehr als nötig bei der Arbeit stört. Das ist etwas, was oft vergessen wird. Es freut mich, daß Sie dieses Problem in diesem Kreise hier vorbringen, wo Damen und Herren aus ganz unterschiedlichen Unternehmen anwesend sind.

Vielleicht nur zwei Fußnoten: Die Sache mit den Patentanmeldungen ist mir klar. Beunruhigender ist der Trend. Der Trend bei Japan geht aufwärts, und mehr als 100 Prozent des Lexus können die Japaner auch nicht anmelden. Bei uns ist der Trend in wichtigen Bereichen, die ich Ihnen nennen könnte, rückläufig. Die Dynamik der Gentechnik oder der Mikroelektronik ist nicht so, daß mich das mit Entzücken erfüllt. Dabei halte ich es für großartig, daß Siemens jetzt in Dresden mit 2,7 Milliarden DM seinen 64-Megabit-Chip herstellt.

Und das zweite: Sie haben mich etwas vorwurfsvoll angeschaut und gefragt: Wo sind so schöne gemeinsame Projekte hier in Deutschland? — Ich habe einmal deutschen Unternehmen auf einem silbernen Tablett folgendes angeboten: Wir bauen ein Institut, und der Staat finanziert die Investition mit 400 Millionen. Es soll sich mit Mikroelektronik befassen, aber was es sein soll, das sollten die betreffenden Unternehmen allein definieren. Wir wollten sogar über die 400 Millionen hinaus 70 Prozent der laufenden Kosten bezahlen. Es sollten nur von den Unternehmen ein paar Leute hineingehen und das Ganze jenseits der Reichweite einer unternehmensinternen Forschung steuern. — Ich beschreibe keinen Prozeß, sondern sage nur: Das Institut steht immer noch nicht. Ich wäre gerne bereit, hier Einzelheiten vorzutragen.

Ich sage ganz offen: Den stolzen Eigenwillen deutscher Unternehmen, allein ihren Weg in die Zukunft zu erkämpfen, halte ich für eine starke und hervorragende Sache. In den kommenden Jahren wird es aber zunehmend wichtig werden, über die eigenen Möglichkeiten hinaus Neues im vorwettbewerblichen Bereich mit anderen anzugehen. Ich habe es in der ganzen Mikroelektronikstrategie für eine der wichtigsten Sachen gehalten, daß über das Megaprojekt, für das ich sehr viel Schelte bezogen habe, Siemens global partnerfähig geworden ist. Es hat mit IBM zusammengearbeitet, weil die Partner sich geachtet haben. Zum 256-Megabit-Chip hat sich Toshiba dazugesellt, weil man sich geachtet hat.

Man wird also auch weiterhin auf die eigene Kraft vertrauen müssen, aber man wird auch schauen müssen, wo man bei dem, was jenseits der eigenen Kraft gemacht werden muß, gute Partner findet, mit denen man in die Zukunft gehen kann. Dabei geht es nicht um ein Abschlaffen von Konkurrenzen, sondern um ein zeitlich und sachlich begrenztes Zusammengehen. Das wird eine wesentliche Frage für die künftige Intelligenz sein. Die künftigen Märkte werden nicht mehr rigide nach einzelnen Monaden getrennt sein, die nebeneinanderher konkurrieren. Sie werden von der Fähigkeit leben, daß man sich in Netzwerke integriert und sie nützt. Sie werden vor allem davon leben, daß man Lust daran hat, etwas Gutes zu machen und sich dem Wettbewerb zu stellen.

Madsen Pirie

Wohlstand für alle?

Beobachter des Arbeitsmarkts in Westeuropa verweisen des öfteren auf ein Phänomen, das sie als Veränderung der Beschäftigungsstrukturen betrachten. Sie heben den stetigen Rückgang der Arbeitsstellen im Produktionsbereich sowie die Tatsache hervor, daß das in Zeiten konjunkturellen Aufschwungs vorherrschende Beschäftigungsniveau den Verlust der in der jeweils vorangegangenen Rezession verlorenen Arbeitsstellen nie ganz ausgleicht. Sie stellen fest, daß die Arbeitslosenzahlen in den meisten europäischen Ländern so hoch wie nie zuvor sind.

Bei näherer Prüfung könnte die Situation noch hoffnungsloser aussehen. In einigen Ländern ist die Anzahl der Vollzeit-Arbeitsplätze viel stärker gesunken, als aus den vorliegenden Zahlen ersichtlich wird. Das volle Ausmaß dieses Rückgangs wird durch einen Anstieg der Teilzeit-Arbeitsplätze verschleiert, die allgemein mit Tätigkeiten minderer Qualität gleichgesetzt werden. Es herrscht die Auffassung, daß es sich dabei um eine niedrig qualifizierte Beschäftigung handelt, die wenig einbringt. Die den Angestellten gebotenen Sozialleistungen, wie z. B. Krankengeld, Urlaubsgeld, Mutterschaftsurlaub und Renten, sind eingeschränkt und gelten als denkbar gering. Sie bieten den Angestellten weniger Möglichkeiten, aus seiner Arbeit Befriedigung zu ziehen oder stolz auf seine Leistung zu sein.

Damit habe ich nur einen Teil dieser schwerwiegenden Vorwürfe und Forderungen genannt. In der Regel handelt es sich bei Teilzeit-Arbeitsplätzen, die Vollzeit-Arbeitsplätze ersetzen, meist um Tätigkeiten im Dienstleistungs- und weniger im Produktionsbereich. Daraus wird gefolgert, mit Teilzeit-Arbeitsplätzen würden die Möglichkeiten für das Exportgeschäft verringert. Diese Verlagerung führte daher zu einem zunehmenden Ungleichgewicht der Handelsbilanz, wobei die europäischen Länder immer mehr Schwierigkeiten mit der Bezahlung der Importe hätten. Dies wiederum habe eine gewisse Instabilität ihrer Währungen und größere Spekulationsabhängigkeit zur Folge.

Dieses düstere Bild noch ergänzend verweisen Beobachter auf die mit den Änderungen einhergehenden sozialen Belastungen. Zunächst einmal gibt es bei einer hohen Anzahl von Langzeit-Arbeitslosen massive gesellschaftliche Probleme. Hielte man sich an das Sprichwort: »Wer nichts tut, tut Böses!«, ließe sich die Schlußfolgerung ziehen, daß hohe Arbeitslosenzahlen zu einer Zunahme von Kriminalität, Gewalt, Drogenmißbrauch und Groll der unteren gesellschaftlichen Klassen gegenüber dem Rest der Gesellschaft führt.

Sogar die Institution der Ehe ist starken Belastungen ausgesetzt. In der Regel werden die neuen Teilzeit-Arbeitsplätze von Frauen besetzt. Die alte Familienstruktur, bei der der Mann das tägliche Brot verdient, und die Ehefrau an seiner Seite zu Hause bleibt oder einer Teilzeit-Beschäftigung nachgeht, besteht so nicht mehr. Die Frau ist manchmal sogar Alleinverdienerin in der Familie, auch wenn sie nur einer Teilzeit-Beschäftigung nachgeht. Für die Familie bedeutet das weniger Einkommen, weniger Wohlstand sowie eine vollkommene Abkehr von der traditionellen Erwartung an eine Partnerbeziehung. Ein klares Zeichen für diese Änderung ist die Tatsache, daß dieses Jahr in Großbritannien zum erstenmal die Anzahl der weiblichen Beschäftigten höher als die der männlichen ist.

Überdies wird damit gerechnet, daß durch die weltweit schneller gewordene wirtschaftliche Entwicklung die gesellschaftlichen Belastungen zunehmen. Der wirtschaftliche Aufschwung in den südostasiatischen Ländern hat zur Folge, daß sich die Produkte der westlichen Industrienationen einer schärferen Konkurrenz von Anbietern aus Ländern mit niedrigeren Löhnen und Sozialleistungen gegenübersehen. Durch die im Rahmen des GATT und anderer Vereinbarungen ermöglichte Ausweitung des internationalen Handels erhalten die Produkte der aufstrebenden Wirtschaftsmächte leichteren Zugang zum westeuropäischen Markt.

In diesem Zusammenhang wird insbesondere auf unseren Märkten mit einem Umsatzzuwachs bei Produkten gerechnet, deren Herstellung »relativ geringe« Qualifikationen und technische Investitionen erfordert. Sie gelten als »relativ gering«, da diese Länder mit großer Wahrscheinlichkeit Investitionskapital aus dem Ausland für die Modernisierung und Aktualisierung ihrer Produktionsmethoden anziehen und auch ihr Bildungs- und Ausbildungsniveau anheben werden, das im internationalen Vergleich schon jetzt nicht gerade niedrig ist.

Diese Entwicklung wird zumindest am Anfang Arbeitnehmer mit geringer Qualifikation in den westlichen Industrieländern bedrohen. Die westlichen Hersteller, die bei technologischen Neuerungen und der entsprechenden Ausbildung ihrer Mitarbeiter Schritt halten, haben gute Chancen, ihre Marktstellung halten zu können. Arbeitnehmer mit niedrigen oder keinen Qualifikationen werden mit Kollegen aus den aufstrebenden asiatischen Ländern konkurrieren, die noch bereit sind, für weniger Geld zu arbeiten. Daraus könnte zunehmend eine Polarisierung zwischen qualifizierten Arbeitnehmern im Westen, die ihre Stellung halten können, sowie ungelernten Arbeitern entstehen, deren Gehälter und Bezüge durch die Konkurrenz aus dem Ausland unter Druck geraten. Sollte tatsächlich eine solche Disparität entstehen, werden damit soziale Probleme einhergehen. Länder, die versuchen, extreme Unterschiede auszugleichen, werden wirtschaftlich Erfolgreiche höher besteuern müssen, um wirtschaftlich Schwache unterstützen zu können.

Angesichts dieser zweifellos düsteren Vorhersagen wäre es nicht verwunderlich, wenn im Westen nachdrücklich zum Schutz und zur Erhaltung von Arbeitsplätzen aufgerufen würde. Die Europäische Union hat den Versuch unternommen, Billighersteller an den Sozialkosten zu beteiligen, die i.d.R. von den reicheren Staaten getragen werden. Die neuen Mitgliedsstaaten aus dem Süden Europas müssen einen Teil der Lohnkosten zahlen, die zuvor die bisherigen Mitglieder übernommen hatten. Nun wird allgemein die Forderung erhoben, den Wettbewerbsländern ebenso hohe Kosten aufzuerlegen und erst dann ihre Waren zum Import zuzulassen.

Wir müßten unsere Märkte vor unlauterem Wettbewerb schützen, wobei damit Wettbewerb im eigentlichen Sinn gemeint ist. Wir seien daher dringend aufgefordert, gegen Produkte der neuen asiatischen Wirtschaftsmächte Zollschranken zu errichten. Diese Forderung wird manchmal verschleiert dargestellt, so wie feine Leute die Bezeichnung »Zwang« vermeiden und stattdessen von »freiwilligen Exportbeschränkungen« sprechen. Wenn wir unsere Märkte für die Waren aus diesen Ländern nicht öffnen, könne unsere Wirtschaft, so scheint man allgemein zu glauben, hinter den Mauern eines festungsähnlichen Marktes erblühen , innerhalb dessen wir uns die Welt kleiner vorstellen können als sie tatsächlich ist.

Bevor die Volkswirtschaften das »Aufklärungszeitalter« erreichten, wurde allgemein die Auffassung vertreten, daß ein Staat durch die Ansammlung von Edelmetallen reich würde und seine Wirtschaftspolitik auf die Beschaffung von möglichst viel Gold und Silber ausgerichtet sein sollte, wovon so wenig wie möglich wieder abgegeben werden durfte. Das Angebot wurde als relativ festbleibend betrachtet, so daß sich ein Land nur dann etwas von diesen Gütern beschaffen konnte, wenn es sicherstellte, daß andere weniger erhielten. Die Staaten wachten streng über ihre Hersteller und pflegten die Einfuhren wo immer möglich durch Strafsteuern und mit Hilfe staatlicher Maßnahmen zu beschränken und Exporte durch Kredite, Subventionen und Sonderbegünstigungen zu fördern. Diese Politik wurde als Merkantilismus bezeichnet.

Ich weise auf diese Entwicklungen hin, weil wir nach meinem Dafürhalten derzeit Gefahr laufen, in einen modernen Merkantilismus zu verfallen, der Arbeitsplätze als ein neues, streng zu hütendes, hehres Gut betrachtet. Arbeitsplätze werden zunehmend als wertvolle nationale Ressource angesehen, die es zu horten gilt. Das Angebot wird als feststehend betrachtet, so daß ein Land nur zu Lasten eines anderen in den Genuß dieses Gutes kommen kann. Die Staaten sehen sich zunehmend der Versuchung ausgesetzt, den Export dieser wertvollen Arbeitsstellen zu verhindern. Zuschüsse und Subventionen werden offen oder versteckt gewährt, um wertvolle Arbeitsplätze im Lande zu halten. Mit Hilfe zollpolitischer Maßnahmen und Quotenregelungen sollen sie, sofern rechtlich zulässig, vor Wettbewerb aus dem Ausland bewahrt werden. Ist dies nicht zulässig, so wird auf die Beschränkungsmöglichkeiten der Regulierungsbehörden zurückgegriffen, um in der Praxis zu vermeiden, was am grünen Tisch vereinbart wurde.

Nachdem sie so viele der wertvollen Arbeitsstellen wie möglich haben bewahren können, gehen die neuen Merkantilisten dazu über, sie gerecht zu verteilen. Da es jedoch unfair wäre, sie den Glückspilzen vorzubehalten, wollen sie die Verteilung so vornehmen, daß sie entweder die Arbeitsstunden begrenzen, damit drei Arbeitnehmer die Arbeit von zweien erledigen können, oder sie wollen Job-Sharing-Pläne einführen, bei denen qualifizierte Arbeitsplätze so aufgeteilt werden, daß jeweils zwei Personen zumindest einer Halbtagstätigkeit nachgehen können.

Mit zunehmender Begeisterung bemühen sich die Politiker, zu ermitteln, was uns die Zukunft bringen wird, und versuchen dann, Barrieren zu errichten. Nachdem sie erst einen Trend zu mehr Teilzeitarbeit festgestellt haben, wollen sie ihn aufhalten. Vor etwa 20 Jahren erkannte die damalige Labour-Regierung unter Harold Wilson, daß die Arbeitsstellen im Produktionsbereich zunehmend von Dienstleistungen abgelöst wurden. Sie reagierte mit einer punktuell erhobenen Beschäftigungssteuer zwecks Verteuerung der Arbeitsplätze im Dienstleistungsbereich, um auf diese Weise die sich abzeichnende Entwicklung aufzuhalten. Eine rational denkende Regierung wäre u. U. dankbar dafür gewesen, daß der Rückgang im Herstellungsbereich durch den Dienstleistungssektor aufgefangen wurde, und hätte womöglich sogar versucht, diese Tendenz zu unterstützen. Lebten wir jedoch in einer Welt, in der die Regierenden immer rational dächten und handelten, dann könnten auch Bäche aufwärts fließen.

Moderne Merkantilisten reagieren auf die Zunahme von Teilzeitarbeit mit dem Versuch, diese Entwicklung zu hemmen. Sie versuchen, die wertvollen Vollzeit-Arbeitsplätze zu schützen, indem sie dafür sorgen, daß Teilzeitarbeit unökonomisch wird. Sie streben danach, den Arbeitgebern von Teilzeitkräften sämtliche Sozialabgaben und -leistungen, auf die Vollzeit-Arbeitskräfte Anspruch haben, aufzubürden. Natürlich ist der Gewinn aus Teilzeitarbeit zu gering, um diese Last tragen zu können. Die Arbeitgeber reagieren dann mit dem Abbau der Teilzeit-Arbeitsplätze, ohne jedoch automatisch Vollzeit-Arbeitskräfte zum Ersatz einzustellen.

Damit werden diejenigen, die einer Teilzeitarbeit nachgehen möchten (viele von ihnen sind Frauen), sowie Arbeitgeber benachteiligt, die mit Hilfe von Teilzeit-Arbeitskräften und nicht mit Vollzeit-Arbeitnehmern einen Betrieb erfolgreich führen könnten. Dies führt zu einem effektiven Verlust an Wirtschaftsaktivität und Geschäftsmöglichkeiten. Interessant ist die Tatsache, daß in Großbritannien der Anteil derjenigen, die Teilzeitarbeitsplätze suchen, größer als derjenigen ist, die Vollzeit arbeiten wollen.

Hier liegt der Schlüssel für eine bestmögliche Lösung des Problems. Wenn wir uns vor Augen halten, wohin uns die Zukunft u.U. bringt, können wir zumindest einen Teil der gesellschaftlichen Probleme, die mit Änderungen zunächst einhergehen, vorhersehen. Statt künftige Entwicklungen verhindern zu wollen, könnten wir unsere Kräfte viel nützlicher einsetzen, indem wir versuchten, ihren Folgen zumindest teilweise die Schärfe zu nehmen.

Der Rückgang der Gesamtzahl der Beschäftigten im Produktionsbereich erscheint als Bestandteil längerfristiger Entwicklungen in den westlichen Ländern. Der Beitrag der Produktion für die Gesamtwirtschaft könnte auf gleichem Niveau gehalten werden. Dies gilt jedoch nicht für ihren Beitrag zur Beschäftigungssituation. Viele Produktionsbetriebe gehen aufgrund der Art ihrer Produktionstätigkeit zu weiterer Automatisierung über, wobei immer weniger qualifizierte Mitarbeiter zur Bedienung der Anlagen benötigt werden, die wiederum die Arbeit vieler ungelernter Arbeiter tun. Als Folge davon werden die Qualifikationen der Angestellten im Produktionsbereich bei gleichzeitiger Abnahme der Mitarbeiterzahl stetig verbessert.

Die Herstellungsbetriebe, die diesen Kurs eingeschlagen haben, sind in ihrem Management »schlanker« geworden. Investitionen haben Arbeitnehmer von ihrem Platz verdrängt. Ein Ergebnis davon ist die Tatsache, daß diese Betriebe mit den entsprechenden Herstellern aus Niedriglohn-Ländern konkurrieren können. Ein qualifizierter Arbeitnehmer, der die Arbeit von drei Leuten erledigen kann, ist in der Lage, mit ungelernten Arbeitern, die nur ein Drittel von seinem Gehalt beziehen, zu konkurrieren.

In der Vergangenheit haben Staaten und gesellschaftliche Gruppen versucht, die Automatisierung aufzuhalten, um wertvolle Arbeitsplätze zu schützen. Vor zwei Jahrhunderten warfen die Arbeiter ihre Holzschuhe (sog. *Sabots*) in die Maschinen und prägten das Wort »Sabotage«. Seitdem haben Staaten und Gewerkschaften immer wieder versucht, den technischen Fortschritt aufzuhalten. Wenn sie damit Erfolg gehabt hätten, wäre die Herstellungsindustrie jetzt nicht in der Lage, der Konkurrenz aus Billiglohn-Ländern standzuhalten, und ihr Lebensstandard wäre zudem viel niedriger, als er heute tatsächlich ist.

Das Schicksal der Weber, die von Maschinen ersetzt wurden, war sehr traurig, aber man hätte ihnen keinen Gefallen getan, wenn man damals versucht hätte, diese Entwicklung aufzuhalten. Hätte der Staat einem gewissen sozialen Bewußtsein gerecht werden wollen, hätte er sich darum kümmern müssen, daß sie an eine neue Arbeitsstelle versetzt und dort ausgebildet wurden.

Der langfristige Rückgang der Arbeitsplätze im Herstellungsbereich wird von einer stetigen Zunahme der Arbeitsstellen im Dienstleistungssektor begleitet. Dazu zählen traditionelle Dienstleistungstätigkeiten in Bereichen wie Nahrungsmittel, Restaurants, Freizeit und individueller Service. Einige finden sich im Bereich der technologischen Neuerungen, wozu Computer-Software, Datenverarbeitung und Finanzdienstleistungen zählen.

Diese Leistungen sind vielleicht weniger sichtbar als Produktionsergebnisse und lassen sich schwer einschätzen. Sie leisten jedoch einen erheblichen Beitrag z. B. für die Exporttätigkeit Großbritanniens. Die Tatsache, daß Computer-Programme, Videoaufnahmen, Transportversicherungen und Bankdienstleistungen exportiert werden, ist leicht zu verstehen. Die Verfasser von Finanzpublikationen fragen sich jedoch manchmal, wie es möglich ist, daß ein Kellner, ein Fremdenführer oder ein Taxifahrer seine Leistungen exportiert. Die Antwort ist einfach: ein Besucher aus Japan oder den Vereinigten Staaten, der ihre Leistungen in Anspruch nimmt, exportiert sie und bringt damit Auslandseinkommen in das Land, in dem die jeweilige Leistung erbracht wird.

Der Trend zu Tätigkeiten im Dienstleistungsbereich vollzieht sich bereits seit einer Generation und ist u. U. für die Wirtschaftslage der westlichen Länder bzw. ihre Arbeitnehmer nicht nachteilig. Die Umweltverschmutzung ist bei

Dienstleistungstätigkeiten geringer, und es werden weniger natürliche Ressourcen in Anspruch genommen. In der Regel sind sie auch sicherer, und die Unfallquote ist niedriger. Wenn sie die Wahl hätten, würden Eltern ihre Kinder lieber in einem Büro als in einem Kohlebergwerk oder Stahlbetrieb arbeiten lassen.

Gelegentlich hört man den Einwand, der Herstellungsbereich sei eine unverzichtbare Basis für die Bezahlung all der Dienstleistungen, die wir wechselseitig füreinander zu erbringen haben. Daran zeigt sich der Irrglaube der Materialisten, die der Auffassung sind, daß nur materielle Güter einen echten Wert besitzen. Wenn Menschen untereinander Leistungen, die sie füreinander bringen, austauschen, schaffen sie ebenso einen Wert, als wenn sie materielle Güter tauschen würden. Man könnte sich eine Gesellschaft vorstellen, in der sämtliche Waren ausschließlich von Maschinen hergestellt werden und in der die Menschen miteinander Dienstleistungen austauschen.

Genauso wie der Rückgang der Arbeitsstellen im Herstellungsbereich nicht unbedingt negativ zu beurteilen ist, könnte auch die Zunahme der Teilzeitarbeit Vorteile bieten. Damit können Frauen am Arbeitsprozeß teilnehmen und gleichzeitig Kinder aufziehen. So wird all denjenigen Arbeit geboten, die keiner Vollzeit-Tätigkeit nachgehen können oder wollen. Im wesentlichen bietet die Teilzeitarbeit aber vielen derjenigen, die gleichzeitig für mehrere Arbeitgeber tätig sind, die Möglichkeit, durch eine Reihe von Arbeitsverträgen unter dem Strich das Gehalt eines Vollzeit-Arbeitnehmers zu beziehen.

Dies ist ein wichtiger Aspekt, da er einen wachsenden Trend aufzeigt. Die Anzahl der Selbständigen und Heimarbeiter nimmt zu. Teilzeit-Arbeitsplätze bieten diesen zahlenmäßig zunehmenden Arbeitnehmern die Möglichkeit, ein Gehalt zu beziehen. Es ist durchaus möglich, daß unsere Gesellschaft im Laufe der Zeit feststellt, daß diese Entwicklung immer mehr der Beschäftigungsstruktur der Zukunft entspricht.

Wenn staatlicherseits versucht wird, die Zunahme der Teilzeitarbeit zu verhindern, indem er sie zu teuer macht, wird er u. U. feststellen müssen, daß damit nicht unbedingt die Vollzeit-Arbeitsplätze erhalten bleiben. Diese Arbeitsplätze können durchaus an Firmen im Ausland gehen, die Teilzeitkräfte beschäftigen. Es wird evtl. am Ende darauf hinauslaufen, daß die Regierungen die Entwicklung neuer Arbeitsstrukturen verhindern, die in der Zukunft eine wichtige Rolle spielen werden.

Die durch den Rückgang der Arbeitsplätze im Produktionsbereich, die Ausweitung des Dienstleistungssektors und die Zunahme der Teilzeitarbeit entstehenden sozialen Probleme und Veränderungen lassen sich abmildern, wenn entsprechende Maßnahmen ergriffen werden. Die Aufgabe der Gesellschaft könnte darin bestehen, einen Teil der Kosten für den Umzug von entlassenen Arbeitnehmern zu übernehmen sowie für deren Umschulung und Weiterbildung zu sorgen. Qualifizierte Arbeitnehmer können im Rahmen einer Fortbildung neue Kenntnisse erwerben. Auch wenn die neuen Technologien an ihnen vorbeigehen, können ungelernte Arbeitnehmer aus dem Fertigungsbereich für bestimmte traditionelle Aufgaben im Dienstleistungsbereich geschult werden.

Wenn ein Stahlbetrieb oder ein Bergwerk als Hauptarbeitgeber einer ganzen Stadt zu schließen droht, tut der Staat keinem einen Gefallen, wenn er unwirtschaftlich arbeitende Betriebe durch die Zahlung von Subventionen aufrechterhält bzw. den Import konkurrenzfähiger Waren verhindert. Dies unterstützt nur die Existenz teuer arbeitender Industrieunternehmen, die ihre Produkte am Weltmarkt nicht absetzen können, und verhindert, daß andere Unternehmen von günstigeren Angeboten profitieren.

Auf der anderen Seite kann der Staat die Arbeitnehmer unterstützen, die in ein Gebiet umziehen, in dem Arbeitsplätze vorhanden sind oder kann den Firmen unter die Arme greifen, die sich in einem solchen Gebiet niederlassen wollen, um das neue Angebot an Arbeitskräften auszunutzen. Außerdem kann der Staat Bildungs- und Ausbildungsprogramme anbieten, die den Arbeitnehmern die für die neuen Arbeitstätigkeiten erforderlichen Fähigkeiten und Kenntnisse vermitteln. Dadurch kann er ihnen helfen, auf dem Arbeitsmarkt wieder Fuß zu fassen.

Der neue Merkantilismus, der wertvolle Arbeitsplätze unter allen Umständen erhalten will, wird nicht funktionieren. Es gibt durchaus jedoch wirtschaftspolitische Maßnahmen, die nützlich sein können. Die Schlüsselworte sind hier *Flexibilität* und *Wettbewerbsfähigkeit*. Die Wirtschaft muß dynamisch bleiben und sich an ändernde Situationen anpassen können. Anstatt zu versuchen, eine zerfallende Struktur zu erhalten, sollte sie danach streben, eine neue zu entwickeln, die sich ständig von selbst erneuert und erhält.

Flexibilität erfordert die Bereitschaft zu Änderungen. Sie beinhaltet auch eine Senkung der Fixkosten. Viele erfolgreiche Firmen beschäftigen zunehmend Subunternehmer, die die Aufgaben von Zwischenhändlern im Rahmen der Produktion und der Lieferung übernehmen, so daß die Firmen nicht die hohen Kosten für unflexible Kapitalinvestitionen tragen müssen. Viele würden den benötigten Arbeitsinput gern ähnlich organisieren, und man würde gern Verträge über begrenzte Laufzeiten und Teilzeitarbeit abschließen. Je mehr Kosten sie zu tragen haben, wenn sie einen regulären Vollzeit-Mitarbeiter einstellen, desto weniger werden sie dazu bereit sein. Unternehmen erreichen höchstmögliche Flexibilität, wenn sie je nach Bedarf Mitarbeiter einstellen oder entlassen können. Wenn dieses Vertragswesen gesellschaftliche Probleme erzeugt, sollte sich unsere Aufmerksamkeit auf deren Lösung und nicht auf die Verhinderung des Trends richten.

Wenn die europäischen Länder flexiblere Beschäftigungsstrukturen einführen wollen, sollten sie ihre Institutionen und Vorgehensweisen entsprechend anpassen. Arbeitnehmer, die von verschiedenen Arbeitgebern nacheinander oder gleichzeitig beschäftigt werden, benötigen Renten- und Krankengeldvereinbarungen, die sich sehr stark von den Vorsorgemaßnahmen derjenigen unterscheiden, die ihr ganzes Leben für einen einzigen Arbeitgeber tätig sind.

Der Privatsektor spielt bei der Entwicklung von Finanzprodukten, die sich im Besitz des Arbeitnehmers befinden und für die verschiedene Arbeitgeber nacheinander Zahlungen leisten können, eine wichtige Rolle. Diese Pläne müssen flexibel sein, um den Arbeitnehmern die Möglichkeit zu bieten, den Umfang und die Art der sozialen Vorsorge, die für ihre jeweiligen Lebensumstände am geeignetsten ist, bestimmen zu können. Arbeitnehmer müssen ebenso wie die Betriebe, für die sie arbeiten, anpassungsfähiger und eher bereit sein, Änderungen für sich zu akzeptieren und zu nutzen.

Das zweite Schlüsselwort heißt *Wettbewerbsfähigkeit.* Europäische Firmen müssen Güter produzieren und Leistungen anbieten, die auf dem Weltmarkt bestehen können. Wenn die neuen asiatischen Wirtschaftsmächte Produkte zu niedrigen Arbeitskosten herstellen können, so müssen wir erkennen, daß wir mit den dort herrschenden Niedriglöhnen nicht konkurrieren können. Auch dann, wenn wir das hohe Lohnniveau in Europa senken würden, wären wir nicht in der Lage, die Tarife zu übernehmen, mit denen sich Arbeitnehmer in den aufstrebenden Ländern zufriedengeben. Unsere Industrieunternehmen müssen auf anderen Ebenen mit ihnen in Konkurrenz treten.

Wir können bei der Produktivität konkurrieren, da wir unsere Mitarbeiter effizienter einsetzen und damit die Stückkosten senken, ohne die Löhne zu reduzieren. Wir können einer Investitionsstrategie folgen, die Investitionen so vornimmt, daß die Arbeitskräfte effizient eingesetzt werden. Wir können arbeitsintensive Betriebe in kapitalintensive Unternehmen umwandeln.

Damit läßt sich jedoch keineswegs der Rückgang der Arbeitsplätze im Produktionsbereich direkt auffangen. Im Gegenteil: er wird dadurch nur noch verstärkt. Jedoch können effizient arbeitende und konkurrenzfähige Unternehmen mehr Aufträge anziehen und ihre Produktion erhöhen. Sie bewirken u.U. eine Zunahme der Arbeitsplätze in dem Bereich, der Maschinen herstellt und wartet, sowie in dem Finanzbereich, der für Investitionen zuständig ist. Am Ende werden die Arbeitnehmer aufgrund der hohen Investitionen und Produktion mehr Geld verdienen und Leistungen erbringen, die wiederum in anderen Wirtschaftsbereichen Arbeitsplätze schaffen.

Die zweite Möglichkeit, Wettbewerbsfähigkeit zu erzielen, ist die Hochtechnologie. Es gibt Waren und Dienstleistungen, für deren Produktion bzw. Angebot europäische Länder besser als andere geeignet sind. Unter Umständen müssen wir es dagegen zulassen, daß weniger anspruchsvolle Produktionsgüter an Entwicklungsländer gehen und wir uns stärker auf High-Tech-Produkte konzentrieren müssen, die die Unterstützung einer technisch hochentwickelten und modernen Wirtschaft benötigen.

Dies ist ein Wettlauf, der niemals endet. Die Entwicklungsländer werden sich eine Basis schaffen, um auf der Leiter der Technologie höher zu klettern und qualitätsmäßig höherwertige Produkte anbieten zu können. Die europäischen Länder werden sich weiter auf dieser Skala nach oben bewegen müssen, wenn sie einen Bereich, in dem überragendes Fachwissen gefordert ist, beibehalten wollen. Das bedeutet, daß sie es sich nicht leisten können, Investitionen in den Bereichen Forschung und Entwicklung zu vernachlässigen oder ein Bildungsniveau beizubehalten, das den Anforderungen einer Wirtschaft, die immer qualifiziertere Fähigkeiten fordert, nicht gerecht wird.

Auf der Suche nach Wettbewerbsfähigkeit gibt es noch eine dritte Möglichkeit, neben der effizienten Nutzung der Arbeitskräfte und der Technologie. Die europäischen Länder werden in bezug auf Qualität zunehmend miteinander konkurrieren. Wenn die expandierenden Volkswirtschaften Asiens einen Preisvorteil aufgrund der niedrigen Löhne besitzen, können die Industrieländer weiterhin ihren Qualitätsvorsprung beibehalten. Das bedeutet, daß sie sich nicht auf gut eingeführten Produkten für einen vermeintlich stetigen Markt ausruhen dürfen, wie das so viele Firmen in den westlichen Ländern tun. Es bedeutet vielmehr, daß sie ständig flexibel und innovativ sein müssen, um ihre Produkte und Leistungen verbessern zu können.

Die europäischen Staaten sollten sich daher stärker auf die Produktion höherwertiger Produkte konzentrieren, ebenso wie die aufstrebenden Staaten sich den Markt für minderwertigere Waren sichern. Es wird eine Nachfrage nach Hochtechnologie, qualitätsmäßig hochwertigen Waren — insbesondere Produkten von »schlank« und effizient geführten Unternehmen — geben. Dabei werden die Aufträge nicht nur aus den heutigen Industriestaaten, sondern auch aus den »neuen reichen« Ländern mit ihrer aufstrebenden Wirtschaft kommen. Sie verfügen über Mittel, um die Waren und Leistungen zu erwerben, die in Europa besser hergestellt und erbracht werden können.

Schließlich sollten wir nicht vergessen, daß wir hier eine im Wandel befindliche Welt betrachten. So ist es, seitdem die Industrielle Revolution Pandoras Büchse entwichen ist, immer gewesen. In dem Maße, in dem die asiatischen Staaten den Wohlstand in ihren Ländern erhöhen, werden die dortigen Arbeitnehmer einen besseren Lebensstandard einfordern. Sie werden dieselben hohen Löhne und Sozialleistungen fordern, die es dank des wirtschaftlichen Fortschritts bereits in Europa gibt. Sie werden mehr Freizeit und kürzere Arbeitszeiten haben. Damit werden sie ihren Wettbewerbsvorteil verlieren und die derzeit noch herrschende Kluft zwischen den Produktionskostenniveaus verringern. Vor uns liegt eine Übergangsperiode, die vorübergehend Probleme verursacht. Danach werden andere Länder auf dem Vormarsch sein und sicherlich andere Probleme aufwerfen, die unsere Nachfolger zu lösen haben.

Der Merkantilismus wurde abgeschafft, als man einsah, daß sich Wohlstand erschaffen läßt. Die Tatsache, daß ein Land reicher wird, bedeutet nicht, daß ein anderes ärmer wird. Beide können gleichzeitig wachsen, indem sie zu beiderseitigem Vorteil miteinander Handel treiben. Ebenso kann auch der Neo-Merkantilismus, der das Angebot an Arbeitsplätzen als statisch betrachtet, über Bord geworfen werden. Die reichen Länder werden davon profitieren, daß die ärmeren Ländern reicher werden. Wir brauchen nicht zu befürchten, dadurch ärmer zu werden oder Arbeitsplätze zu verlieren. Vielmehr können wir mit Ländern, die diesen Wohlstand erreicht haben, Handel treiben und neue Arbeitsplätze schaffen, um der Nachfrage und den Bedürfnissen nachzukommen.

Einige dieser Arbeitsplätze werden erhalten, wenn unsere Unternehmen »schlanker« und kapitalintensiver geführt werden. Bei einigen wird der Erfolg davon abhängen, daß sie stets gegenüber anderen einen technologischen Vorsprung haben. Manche Arbeitsplätze werden von der erhöhten Nachfrage nach qualitätsmäßig hochwertigen Waren und Leistungen abhängen, während andere wiederum auf eine jetzt noch nicht vorhersehbare Weise entstehen. Die Entwicklung der neuen südostasiatischen Volkswirtschaften wird die Marktlage verändern und neue Geschäftsmöglichkeiten bieten. Derzeit haben wir noch keinerlei Zugriff darauf. Es werden durch diese neuen Gegebenheiten Arbeitsplätze entstehen. Wie das vor sich gehen wird, können wir heute noch nicht absehen. Schließlich üben viele unserer Kinder heute Tätigkeiten aus, die sich unsere Eltern niemals hätten vorstellen können.

Sie haben nunmehr die Meinung eines Optimisten gehört. Europa ist in der Vergangenheit zu oft abgeschrieben worden. Es hat überlebt und sich erfolgreich entwickelt, und genau das kann wieder geschehen. Es wird sich weiterhin anpassen und verändern, neue Produkte und Verfahrensweisen sowie neue Dienstleistungen entwickeln. Es wird neue Märkte erschließen. Statt Angst vor künftigen Entwicklungen zu hegen und sich gegen die Zukunft zu sträuben, wird Europa der Zukunft ins Auge sehen und die sich ihm bietenden Möglichkeiten nutzen.

Diskussion

Droste: Herr Pirie, Sie haben über die verschiedenen Möglichkeiten gesprochen, auf internationalen Märkten mit billigeren Arbeitskräften zu arbeiten, über Investitionstechnik und Technikentwicklung. Um bei dem europäischen Beispiel zu bleiben: Wäre es nicht eine Strategie, auch Osteuropa in der Art zu nutzen, wie Japan Korea und Formosa genutzt hat? Das heißt, könnte man nicht die niedrigen Löhne im Osten dazu nutzen, um dort eine Art verlängerter Werkbank für die Produkte zu haben, die hier produziert werden? Dann brauchte man doch nicht auf Asien zu warten, um mit der dort sich neu entwickelnden Welt zu handeln, sondern man könnte praktisch das Einzugsgebiet für den Arbeitsmarkt hier erweitern.

Pirie: Dem stimme ich absolut zu. Die Entwicklungsländer befürchten eben, daß die westlichen Investoren sich zuerst den neu befreiten Ländern in Mittel- und Osteuropa zuwenden, die insgesamt eine bessere Infrastruktur, ein besseres Bildungsniveau und besser ausgebildete Arbeitskräfte aufzuweisen haben. Sie befürchten, daß das sie in ihrer wirtschaftlichen Entwicklung um Jahre zurückwirft. — Sie könnten also durchaus recht haben.

C. Weiss: Stimmt eigentlich der Grundsatz noch, daß Marktwirtschaft nur unter freien politischen, demokratischen und rechtsstaatlichen Umständen zustande kommt? Wir haben doch im pazifischen Raum vier oder fünf Modelle — ein Singapur-Modell, ein Hongkong-Modell, ein Peking-Modell und bis vor kurzem ein Taiwan-Modell — auf der Grundlage von Diktaturen unterschiedlichen Grades, und zwar mit erheblichen marktwirtschaftlichen Erfolgen. Was folgt daraus?

Pirie: Meine Sicht von den Modellen ist: Das eine ist die freie Gesellschaft mit dem freien Unternehmertum, und das andere ist das autoritäre Modell mit dem freien Unternehmertum. Beides scheint bis zu gewissen Grenzen zu funktionieren. Ich glaube jedoch nicht, daß man eine zentrale Planwirtschaft und eine freie Gesellschaft miteinander kombinieren kann. Beide asiatischen Modelle haben offensichtlich auch Erfolge gebracht. Man muß die Dinge aber auch langfristig sehen. Ich bin, wenn Sie so wollen, Schüler von Adam Smith und muß daran glauben, daß die freie Gesellschaft mit der freien Wirtschaft langfristig Vorteile bietet. Aber kurzfristig gesehen, funktioniert so ein Modell bei der Modernisierung einer primitiven Volkswirtschaft offensichtlich auch.

C. Weiss: Oder könnte man vereinfachend sagen, daß die Chinesen vielleicht anders sind?

Pirie: Mit den Chinesen ist das so ein Problem. Wenn die Leute die wirtschaftlichen Freiheiten und die wirtschaftlichen Entscheidungsbefugnisse bekommen, werden sie, wie das jede Gesellschaft in Europa in der Vergangenheit auch gemacht hat, auch ein gewisses Maß an persönlicher und politischer Freiheit verlangen. Es gibt nicht so etwas wie eine Gesellschaft, die wirtschaftlich absolut frei und politisch unfrei ist. Die Chinesen selber wissen das auch. Sie hoffen nur, daß ausreichend Zeit bleibt, so daß die eine Veränderung die andere dauerhafter macht und erfolgreich werden läßt.

Bischoff: Ich möchte gerne Ihren Optimismus teilen, daß die Marktkräfte ohne Eingreifen funktionieren. Wenn wir uns aber bestimmte Bereiche ansehen – etwa die Hochtechnologie –, dann drängt sich doch der Eindruck auf, daß Europa im Vergleich mit Japan und den Vereinigten Staaten weit zurückhängt. Wenn ich mir das Stadium ansehe, in dem sich die Programme für moderne Technik und für die Stützung moderner Technik auf europäischer Ebene befinden, dann reicht es nicht aus, einfach abzuwarten, was die Marktkräfte im Laufe der Zeit erreichen. Ich glaube, wir brauchen in Europa eine politische Initiative, um ein besseres Programm in Gang zu bekommen.

Pirie: Die Märkte machen sicherlich Fehler, aber die Regierungen machen häufiger Fehler. Ich sage das auf Grund der bitteren Erfahrung meines Landes, dessen Regierung immer weniger erfolgreich gewesen ist. Die Politik hieß: Picking winners, also Aussuchen von Gewinnern. Die Idee war, daß die Regierung sich ausgucken würde, welche Techniken die Industrien der Zukunft sein könnten. Dadurch, daß sie ausreichende nationale Mittel dort hineinsteckte, wollte sie sicherstellen, daß Großbritannien einer der großen Spieler der Zukunft sein würde. »Picking losers« ist der Titel eines Buches, in dem über die kurze Zeit dieser Politik berichtet wird.

Ich fliege gern mit der Concorde, und ich bin den britischen und französischen Steuerzahlern sehr dankbar, daß sie diesen Luxustrip möglich machen. Es gibt überhaupt keinen Zweifel daran, daß dieses Flugzeug niemals durch Privatkapital hätte finanziert werden können.

Man kann sagen, daß man diese Dinge nicht dem Markt überlassen kann. Aber ich möchte mit einer anderen Frage reagieren: Kann man es denn der Regierung anvertrauen, das zu tun? Wenn ich mir die Geschichte meiner Regierung ansehe, dann ist das Ergebnis absolut negativ.

Kopper: Wenn wir über den Kanal sehen, dann erscheint uns vom Kontinent aus die Situation dort so zu sein, daß es dort mehr Flexibilität beim Zustandekommen der Lohnvereinbarungen und überhaupt bei den Beziehungen zwischen Arbeitnehmern und Arbeitgebern gibt. In Großbritannien und auch in den Vereinigten Staaten hört man immer wieder von Mindestlöhnen. Kann man annehmen, daß diese zusätzliche Flexibilität etwas mit der Handtasche zu tun hat, die ihr Land eine Zeitlang regiert hat, und gibt es jetzt möglicherweise eine Entwicklung in die umgekehrte Richtung, so daß das Pendel wieder zurückschwingt, weil Labour eine wichtige Rolle übernimmt – vielleicht nicht politisch gesehen – und zumindest die Gewerkschaften einen größeren Einfluß bekommen?

Pirie: Ich glaube das nicht. Die Gewerkschaften befinden sich langfristig im Niedergang. Sie haben in den letzten zwei, drei Jahren deutlich Mitglieder verloren, genauso wie zu Zeiten der Regierung der Handtasche.

Bei uns gibt es keine Mindestlöhne. In den Vereinigten Staaten wird das öfter diskutiert, da gibt es nämlich so einen Mindestlohn. In Großbritannien ist die Vorstellung immer noch: Wenn wir einen Mindestlohn einführen, dann bringen wir die Leute an der unteren Grenze der Einkommensskala um ihren Arbeitsplatz. Die Theorie ist aber, daß viele Leute an der unteren Grenze damit ihre Chance in ganz niedrig bezahlten Berufen bekommen können. Dadurch, daß sie sich an die Arbeitsdisziplin gewöhnen, erwerben sie auch bessere Fertigkeiten und können sich langsam hocharbeiten.

von der Heydt: Herr Pirie, Sie haben den rationalen Ansatz erklärt: Freiheit der Verantwortung, Wahlfreiheit. Es gibt unterschiedliche politische Ansätze, unterschiedliche politische Kulturen. Der angelsächsische Ansatz ist anders als der kontinentaleuropäische. Der chinesische wiederum unterscheidet sich von den beiden. Was sind die kulturellen Grenzen für diesen rationalen Ansatz?

Pirie: Darauf könnte man jetzt vier Jahre akademische Forschung verwenden, um anschließend fünf Bände darüber zu schreiben. Wenn wir uns in eine Welt der offenen Grenzen und des offenen Handels hineinbewegen, dann wird es sowohl eine Konkurrenz der Systeme als auch eine Konkurrenz der Waren und Dienstleistungen geben. Wir werden feststellen können, welches System ganz allgemein gesprochen Waren und Dienstleistungen mit derjenigen Qualität und Fortschrittlichkeit erstellen kann, daß diese tatsächlich auch ihren Absatz finden. Meiner Meinung nach gibt es sehr viel, was für die angelsächsische Tradition spricht.

Miegel: Ich möchte auf die Vorteile der Teilzeitbeschäftigung im Hinblick auf Konkurrenzfähigkeit und Flexibilität zu sprechen kommen. Soweit ich weiß, sind Teilzeitbeschäftigungen in Deutschland im wesentlichen im Dienstleistungsbereich eingeführt worden. Im Finanzdienstleistungsbereich haben wir möglicherweise 10 bis 14 Prozent Teilzeittätigkeit. Ich sehe den Prozeß in die Richtung gehen, daß die Technik die Teilzeitbeschäftigung im Dienstleistungssektor übernimmt. Ich stelle mir die Frage, ob wir die Entwicklung so sehen können, daß die Technik auch die komplizierteren Aufgaben übernimmt. Vor dem Hintergrund der Situation Ihres Landes möchte ich Sie fragen: Erwarten Sie angesichts dessen, daß die eher routineorientierten Arbeiten einmal von der Technik übernommen werden, mehr Teilzeitbeschäftigung im Finanzdienstleistungsbereich?

Pirie: Die Sache bei der Teilzeitbeschäftigung ist die, daß sie sich mit einem der Haupttrends der modernen Wirtschaft vereinbaren läßt, nämlich mit dem System der Untervertragsnehmer. Man hat nicht mehr vertikal integrierte Unternehmen, sondern sämtliche Dienstleistungen werden auf verschiedenen Niveaus eingekauft. Dann sind auch Änderungen wesentlich schneller möglich. Man kann einen Untervertragsnehmer aufgeben und sich einen anderen suchen, der in diesem Bereich weiter fortgeschritten ist. Dieses Arbeiten auf Vertragsbasis läßt sich sehr gut mit Teilzeitbeschäftigung vereinbaren. Die Entwicklung wird also in diese Richtung gehen.

Miegel: Ist eine wichtige Ursache für unsere gegenwärtigen Beschäftigungsprobleme nicht darin zu sehen, daß wir in allen westlichen hochindustrialisierten Ländern die Beschäftigung, die Arbeit unwiderstehlich attraktiv gemacht haben? Wir sprechen immer wieder von Teilzeitarbeit. Im historischen Maßstab sind wir alle Teilzeitarbeiter. Vor 120 Jahren wurde 70, 75 Stunden in der Woche gearbeitet. Aus ihrer Perspektive würden diese Menschen heute sagen: Was wollt ihr überhaupt, ihr habt doch Teilzeitarbeit. Bei dieser Teilzeitarbeit haben wir aber eine Kaufkraft, die achtmal so hoch wie die der Menschen ist, die 70 Stunden in der Woche gearbeitet haben. Im historischen Maßstab verdienen wir nicht nur ungeheuer viel – und zwar alle, auch die Ungelernten –, sondern an jedem Arbeitsplatz hängt auch noch eine Fülle von zusätzlichen Dingen: Alterssicherung, Krankenversicherung und viele andere Sozialleistungen, die es de facto ermöglichen, daß wir, wenn wir einmal an diese Arbeitsstruktur, an dieses Arbeitssystem Anschluß gefunden haben, lebenslang versorgt werden. Wir sind hervorragend lebenslang versorgt. Deutschland war das erste Land, in dem es eine Alterssicherung gab. Sie war so bemessen, daß der alte Mensch 20 Prozent seines Arbeitseinkommens erhalten sollte. Bismarck hat ausdrücklich gesagt, die Versorgung der Menschen im Alter sollte zu einer warmen Mahlzeit am Tag ausreichen.

Ich meine also, die Arbeit ist heute unwiderstehlich attraktiv, was sich im übrigen auch an der Nachfrage zeigt. Wir hatten im Jahre 1900, wir hatten im Jahre 1850 und wir hatten im

Jahre 1800 niedrigere Beschäftigtenquoten als heute. Man kann sich nur wundern, daß wir ständig davon reden, wie viele Menschen ihre Arbeitsplätze verlieren. Wir reden kaum davon – es ist heute früh durch Herrn Franz angesprochen worden –, daß wir de facto in den Vereinigten Staaten, in Japan, aber auch in der Europäischen Union einen permanenten Anstieg der Zahl der Erwerbstätigen haben, und zwar von Erwerbstätigen, die, wie gesagt, in Arbeitsplätzen de Luxe beschäftigt sind.

Richard Layard

Vermeidung von Langzeit-Arbeitslosigkeit

Im Februar dieses Jahres veröffentlichte das Wirtschaftsmagazin »Economist« einen Leitartikel mit folgender Schlagzeile: »Die Lehre aus den Arbeitsmarktkonflikten in Deutschland: keine zentralen Lohnverhandlungen mehr!« Hier haben wir ein typisches Beispiel für den von Großbritannien angeführten Kampf um Flexibilität auf dem Arbeitsmarkt als *der* Lösung für die Arbeitslosigkeit in Europa.

I. Wieviel Flexibilität?

Würde mehr Flexibilität wirklich zu einer erheblichen Senkung der Arbeitslosenzahlen führen? Glücklicherweise können wir diese Hypothese am Beispiel Großbritanniens wissenschaftlich prüfen. Im Verlauf der 80er Jahre wurden umfangreiche Deregulierungsmaßnahmen auf dem dortigen Arbeitsmarkt durchgeführt. Dazu zählte die berechtigte Beschneidung von Privilegien der Gewerkschaften, die dann zu einer fast gänzlich dezentralen Festsetzung der Löhne und Gehälter auf Betriebsebene führte.

Was geschah mit der Arbeitslosigkeit? Es hat sich nichts geändert. Der im Jahre 1993 erreichte Höchststand entsprach genau der vor zehn Jahren ermittelten Arbeitslosenzahl. Dies sollten alle Europäer berücksichtigen und sich nicht durch die Tatsache verunsichern lassen, daß Großbritannien als erstes

Land in die derzeitige Rezession hineingelangt ist und auch als erstes wieder aus ihr hinausgeraten wird.

Die Wirkung der in Großbritannien im Kampf gegen die Arbeitslosigkeit durchgeführten Deregulierung war demnach gleich null. Wie läßt sich das erklären? Meiner Ansicht nach hat die Deregulierung eine Steigerung der Arbeitsleistung bewirkt, da Manager wieder in Kontrollfunktionen gebracht und ihre Befugnisse zur Entlassung von Arbeitnehmern erweitert worden sind. Diese Änderungen wirkten sich langfristig positiv auf die Beschäftigungssituation aus.

Gleichzeitig trat aber eine andere Änderung ein, die sich unter dem Strich negativ auf die Beschäftigungslage auswirkt. Dabei handelte es sich um einen gezielten Angriff gegen das Konsensprinzip und die Auffassung, eine Anhebung des durchschnittlichen Lohnniveaus läge im nationalen Interesse.

Die Regierung unter Margaret Thatcher hegte die Erwartung, daß sich die Beschäftigungslage durch eine dezentrale Festsetzung von Löhnen und Gehältern in zweierlei Hinsicht verbessern würde. Erstens ließen sich damit leichter Änderungen relativer Löhne und Gehälter vornehmen, was auch zutraf und von Nutzen war. Zweitens sollten alte Unternehmensstrukturen abgeschafft werden, die als beschäftigungsschädigend galten. Das zweite Argument erwies sich jedoch als vollkommen falsch. Es hat sich jetzt klar gezeigt, daß ein ausgewogener Konsens bzgl. des Lohnverhaltens der einzige Weg ist, um die Inflation einzudämmen, wenn man Massenarbeitslosigkeit nicht ins Kalkül ziehen will.

Trotz der zahlreichen Vorteile, die das Nordseeöl bietet, ist das Lohnverhalten in Großbritannien seit 1979 die reinste Katastrophe. Mrs. Thatcher schaffte in ihrem ersten Regierungsjahr die gesamten Rahmenbedingungen für Lohnverhandlungen auf Konsensbasis ab und zeigte sich überrascht, als die Löhne doppelt so stark wie im europäischen Durchschnitt stiegen. Diese Lohninflation wurde schließlich durch einen Anstieg der Arbeitslosigkeit auf 11 Prozent im Jahre 1983 unter Kontrolle gebracht (7 Prozent in Deutschland). Die Dezentralisierung der Lohnfestsetzung in Großbritannien hatte jedoch *keinerlei Auswirkungen* auf den Lohndruck. Innerhalb von elf Jahren ist es Margaret Thatcher nicht gelungen, die Reallohnkostenquote in bezug auf die Produktivität zu senken. Im Gegensatz dazu gelang es in Deutschland mit Hilfe der Konsensmethode, diese Quote in demselben Zeitraum um 5 Prozent zu senken.

Natürlich ist ein Mehr an Flexibilität eine gute Sache (einschließlich der meisten Empfehlungen des OECD-Berichts). Eine Abkehr von Lohnverhandlungen auf Konsensbasis hätte jedoch katastrophale Folgen. Diese Erfahrung hat auch Schweden machen müssen. Ende der 80er Jahre war die Wirtschaft hoffnungslos überhitzt, und die Inflationsrate sprang im Jahr 1990 auf 9 Prozent. Dank der Lohnverhandlungen auf Konsensbasis ließ sie sich jedoch auf 3 Prozent senken, während die Arbeitslosenzahl immer noch unter 3 Prozent lag. Die neue konservative Regierung schaffte dann die Konsensstruktur des Rehnberg-Ausschusses ab und stellte sehr bald fest, daß man die Inflation nur durch einen Anstieg der Arbeitslosenzahl auf 8 Prozent in den Griff bekommen konnte.

Ich hoffe ganz stark, daß Deutschland diesem Beispiel nicht folgen wird. Verhandlungen um einen Konsens sind immer außerordentlich mühevoll, stellen aber eines der beiden wichtigsten Mittel zur Erzielung einer niedrigen Arbeitslosenzahl in Europa dar.

II. Vermeidung von Langzeit-Arbeitslosigkeit

Der zweite Weg betrifft den Umgang mit der Arbeitslosigkeit[1]. In Europa haben wir fast dieselbe Anzahl von Personen, die unter einem Jahr arbeitslos sind, wie in den Vereinigten Staaten. Im Unterschied zu den USA gibt es bei uns jedoch fast ebenso viele Langzeit-Arbeitslose, die also seit mehr als zwölf Monaten ohne Beschäftigung sind. Dies stellt ein großes Problem dar, und die direkte Auseinandersetzung damit scheint mir noch die größte Chance zu bieten, bis zum Jahr 2000 die Arbeitslosenzahl den Forderungen der Europäischen Union entsprechend zu halbieren. Ich werde mich daher im folgenden auf diese Frage konzentrieren und elf Punkte vorstellen, die die Regierungen der europäischen Mitgliedsländer beachten sollten, wenn sie eine umfangreiche und dauerhafte Senkung der Arbeitslosenzahl ernsthaft anstreben.

1. *Langzeit-Arbeitslosigkeit ist Verschwendung*

In jeder Volkswirtschaft muß es eine gewisse Anzahl von Kurzzeit-Arbeitslosen geben, damit die Arbeitsplatz-Mobilität erhöht, der Lohndruck gesenkt werden kann und die Arbeitgeber Zugriff erhalten auf ein Arbeitnehmer-Potential, mit dem sich freie Positionen besetzen lassen. Langzeit-Arbeitslosigkeit dagegen erscheint weitgehend wirkungslos, da sie einen außerordentlich geringen Druck auf die Inflation ausübt.

Der Grund dafür liegt in der Tatsache, daß sich Arbeitgeber im allgemeinen nicht für Langzeit-Arbeitslose als potentielle Kandidaten für freie Stellen begeistern. Ob diese Haltung, die ja eine Demoralisierung und Herabsetzung der Qualifikation von Arbeitnehmern darstellt, gerechtfertigt ist oder nicht, ist hier nicht von Belang. Es steht fest, daß die Arbeitslosen in Europa eine immer geringere Chance haben, aus der Arbeitslosigkeit wieder herauszukommen, je länger sie arbeitslos sind.

Aus diesem Grund kann es durchaus vorkommen, daß Arbeitgeber einen Mangel an Arbeitnehmern haben, obwohl es

Millionen von Langzeit-Arbeitslosen auf dem Markt gibt.[2] Daher ist es unmöglich, mit neuen arbeitsmarktpolitischen Maßnahmen die Arbeitslosenzahl ohne Inflationsrisiko in Europa auf unter 9 Prozent zu senken.

Eine gute Beschäftigungspolitik zeichnet sich durch die Fähigkeit aus, die Arten von Arbeitlosigkeit zu ermitteln, die sich abbauen lassen, ohne die Inflation erneut anzufachen. Als erstes wäre hier die Langzeit-Arbeitslosigkeit anzuführen, und ich appelliere an die europäischen Länder, sich mit diesem Problem, das ja eine massive steuerliche Belastung mit sich bringt, viel stärker als bisher auseinanderzusetzen und ihre Maßnahmen zur Bekämpfung der Arbeitslosigkeit nicht zu breit zu streuen, so daß am Ende u.U. nur wenig erreicht wird.

2. *Die Langzeit-Arbeitlosigkeit in Europa hängt davon ab, wie wir mit der Arbeitslosigkeit umgehen*

Allgemein ist bekannt, daß der Anteil der Langzeit-Arbeitslosen an der Gesamtzahl der Beschäftigten in der Europäischen Union viel höher als in den Vereinigten Staaten, Kanada, Japan, Schweden und Norwegen ist. Warum ist das so?

Der wichtigste Grund ist zweifellos der lange Zeitraum, über den hinweg Arbeitslosengeld gezahlt wird. In Ländern wie Japan, den USA, Kanada und Schweden laufen die Arbeitslosengeldzahlungen innerhalb eines Jahres aus, und es kommt sehr selten vor, daß eine Arbeitslosigkeit über ein Jahr hinaus andauert. Im Gegensatz dazu wird in den wirtschaftlich stärksten Ländern der Europäischen Union das Arbeitslosengeld für eine unbegrenzte oder relativ lange Zeit hinweg gezahlt. Die Anzahl der Langzeit-Arbeitslosen ist hoch.

Das ist natürlich eine einfache Korrelation. Wenn man jedoch den darin enthaltenen Multiplikationseffekt berücksichtigt, läßt sich deutlich erkennen, welche Auswirkung die Dauer der Arbeitslosengeldzahlungen auf die Langzeit-Arbeitslosenrate insgesamt hat.[3]

Interessanterweise zeigt Tabelle 1, daß die Anzahl der Kurzzeit-Arbeitslosen in den jeweiligen Ländern viel weniger voneinander abweicht als die Zahl der Langzeit-Arbeitslosen, da in einem Gesellschaftssystem, das über einen bestimmten Zeitraum hinweg Arbeitslosengeld zahlt, Kurzzeit-Arbeitslosigkeit nicht ganz zu vermeiden ist. Die Langzeit-Arbeitslosigkeit ist in den einzelnen Ländern jedoch sehr unterschiedlich hoch und hängt davon ab, wie dort mit der Arbeitslosigkeit umgegangen wird.

	Langzeit	Kurzzeit	Insgesamt
Australien	1,9	5,5	7,4
Belgien	8,0	3,0	11,1
Kanada	0,8	8,4	9,2
Dänemark	2,4	5,6	8,0
Finnland	0,7	4,1	4,8
Frankreich	3,9	5,0	9,0
Deutschland	3,0	3,6	6,7
Griechenland	2,9	3,6	6,6
Irland	8,1	6,1	14,2
Italien	6,4	3,4	9,9
Japan	0,4	2,0	2,4
Niederlande	4,7	5,0	9,7
Neuseeland	0,4	4,1	4,5
Norwegen	0,2	2,5	2,7
Portugal	2,5	4,7	7,3
Spanien	10,1	7,4	17,5
Schweden	0,2	2,2	2,4
Verein, Königreich	4,2	5,2	9,5
Vereinigte Staaten	0,6	6,5	7,1

(Quellen: OECD, Employment Outlook & OECD, Labour Force Survey)

Tabelle 1: Kurz- und Langzeit-Arbeitslosigkeit in Prozent der Arbeitnehmer (Durchschnitt der 80er Jahre)

Es überrascht nicht, daß die Zahlung von Arbeitslosengeld einen starken Einfluß auf die Arbeitslosenzahl hat. Arbeitslosengelder fördern das Nichtstun, und es dürfte uns nicht überraschen, wenn sie es sogar noch verstärken. Im Prinzip dient Arbeitslosengeld natürlich dem Schutz der Betroffenen vor Notlagen, und außerdem soll deren Arbeitswilligkeit geprüft werden. Es ist jedoch unmöglich, in der Praxis solch eine Prüfung durchzuführen, wenn keine Arbeit angeboten wird. Die Arbeitslosen sehen daher im Anschluß an eine entmutigende Zeit der Suche nach einem Arbeitsplatz die Arbeitslosigkeit oft als neuen Lebensabschnitt an.

3. *Wir wollen keine Unterschicht in Europa schaffen*

Was sollten wir also tun? Eine Möglichkeit wäre die Verkürzung des Zeitraums, in dem Arbeitslosengeld gezahlt wird, auf rund ein Jahr, ohne daß eine Alternative angeboten wird. Dies wäre eine Lösung nach amerikanischem Stil. Wir wissen jedoch, daß dies nur deshalb zu einer Mehrbeschäftigung führt, da die vom Arbeitsmarkt Vertriebenen bereit sind, zu immer niedrigeren Gehältern zu arbeiten.

Eine bessere Methode bestände darin, die Einstellungsfähigkeit dieser Menschen zu erhöhen, so daß höhere Gehälter gerechtfertigt wären. Damit komme ich zum wesentlichen Punkt meiner Ausführungen.

4. *Mittel gegen Langzeit-Arbeitslosigkeit: keine Förderung des Nichtstuns, sondern der Arbeit*

Nach einem Zeitraum von zwölf Monaten sollte der Staat niemanden mehr für sein Nichtstun bezahlen, sich jedoch verpflichten, dem Arbeitslosen zumindest für sechs Monate eine Tätigkeit anzubieten.[4]

Auf diesem Wege würden die Betroffenen erkennen, daß sie eine der ihnen angebotenen geeigneten Arbeitsstellen akzeptieren müssen, wenn sie Geld verdienen möchten. Diese Beschäftigungsangebote wären staatlich garantiert, und der Arbeitgeber erhielte über einen Zeitraum von sechs Monaten hinweg das Arbeitslosengeld, auf das der Arbeitslose sonst Anspruch hätte.

Dieses Vorgehen bietet außerordentliche Vorteile:

(1) Nach zwölf Monaten Arbeitslosigkeit würde der Staatshaushalt von jeglicher Verantwortung für diejenigen, die bereits eine Arbeit haben, entlastet. Es ist sehr schwer, Mißbrauch zu vermeiden, ohne Vollzeit-Arbeit anbieten zu können.[5]

(2) Zwischen dem zwölften und achtzehnten Monat der Arbeitslosigkeit wären diese Menschen produktiv tätig und nicht zum Nichtstun verurteilt. Ihre Leistungsmenge würde von der Art der ihnen angebotenen Arbeit abhängen.

(3) Die eigentliche Wirkung dieses Vorgehens würde sich erst nach dem achtzehnten Monat zeigen. Sofern es sich dabei um eine Arbeitstätigkeit bei Betrieben mit fest angestellten Mitarbeitern handelt, hätten die Arbeitslosen somit wieder in das Arbeitsleben zurückgefunden sowie die Fähigkeit erworben, ihre Leistung unter Beweis zu stellen. Sie hätten einen Arbeitgeber, der ihnen ein Zeugnis ausstellen oder — was noch besser wäre — sie fest übernehmen könnte. Das Hauptkriterium für diesen Vorschlag liegt nicht in der Tatsache, daß Arbeitslose auf Subven-

tionsbasis eingestellt, sondern daß sie damit in die Arbeitswelt zurückgeführt werden. Damit würde in das »Humankapital« Europas investiert.

5. *Zeitlich befristete Arbeitseinsätze sollten bei Betrieben mit fest angestellten Mitarbeitern erfolgen*

Obiges stellt das Hauptziel dieser Methode dar. In der Vergangenheit sind Arbeitsplatzbeschaffungsmaßnahmen oft gescheitert, weil Arbeitsplätze rar waren und Einstellungschancen nicht verbessert wurden. Die Arbeitsplatz-Subvention sollte daher jedem Arbeitgeber (unabhängig davon, ob es sich um Privatunternehmen oder staatliche Stellen handelt) gezahlt werden. Des weiteren sollten auch Beschränkungen der jeweils zu erledigenden Arbeiten so weit wie möglich abgebaut werden. Natürlich dürfte es keinem Arbeitgeber gestattet sein, Mitarbeiter für subventionierte Arbeitsplätze einzustellen und gleichzeitig feste Angestellte zu entlassen. Es sollten jedoch keine Einstellungsbedingungen im Stile des ehemaligen Community Programmes Großbritanniens herrschen, denen zufolge es sich bei der jeweiligen Arbeit um eine Tätigkeit handeln muß, die normalerweise in den nächsten zwei Jahren nicht in Angriff genommen würde. Eine solche Forderung führt unweigerlich zu Ineffizienz.

Der Grund dafür, daß Arbeitsplatzbeschaffungsmaßnahmen oft diese höchst nachteiligen Einschränkungen mit sich brachten, ist die Angst vor dem Ersetztwerden und vor der Versetzung. Diese Angst ist verständlich, aber hier vollkommen ungerechtfertigt.

Ursache der Ablehnung aktiver Arbeitsmarkt-Maßnahmen ist oft die Angst vor Versetzung und Ersatz durch andere Arbeitnehmer. Im Extremfall liegt diesen Ängsten die Vorstellung von einer »lump-of-labour fallacy« zugrunde: Da nur eine begrenzte Anzahl von Arbeitsplätzen vorhanden ist, drängt Herr X, wenn er einen dieser Arbeitsplätze erhält, eine andere Person in die Arbeitslosigkeit ab. Wäre dies wirklich immer der Fall, könnten wir unsere Diskussion an dieser Stelle beenden.

Anhand dieses Beispiels läßt sich jedoch sehr leicht ersehen, wie schnell falsche Vorstellungen entstehen können. Oberflächlich betrachtet, ist das o. g. Beispiel natürlich richtig. Wenn ein Arbeitgeber eine Stelle zu besetzen hat und Herr X (und nicht Herr Y) dank einer Arbeitsplatz-Subvention die Stelle erhält, bleibt Herr Y vorübergehend arbeitslos. Definitionsgemäß ist Herr Y eigentlich einstellbar. Wenn er diesen Arbeitsplatz nicht erhält, wird er sich um andere Stellen bewerben. Die Arbeitgeber werden dann feststellen, daß es noch mehr Bewerber auf dem Markt gibt und sie damit leicht ihre freien Stellen besetzen können. Dadurch erhöht sich der Druck auf die Gehälter und ermöglicht einen höheren Beschäftigungsstand bei gleichzeitig unverändertem Inflationsdruck.

Im Durchschnitt einer Periode hängt die Anzahl der Arbeitslosen von dem Arbeitslosenstand ab, mit dem die Inflationsrate stabil gehalten werden kann. Aktive arbeitsmarktpolitische Maßnahmen führen zu einer Zunahme der einstellbaren Arbeitnehmer und senken daher die für die Inflationseindämmung erforderliche Zahl der Arbeitslosen. Desgleichen kann ein Staat mit einem bestimmten Inflations- bzw. Wechselkurs-Ziel kurzfristig ein stärkeres Wirtschaftswachstum zulassen, wenn er feststellt, daß der Inflationsdruck viel geringer als erwartet ist. Vielen fällt es schwer zu glauben, daß sich die Anzahl der Arbeitsplätze bei gleichbleibendem Inflationsdruck im Verhältnis zu den am Arbeitsmarkt zur Verfügung stehenden Personen automatisch erhöht. Daher sollen noch einige weitere Beispiele angeführt werden.

7. *Ein Mehr an Bewerbern am Arbeitsmarkt führt zu einem größeren Angebot an freien Stellen*

Man ist leicht geneigt zu vermuten, daß die USA und Japan über ein Wundermittel zur Beschaffung von Arbeitsplätzen verfügen. In Wirklichkeit hat aber die Anzahl der Arbeitsplätze dort viel schneller als bei uns zugenommen, weil das Angebot an Arbeitskräften und Arbeitssuchenden durch Geburten, Todesfälle und Migration schneller gewachsen ist. In Europa hat sich das Arbeitskräftepotential viel langsamer erhöht. Dies ist auch der Hauptgrund dafür, daß die Beschäftigung langsamer zugenommen hat.[6]

8. *Der gesellschaftliche Nutzen wäre enorm hoch*

Ich möchte nunmehr die Wirkung des o. g. Projekts und seine sozialen Folgen zusammenfassen. Formal betrachtet würde die Langzeit-Arbeitslosigkeit damit abgeschafft. Dies wäre jedoch übertrieben, da jemand, der nach 18 Monaten (nach Ablauf der vorübergehenden Beschäftigung) wieder arbeitslos wird, nicht wirklich als Kurzzeit-Arbeitsloser zu betrachten ist, auch wenn er statistisch so klassifiziert würde. Ich möchte deshalb die Auswirkungen auf eine Gruppe von Personen, die arbeitslos werden, untersuchen:

(1) *Arbeitslosigkeit bis zu zwölf Monaten*
Leute, die nicht gerne eine Arbeit im Rahmen des staatlichen Beschäftigungsplans annehmen würden, können sich eine andere Tätigkeit suchen. Andere zögern mit der Annahme einer Tätigkeit, weil ihr potentieller Arbeitgeber noch auf die Subvention wartet. Sicherlich können wir mit Recht annehmen, daß sich die Folgen gegeneinander aufheben. Viel wichtiger wäre es, darauf zu hoffen, daß ein vollkommen neues Arbeitsklima entsteht, in dem weder der einzelne noch die Arbeitsvermittlung sich mit der Vorstellung zufriedengeben, daß man sozial so weit sinken sollte, daß man sich mit zeitlich befristeter Arbeit als alleiniger Einkommensquelle zufriedengeben muß. In den 80er Jahren waren in Schweden 3 Prozent der arbeitsfähigen Bevölkerung 14 Monate und länger ohne Arbeit (d. h. bis zum Auslaufen der Zahlung des Arbeitslosengeldes); in Großbritannien lag die entsprechende Zahl fünfmal so hoch.

(2) *Arbeitslosigkeit zwischen 12 und 18 Monaten*
Alle Personen sind angestellt.

(3) *Nach 18 Monaten*
Im Hinblick auf die Beschäftigungsmöglichkeit der betreffenden Personen dürfte der Anteil der Beschäftigten sehr viel höher liegen.

Daher kann davon ausgegangen werden, daß die Arbeitslosigkeit etwa um denselben Umfang zurückgeht wie die Anzahl der Langzeit-Arbeitslosen und daß dies zu einem erheblichen Anstieg der Produktion führt. Wenn man davon ausgeht, daß die durchschnittliche Arbeitslosenzahl auf 5 Prozent gegenüber z. B. 9 Prozent sinkt, wäre das Produktionsergebnis zumindest um 2 Prozent höher.

Dies ist der *gesellschaftliche Gewinn* (abgesehen von der Hebung des psychischen Wohlbefindens der betroffenen Personen). Wie hoch sind die *gesellschaftlichen Kosten*? Sehr gering.

Die Arbeitsvermittlungsstellen werden mehr Verwaltungspersonal benötigen, aber dies ist dann im Vergleich mit dem Gewinn nur ein geringer Kostenfaktor.[7] (Ein EU-Mitgliedsland investiert i.d.R. lediglich 0,1 % des Bruttosozialprodukts in die Arbeitsvermittlung.)

9. *So lassen sich Steuergelder sparen*

Das Endergebnis sieht auch günstig aus, wenn wir allein die damit für den Staatshaushalt verbundenen Vorteile einerseits und Kosten andererseits betrachten.

(1) Nach zwölf Monaten werden diejenigen, die sich inzwischen auf unlautere Weise Arbeit verschafft haben, vom Steuerzahler nicht mehr unterstützt.

(2) Zwischen dem zwölften und achtzehnten Monat zahlen die Steuerzahler weiterhin Arbeitslosengeld, aber es wird zunächst nur dem Arbeitgeber und nicht dem Arbeitnehmer gezahlt. Jeder Arbeitgeber, der jemanden einstellt, der zwischen zwölf und achtzehn Monaten arbeitslos war, wird natürlich die Arbeitsplatzsubvention fordern. Es gäbe daher in dieser Hinsicht eine gewisse Belastung, d. h. es entständen Sonderausgaben.

(3) Nach dem achtzehnten Monat werden die Einsparungen an Arbeitslosengeldern und die zusätzlichen Steuereinnahmen beachtlich sein. Insgesamt ließen sich daher für den Staat Einsparungen erzielen, die über den zusätzlichen Kosten für die Arbeitsvermittlung liegen würden.

10. *Vorbeugen ist besser als heilen*

Warum erscheint diese Analyse viel kosteneffektiver als die derzeitig verfolgte aktive Arbeitsmarktpolitik? Sie ist in ihrer Wirkungsweise viel drastischer. *Arbeitsplatzsubventionen, die nicht mit der Verpflichtung zur Annahme eines Arbeitsplatzangebots verbunden sind, können schnell ineffektiv werden.* Wir benötigen eine neue Struktur.

In diesem Zusammenhang möchte ich darauf hinweisen, daß ich nicht dafür plädiere, Sondermaßnahmen für die derzeitigen Langzeit-Arbeitslosen zu ergreifen. Das ist von Fall zu Fall zu entscheiden. Es ist schwer und nicht ohne Risiko, Menschen, die bereits längere Zeit arbeitslos waren, zu helfen. Deshalb sollten wir Langzeit-Arbeitslosigkeit *verhindern* und es den derzeitigen Langzeit-Arbeitslosen ermöglichen, im Rahmen der bestehenden Programme die für sie geeignete Lösung selbst zu finden.

11. *Wir benötigen einen Stufenplan*

Eine solche Reform läßt sich nicht über Nacht einführen. Der einfachste Weg bestände in einer phasenweisen Einführung je nach Alter der betreffenden Personen, wobei mit der Gruppe der unter 25jährigen, die die Zwölfmonatsgrenze erreichen, begonnen werden sollte. Ende des Jahrhunderts könnte sie dann auf alle Altersgruppen ausgedehnt werden, die die Zwölfmonatsgrenze erreicht haben.

Nur die Politiker können über die Abschaffung des bestehenden Systems, das sich beinahe verselbständigt hat, entscheiden. Heutzutage würde niemand ein System wie das bestehende so konzipieren. Um dies zu ändern, sind jedoch Mut und Engagement erforderlich. Eines ist jedoch sicher: Wenn wir nichts unternehmen, werden wir im Jahr 2000 so weit von Herrn Flynns Ziel entfernt sein wie heute.

Anmerkungen

1 Die hier beschriebene Analyse basiert auf den Forschungen von R. Layard, S. Nickell und R. Jackman, The Unemployment Crisis, Oxford University Press, 1994.

2 Aufgrund der Zunahme der Langzeit-Arbeitslosigkeit ist die Gesamtzahl der Nichtbeschäftigten derzeit viel höher, als dies bisher bei beliebiger Anzahl freier Stellen üblich war.

3 Layard, Nickell and Jackman, *The Unemployment Crisis*, OUP (1994).

4 Zum Beispiel hat in Schweden jeder, dem es nicht gelingt, innerhalb dieser Frist eine reguläre Arbeit zu finden, das Recht, nach sechs Monaten wieder Arbeitslosengeld zu beziehen:
Voraussetzung für die erneute Zahlung von Arbeitlosengeld ist, daß zumindest 15 Wochen im Verlauf der vergangenen letzten 52 Wochen gearbeitet wurde.

5 In Schweden haben zwei Drittel derjenigen, die Anspruch auf befristete Arbeitstätigkeiten haben, weil ihre Arbeitslosenzahlungen abgelaufen sind, ihr Recht auf subventionierte Arbeit nicht ausgeübt.

6 Die Aufnahme von mehr Arbeitskräften am Arbeitsmarkt erfordert eine Korrektur der Reallöhne nach unten. In den meisten Ländern können die Reallöhne jedoch recht schnell angepaßt werden.

7 Ich persönlich ziehe eine bessere Ausbildung vor; in meinem Vortrag aber konzentriere ich mich in erster Linie auf ein praktisch kostenfreies Modell.

Herbert Giersch

Die Industrie und das Beschäftigungssystem im weltweiten Strukturwandel

1. Wo immer die Wirtschaft wächst, erlebt sie einen Strukturwandel; und sie erfährt das stärkste Wachstum und den schnellsten Strukturwandel, wo sie in die wachsende Weltwirtschaft eingegliedert ist. Es gibt also einen wachstumsbedingten und einen weltwirtschaftlich bedingten Strukturwandel. Was dazu angetan ist, diesen Wandel zurückzustauen, statt ihn zu bewältigen, bringt Wachstumsverluste. Dies ist die These, die ich, zusammen mit einigen Konsequenzen für die Industrie und das Beschäftigungssystem, erläutern und begründen möchte. Ich spreche zunächst über den wachstumsbedingten Strukturwandel.

I. Der wachstumsbedingte Strukturwandel

2. Dieser ergibt sich aus dem Wandel der Angebotsbedingungen im Prozeß der Innovationen und aus dem Wandel der Nachfragestruktur im Zuge des Anstiegs unserer Einkommen. Betrachten wir zunächst nur die Nachfrageseite. Arme Leute können gerade ihre Grundbedürfnisse decken: Sie verausgaben fast alles, was sie verdienen, für Nahrung und Kleidung, für Wohnung und Heizung. Reiche Leute wollen alles dies — und vieles mehr noch — in verfeinerter Form: besser essen, schöner wohnen, angenehmer reisen, in Gesellschaft mit anderen besser aussehen und besser angesehen sein. Reiche geben zudem viel mehr aus, um länger und gesünder zu leben

und sich gegen die Risiken des Lebens abzusichern. Jeder, der von unten nach oben strebt oder auch nur im Einkommenswachstum mithält, spürt dies am eigenen Leibe und im eigenen Kopf.

3. Vereinfacht kann man sagen: Die Nachfragestruktur wechselt ihren Schwerpunkt — von der Agrikultur zur Kultur, von den Füßen auf dem Boden zum Kopf auf den Schultern, dorthin also, wo man hört und sieht, nachdenkt und redet. Der Körper, das Mittelstück zwischen Kopf und Fuß, entspricht der Industrie. Da geht es meist um Hardware, um die Erzeugung dauerhafter Güter. Der wachstumsbedingte Strukturwandel besteht darin, daß sich die Proportionen ändern — am Anfang zum Nachteil der Landwirtschaft und zugunsten der Industrie, später zum Nachteil der Industrie und zugunsten der modernen Dienstleistungen und der immateriellen Werte. Das Mittelstück zwischen Kopf und Fuß, das sich früher vergrößerte, wird nun im Vergleich zum Kopf immer kleiner.

4. Über ein Jahrhundert lang war das Wachstum, das wir in Westeuropa erlebt haben, von der Mechanisierung der Produktion abhängig, eingeleitet durch die industrielle Revolution in England vor 200 Jahren. Und viele Entwicklungsländer befinden sich nun — wie die alten Industrieländer noch vor Jahrzehnten — erfolgreich auf dem Pfade der Industrialisierung. Bei uns hier nahm — und dort nimmt — der Industriesektor absolut und relativ zu: in der Beschäftigung von Arbeitskräften, in der Struktur des Sozialprodukts. Glaubte man vorher bisweilen noch, nur die Landwirtschaft sei produktiv, während die Industrie Stoffe nur umwandle, so gehörte es danach zum Mythos der wirtschaftlichen Entwicklung, daß im wesentlichen nur die Industrie echten Wohlstand schaffe. Zumindest sei sie fortschrittlicher als die Landwirtschaft und mit ihren Produkten handfester als das Dienstleistungsgewerbe oder der Kulturbetrieb mit seinen immateriellen Werten. Kohle und Erz, Eisen und Stahl, Schienen und Maschinen galten als Symbole der Wirtschaftskraft eines Landes. Außer den

Bauern und den Bergleuten genossen die Industriearbeiter und die Mitglieder der Industriegewerkschaften höchstes Ansehen in der Arbeitswelt.

5. Seit einigen Jahrzehnten indessen befinden sich die Populationen der reichen Länder auf dem Marsch in die moderne Dienstleistungsgesellschaft. Auf die Sättigung der materiellen Bedürfnisse folgte die Hinwendung zu immateriellen Anliegen, zu denen auch die autofreie Stadt, die saubere Luft und die Bewahrung der uns überkommenen Natur und Umwelt gehören. Man kann sich dies alles leisten, und man begehrt es mit zunehmender Intensität. Die traditionelle Industrie gilt zwar nach wie vor als Anbieter von Arbeitsplätzen und als Basis der Wirtschaftskraft, nicht mehr jedoch als Motor des Fortschritts. Industriepolitik, die ursprünglich noch offensiv als Technologiepolitik verstanden wurde und auf neue Industrien zielte, erhält mehr und mehr den Charakter einer defensiven Erhaltungspolitik, vergleichbar dem Agrarprotektionismus, der seit dem Übergang zum Industriestaat praktiziert wird.

6. Es bestätigt sich dies alles auch als Gesetzmäßigkeit im internationalen Vergleich. Wenn man die Länder nach dem Pro-Kopf-Einkommen der Bevölkerung ordnet, also gleichsam der Größe nach antreten läßt, stellt man beim Abschreiten der Front fest, daß — angefangen bei den ärmsten Ländern — zunächst der Anteil der Landwirtschaft überwiegt. Mit zunehmendem Einkommen erhöht sich der Industrieanteil — bis zu einem bestimmten Punkt; er erhöht sich vor allem auf Kosten des Agraranteils, aber auch zu Lasten der traditionellen Dienstleistungen persönlicher Art. Oberhalb des kritischen Punktes zeichnet sich eine Tendenz zur Deindustrialisierung ab. Je reifer und reicher die Wirtschaft, um so größer ist der Raum, den der tertiäre Sektor einnimmt, jetzt als der Bereich der Dienstleistungen modernen Zuschnitts. Nach wie vor gibt es Kunst und Kultur und Dienstleistungen handwerklicher Art, hier und da auch noch den Bediensteten im tradi-

tionellen Sinne; aber was zunehmend an Bedeutung gewinnt, ist – statt der Hand mit ihrem Werkzeug – der Kopf mit dem Rechner. Waren Hammer und Sichel noch Kennzeichen der vorindustriellen Epoche und war das Zahnrad ein Symbol des Industriezeitalters, so ist die Datenverarbeitung das Charakteristikum der modernen Informationsgesellschaft mit ihrer Arbeitsleistung und mit ihrer Arbeitsteilung der Köpfe. Die historische Betrachtung und der internationale Querschnittsvergleich bestätigen sich somit gegenseitig im Geltungsbereich einer fundamentalen Gesetzmäßigkeit.

7. Das Gesetz, von dem hier die Rede ist, ist das der partiellen Sättigung. Wir können nichts über die Maßen tun: nicht unaufhörlich uns den Magen vollschlagen, nicht über den Durst trinken, nicht die Wohnung mit Mobiliar und Elektronik vollstopfen und nicht ständig im Auto umherfahren. An irgendeinem Punkt reicht es uns. Dann entsteht Überdruß. Auf dem Weg zum Sättigungspunkt schon gilt ein fundamentales Gesetz: das Gesetz vom abnehmenden Grenznutzen. Von Mal zu Mal macht die Sache weniger Spaß. Ausnahmen, die die Regel bestätigen, finden sich bei Menschen, die einer Sucht verfallen sind.

8. Zu Beginn des Zeitalters der Industrie hat man die traditionelle Landwirtschaft gerne romantisch verklärt. Symbol war der Bauer, der das Feld beackert. Die neue Industrie wurde zunächst verdammt. Galt die traditionelle Ausbeutung der Kinder durch die Arbeit auf dem Lande noch als gesund, zumindest als akzeptabel, so erschien die Kinderarbeit in der Fabrik als schädlich und schändlich. Mit der Industrie entstand zugleich das städtische Proletariat, auch bedingt durch die Landflucht und die Abnahme der Kindersterblichkeit.[1]

9. Heute, da wir vom industriebestimmten Wachstum Abschied nehmen und zusehen müssen, wie industrielle Arbeitsplätze absterben, fragen wir – auch wieder mit nostalgischem Unterton – ob denn der Industrie nicht – ähnlich wie der Landwirtschaft – für die Volkswirtschaft insgesamt eine

besondere Bedeutung zukomme. Dürfen wir ganze Industriekerne aufs Spiel setzen oder müssen wir sie durch gemeinsame Opfer erhalten? Gehen mit einem Industriearbeitsplatz nicht zugleich noch weitere Arbeitsplätze verloren, etwa im Handel und im tertiären Bereich und möglicherweise sogar noch in der Landwirtschaft? Ist der industrielle Kern nicht auch wichtig als Triebkraft der wirtschaftlichen Entwicklung in der betreffenden Region und vielleicht gar darüber hinaus? Was verdanken wir der Industrie an Sonderleistungen in der Vergangenheit; und was ginge verloren, sollte sich die Industrie bei uns (weiter) zurückbilden?[2]

10. Die Antwort ist ernüchternd:

(1) Die Industrie hat zwar im Zeitalter der Industrialisierung das Wachstum in den Industriestaaten, -regionen und -städten bestimmt, aber gewachsen ist die Wirtschaft allgemein durch Sparen und Investieren, Lehren und Lernen, Forschen und Anwenden neuen Wissens, also durch Aktivitäten, die nicht notwendig etwas mit der Verarbeitung von Rohstoffen und Materialien zu tun haben, also auch für die Modernisierung der Landwirtschaft und für den Sektor der modernen Dienstleistungen bedeutsam sind.

(2) Wenn es nicht die Materialverarbeitung ist, der wir die angebliche Wachstumskraft der Industrie verdanken, so liegt das Geheimnis vielleicht in der Mechanisierung; aber diese ist schon lange abgelöst worden durch die Automatisierung, deren Anwendungsbereich nichts mehr mit den spezifischen Eigenschaften der Industrie zu tun hat.

(3) Skalenerträge, bedingt durch Unteilbarkeiten von Kapitalgütern und Vorteile der Netzbildung (Economies of Scale and Scope), galten lange als Charakteristika einer besonderen Industrieproduktivität, aber solche Größenvorteile sind nicht unbegrenzt, müssen oft durch schwerwiegende Einbußen an Flexibilität erkauft werden und haben für die

Erzeugung und Verteilung von Dienstleistungen ebenso große Bedeutung wie für die Industrie.

(4) Wenn Industrie mit Qualm und Lärm assoziiert wird, so sind dies Hinweise auf externe Kosten der Industrialisierung, die uns in den alten Industrieländern künftig erspart bleiben werden – wie früher schon der Geruch von Pferdemist auf städtischen Straßen. Mit negativen Externalitäten ist der moderne Dienstleistungssektor eher sparsamer.

Fazit: Was den Begriff der Industrie als Aura umgibt, ist ein Mythos. Wäre die Industrie uns künftig so wertvoll, wie sie in der Vergangenheit war und wie sie für die Neuindustrialisierungsländer heute ist, so würde sie bei uns von selbst weiterhin gedeihen, ohne jede Industriepolitik.

11. Wir konnten den Strukturwandel hinreichend schon mit dem Blick auf den Wandel der Nachfragestruktur beschreiben. Die Angebotsseite blieb außer Betracht. Was das Angebot allgemein anlangt, so kommt als exogene Kraft nur der technische Fortschritt in Betracht. Aber er wird endogenisiert dadurch, daß technische Spielerei bleibt, was nicht Kosten einspart oder Konsumwerte schafft. Und ob mehr Kapital als Arbeit oder umgekehrt mehr Arbeit als Kapital eingespart wird, hängt davon ab, was sich rechnet. Mit überhöhten Löhnen zum Beispiel kann der Faktor Arbeit Roboter anlocken und die Automatisierung beschleunigen, auch zum eigenen Schaden; und mit inflatorisch gedrückten Realzinsen wird dieser Boomerang-Effekt stabilisiert. So entsteht technologische Arbeitslosigkeit. Mit einer solchen angebotsseitigen Erklärung der heutigen Arbeitslosigkeit konkurriert eine zweite Hypothese, die auf den weltwirtschaftlich bedingten Strukturwandel abstellt.

II. Die Industrie im weltwirtschaftlichen Strukturwandel

12. Gab es im 19. Jahrhundert – von England her kommend – die Industrialisierung des europäischen Festlandes und der »Neuen Welt«, so beobachten wir heute Zeichen der Deindustrialisierung – sowohl in den traditionellen Industriekernen Europas wie jenseits des Atlantik. Die erste Welt verliert Industrie im Zuge einer raschen Industrialisierung der sogenannten »Dritten Welt«. Triebkräfte waren und sind: die Wirksamkeit der Handelshilfe (»Trade, not Aid«) und die Handelsliberalisierung überhaupt; das Sinken der Transportkosten; die Kapitalmarktliberalisierung im Verein mit dem Sinken der Kommunikationskosten; sowie der Zusammenbruch von Planungsideologie und Sozialismus nahezu überall. Es vollzieht sich eine Globalisierung (des Kapitalismus) im Zeichen befreiter Märkte, die nicht mehr aufzuhalten ist. Die Industrie wird angelockt von kostengünstigeren Produktionsstandorten in Mittel- und Osteuropa, in Asien und Lateinamerika. Wir können auch sagen: Die komplementäre Arbeit, auf die die Industrie angewiesen ist, bietet sich anderswo ebenso an, nur vielfach kostengünstiger und – bezogen auf die Leistung – billiger als die Arbeitskraft hier. Die Industrie, die früher überwiegend rohstoff- und materialorientiert war, orientiert sich nunmehr weltweit zunehmend am Arbeitsmarkt. Das ist Standortwettbewerb. Es ist zugleich ein Aufholen der Nachzügler gegenüber den Vorreitern. Bis weit hinein ins nächste Jahrhundert bleibt dieses Nachahmen und Aufholen eine große Chance für Wachstum und Strukturwandel in jenen Ländern, die sich früher auf das Fordern von Entwicklungshilfe konzentrierten.

13. Das Nachahmen geschieht natürlich nicht sklavisch. Dazu sind die Aufholer zu findig, die neuen Optionen des technischen Fortschritts viel zu leicht zugänglich und als bahnbrechende Innovationen viel zu attraktiv. Das Rad

brauchte ja auch nicht überall neu erfunden zu werden; und der Mikroprozessor, den man kaufen kann, läßt sich überall in der Welt zu elektronischer Hardware verarbeiten.

14. Flinke und fleißige Hände gibt es überall. Und so wie Einwanderer und Gastarbeiter sich schnell in deutschen Fabriken zurechtfanden, können Automobile und Kühlschränke der Art, die hier noch vor wenigen Jahren zum neuesten Stand der Technik gehörten, heute ohne weiteres in vielen anderen Ländern hergestellt werden. Auch die industrielle Arbeit immobiler Inländer verliert im weltwirtschaftlichen Strukturwandel — zusammen mit der Industrie — ihre Monopolposition. Da bleibt als Vorteil nur noch dreierlei: (a) der Vorsprung, den der Schrittmacher durch die Flucht nach vorn zu wahren versucht, also die (temporäre) Innovationsrente, (b) die Prämie, die der Gestandene für Wertarbeit, Präzision und Zuverlässigkeit erzielen kann, und (c) die Nähe zum Geld jener wohlhabenden Leute, die bereit und in der Lage sind, sich das beste oder neueste etwas kosten zu lassen.

15. Gefährdet sind (demzufolge) in den alten Industrieländern die Arbeitsplätze vor allem in der traditionellen Industrie, sobald die Fertigerzeugnisse aufhören, einzigartig und begehrt zu sein. Mit Ladenhütern und mit Produkten für jedermann lassen sich die Einkommen, die für einfache Arbeit in den fortgeschrittenen Ländern verlangt werden, nicht mehr verdienen — künftig noch weniger als heute. Im Extremfall kann einfache Arbeit in Deutschland nicht höher entlohnt werden als in Tschechien, auf Dauer auch nicht höher als auf dem indischen Subkontinent. Die Aufholer können — und wollen und sollen natürlich — ihre Lohneinkommen steigern, aber die Vorreiter verlieren ihren Vorsprung. Den absoluten Gleichstand wird es in absehbarer Zeit nicht geben.

16. Die Tendenz zum Gleichstand begründet und beschreibt in präziser Form das Theorem vom »internationalen Faktorpreisausgleich durch Handel«. »Durch Handel« heißt, daß zum Einebnen der Lohn- und Einkommensunterschiede

schon der Handel genügt, also weder das Kapital von hier zur Arbeit nach dort noch die Arbeitskräfte von dort zum Kapital nach hier wandern müßten. Zu den extremen Bedingungen, unter denen allein schon der Handel das Nivellieren besorgen würde, gehört das Fehlen von Transportkosten. In der Wirklichkeit freilich wird es immer Kosten des Transports, der Kommunikation und der Abwicklung von Transaktionen geben. Insofern genießt einfache Arbeit für hervorragende Produkte immer noch einen geographischen Konkurrenzschutz.

17. Zu den Bedingungen, die den vollen Ausgleich der Faktorpreise (durch Handel) verhindern, gehört — außer den Lagerstätten für industrielle Rohstoffe — das Klima: das meteorologische wie das soziale. In der gemäßigten Klimazone zu leben, bringt viele Annehmlichkeiten. Und eine friedliche und fortschrittsfreundliche soziale Atmosphäre ist ökonomisch Gold wert, auch ein Staat, der als Administrator, Schutzmacht und Umverteiler schlank und rank ist und die Steuerbürger nicht unablässig schröpft. Hier gibt es viel zu verbessern, ist viel Spielraum für eine Wirtschaftspolitik, die zum Standortwettbewerb paßt. Der Standortwettbewerb ist ein Werben um jenes international mobile Kapital und Humankapital, das den Ansässigen — in der heimatlichen Atmosphäre — den Fortschritt verbürgt. Was in diesem Wettbewerb positiv bewirkt wird, kommt letztlich nicht so sehr den umworbenen Reichen zugute, die mobil und gleichsam in allen Ländern zu Hause sind, sondern den Anbietern einfacher Arbeit, die in reichen Ländern ihre Wurzeln haben und dort ihren Wohnsitz behalten wollen. Als Lieferanten und Dienstleister für die mobilen Reichen in der Nähe stehen sie sich in jedem Falle besser als ähnliche Anbieter anderswo: besser als die Armen in der Nähe der Armen.

18. Das Aufholen der Entwicklungsländer und ihre Eingliederung in die interindustrielle Arbeitsteilung ist für die deutsche Wirtschaft eine große Herausforderung. Die Unternehmen hierzulande haben drei Reaktionsmöglichkeiten:

(1) beschäftigungssteigernde Produktinnovationen — zunächst nur für die »Bessergestellten« und Fortschrittlichen unter den Nachfragern;
(2) arbeitssparende Prozeßinnovationen — zur Verteidigung der übrigbleibenden Arbeitsplätze für traditionelle Produkte;
(3) Standortinnovationen — als Standortverlagerung dorthin, wo sich die alten Produkte billiger herstellen lassen.

19. Eine echte Hilfe für die Anbieter einfacher Arbeit im Inlande sind nur die Produktinnovationen. Sie verlangen aber einfallsreiche Ingenieure und wagemutige Unternehmer. Die anderen beiden Formen der Anpassung sind defensiv und laufen auf einen Abbau von inländischen Arbeitsplätzen hinaus. Damit sie wirklich nur als letzte Möglichkeit ins Auge gefaßt werden, müssen die Arbeitnehmer, vor allem die Anbieter einfacher Arbeit, in ihren Lohnforderungen rechtzeitig auf Maßhalten umschalten. Dann bleibt den Unternehmen entsprechend mehr Spielraum für Gewinne, mit denen man Produktinnovationen finanzieren kann: Spielraum für Spielgeld im Kasino des Fortschritts.

20. Wenn es an solchem Spielgeld fehlt, weil der Lohndruck zu stark ist und man zum Schluß nur noch für den Sozialplan streikt — gleichsam in einer Endzeit-Stimmung — gibt es nur noch das Freisetzen von Arbeitskräften und den Export von Arbeitsplätzen in Länder, aus denen der weltweite Wettbewerbsdruck herrührt. Anfänglich mag man sich damit trösten, daß nur Teilprozesse abgegeben werden, die vorgelagert sind, und daß Vorerzeugnisse, die als Importe billiger sind, die Kosten für das Enderzeugnis senken. Aber dem Herstellen und Ausnutzen solcher vertikaler Komplementaritäten haftet das Odium der Ausbeutung an; es kann politisch böses Blut schaffen. Deshalb hilft es nur kurzfristig. Bald folgen die höheren den niedrigeren Fertigungsstufen auf dem Weg von den alten in die neuen Industrieländer. Denn die Schwellenländer

sind, wenn sie die Schwelle überschritten haben, nicht mehr aufzuhalten, ebenso wenig wie es die alten Industrieländer bis weit in die zweite Hälfte dieses Jahrhunderts hinein waren.

21. Auf den Fersen sollten wir uns die Aufholländer schon wünschen, und zwar deshalb, weil sie zugleich unsere Kunden sind und weil sie als reichere Kunden bessere Kunden zu werden versprechen – auch als Käufer der neuen Produkte, die wir morgen auf den Markt bringen möchten. Zu den neuen Gütern, die im Innovationswettbewerb Absatz finden sollen, gehören ja auch intelligente Investitionsgüter, die dort, wo sie eingesetzt werden, die Produktivität erhöhen und Spielraum für einen Anstieg des Lebensstandards schaffen.

22. Noch haben die deutschen Unternehmen bei diesen Investitionsgütern recht gute Wettbewerbschancen, bessere vielleicht als bei Konsumgütern, die – mit Ausnahme qualitativ überlegener Erzeugnisse wie z.B. deutschen Kraftfahrzeugen – anderswo vielfach besser und billiger hergestellt werden können. Und weil es die Investitionsgüter sind, die mit ihrer Produktivität den Lebensstandard der Bevölkerung ansteigen lassen, und zwar weltweit, haben wir am Wachstum der Weltwirtschaft, das vom Ausmaß der Investitionen abhängt, ein fundamentales Interesse. So dürfen wir hoffnungsfroh den kommenden Aufschwung der Weltkonjunktur ins Visier nehmen. Die Weltkonjunktur wird unserer Investitionsgüterindustrie erneut kräftig Auftrieb geben und viele Arbeitsplätze wieder sicherer machen; aber wir müssen dazu immer bessere Investitionsgüter auf den Markt bringen und für unsere neuen Investititonsgüter die richtigen Märkte aufspüren und erschließen.

III. Konsequenzen für das Beschäftigungssystem

23. Wenn wir dem Wettbewerbsdruck aus den Aufholländern nicht — mit technologischen Durchbrüchen — davoneilen, trifft die Arbeitnehmer hierzulande eine notwendige Konsequenz: Einfache Arbeit, die nicht in hochwertige Produkte eingeht, erleidet einen Wertverlust. Denn es zählt ja — außer dem Anstieg der physischen Produktivität, das heißt des Ausstoßes pro geleisteter Arbeitsstunde — noch der Wandel der Marktbedingungen, der Terms of Trade. Und diese verschlechtern sich, wenn es auf den Absatzmärkten eng wird, weil sich mehr und mehr Konkurrenten hereindrängen, Konkurrenten aus Ländern mit einem reichlichen und daher billigen Angebot an einfacher Arbeit. Den relativen Verlust ihrer Wettbewerbsposition können die Anbieter einfacher Arbeit in reichen Ländern beschäftigungsmäßig nur ausgleichen durch Lohnmäßigung — sonst werden sie arbeitslos. Auf der anderen Seite verschärft sich, wenn das Wachstum im Wettbewerb anhalten soll, die Knappheit an Unternehmern und Arbeitgebern, an produktiven Wissenschaftlern und Ingenieuren, also an hochqualifiziertem Personal auf den oberen Etagen der Produktionspyramide und der Einkommenshierarchie. Demzufolge muß sich die vertikale Skala der Einkommen spreizen — nach oben wie nach unten. Dies ist hierzulande das größte Problem.

24. Das Spreizen mit Lohneinbußen trifft vor allem solche Arbeitskräfte, die beruflich und räumlich immobil sind. Als Leidtragende des Strukturwandels haben sie das größte Interesse daran, daß der Prozeß verlangsamt wird. Sie kaufen dann — durch Lohnmäßigung — gleichsam Zeit, Zeit zum Anpassen. Zeit gewonnen wird übrigens auch dadurch, daß kompetente Institutionen rechtzeitig vor den Gefahren des Wandels warnen.[3]

25. Das Spreizen der vertikalen Einkommensskala wird als ungerecht empfunden. Dies ist so, weil man sich an die alten

Relationen, die nun nicht mehr stimmen, gewöhnt hat. Aber aus heutiger Sicht sind diese Relationen von früher Ausdruck von Knappheiten, die nicht mehr gegeben sind. Gern möchte man ja allen, die im Anpassungsprozeß Verluste hinnehmen müssen, einen Ausgleich gewähren, so als hätte sich an den Knappheitsverhältnissen nichts geändert. Doch wäre ein solches Ausgleichen über den Staat oder das System der Tariflöhne kontraproduktiv für die Zukunft. Denn warum sollte sich irgendwer aus eigenem Antrieb bemühen, Einkommenseinbußen durch Weiterbildung zu vermeiden, wenn er sicher sein kann, daß die anderen ihn schon entschädigen werden? Und warum sollte der Nachwuchs darauf bedacht sein, die richtigen Qualifikationen für die Zukunft zu erwerben und sich durch Bildung von Humankapital nach oben zu strampeln, wenn – im sozialen Ausgleich – alles auch mit Lässigkeit seinen Gang gehen kann? Der reale Sozialismus, der Gleichheit und Sicherheit versprach, ist in Europa im Starrkrampf zusammengebrochen, gewiß; aber um die sozialistische Mentalität in der sozialen Demokratie zu überwinden, scheint noch unglaublich viel an Überzeugungskraft und Geduld erforderlich zu sein.

26. Das Spreizen bedeutet Ungleichheit, gewiß; aber es sorgt durch den Lockruf von oben für Tempo und durch das Nachgeben der Löhne unten für Beschäftigungssicherheit, genauer: Sicherheit für die Beschäftigung derer, die sich verschlechterten Marktbedingungen (Terms of Trade) gegenübersehen. Sind die Lohnrelationen im Tarifsystem fixiert und starr, so gelingt das Spreizen nur, wenn die Effektivlöhne deutlich höher liegen können als die Tariflöhne, die ja Mindestlöhne sind. Also sollten die Tariflöhne ziemlich niedrig vereinbart werden. Sie sollten nur ein Sicherheitsnetz sein (Mindestlöhne, zu denen noch Arbeitsmöglichkeiten angeboten werden). Unter Umständen muß im Strukturwandel das Niveau der Tariflöhne real bisweilen sinken, zumindest temporär. Langfristig kann das Tariflohnniveau durchaus nachhal-

tig steigen, aber dieser Anstieg wird wohl hinter dem der durchschnittlichen Arbeitsproduktivität zurückbleiben müssen, damit genug Spielraum für die übertarifliche Flexibilität vorhanden ist. Außerdem muß einem Anstieg der Kapitalkosten Rechnung getragen werden. Die Alternative zu solcher Lohnmäßigung im Tarifbereich ist ein Beschäftigungsabbau, sei es zur Kostenersparnis, sei es durch den Zusammenbruch des Unternehmens.[4]

27. Was das Spreizen gesamtwirtschaftlich bedeutet, zeigt sich im Standortwettbewerb am Beispiel einer zurückgebliebenen Region, wenn die Einwohner dort die Chance des Aufholens nutzen wollen. Man denke an Ostdeutschland, auch an periphere Räume im Norden. Anstrengen muß man sich zu diesem Zweck allenthalben; und was auch hier am dringendsten gebraucht wird, sind Unternehmer und Führungspersonal, einfallsreiche Ingenieure und tüchtige Fachleute. Man muß diese Spitzenkräfte notfalls heranholen, zumindest vor einer Abwanderung bewahren. Ihre Einkommen können deshalb kaum niedriger sein, als sie anderswo wären; vielleicht muß man ihnen sogar eine »Buschzulage« bieten. Was diese Kräfte mehr bekommen, müssen die ortsansässigen Arbeitnehmer in Form von Lohnmäßigung aufbringen. Im Vergleich zu reichen Regionen (mit starker Ballung) können sie dies ohne weiteres insoweit, als in zurückgebliebenen Gegenden auch die Bodenpreise und mit ihnen die Mieten niedriger sind. Der Vorteil des billigen Wohnens fällt vor allem *nach* Steuern ins Gewicht. Das Maßhalten bei den Einkommensansprüchen ist unabdingbar, wenn den Ansässigen sonst Langzeit-Arbeitslosigkeit droht und die Sozialhilfe nicht mehr als das Nötigste abdeckt. Zur Aufhol-Atmosphäre gehört indessen auch, daß die Ansässigen es schätzen, einen Arbeitsplatz zu bekommen und mit diesem die Hoffnung auf einen deutlichen Einkommensanstieg in der Zukunft zu erhalten, angestachelt nicht zuletzt durch die attraktiven Einkommen, die man andernorts verdient oder die sichtbar vor Ort auf den oberen

Etagen der Einkommenspyramide erzielt werden. Dies alles, das Aufstreben und das Anpacken, gehört zu einer wachstumsfreundlichen Konstellation.

Die vertikalen Unterschiede, die Anstoß erregen, haben im Wettbewerb der Regionen dort keine Funktion mehr, wo man mit dem erreichten Niveau zufrieden ist und eine Stagnation – verbunden mit Arbeitslosigkeit – hinnehmen will. Vor einer Bahnschranke mit Autostau sind die Abstände zwischen den Fahrzeugen minimal. Sobald die Kolonne Fahrt aufnimmt, vergrößern sich die Abstände – sozusagen automatisch. Das Spreizen ist also besonders wichtig als Kraftanstrengung beim Beschleunigen.

28. Flexibel müssen im weltwirtschaftlich bedingten Strukturwandel vor allem die intersektoralen Lohnrelationen sein. Wo die Importkonkurrenz massiert auftritt, müssen die Löhne hinter dem Anstieg der Durchschnittsproduktivität in der betreffenden Region zurückbleiben. So jedenfalls verlangt es der Wandel der Marktbedingungen, die Verschlechterung der Terms of Trade. Auf diese Weise können die bedrohten Arbeitsplätze verteidigt und mit neuen Investitionen befestigt werden. Dort jedoch, wo man zusätzliche Arbeitskräfte braucht, weil man Märkte erobern kann und mit Vorteil mehr zu produzieren hat, muß man Lohnerhöhungen anbieten. Arbeitskräfte, die mehr verdienen wollen, werden überwechseln, natürlich auch solche Arbeitskräfte, die in wettbewerbsschwachen Branchen Lohnsenkungen hinnehmen müssen oder dort keine Aufstiegschancen mehr sehen. Wären die Löhne und Lohnrelationen in dieser Weise flexibel, so brauchte es im intersektoralen Strukturwandel eigentlich keinerlei Arbeitslosigkeit zu geben. Der Strukturwandel wäre verlangsamt, gewiß; aber er wäre in seinem Tempo reduziert auf ein Maß, das mit der Mobilität der Bevölkerung und der Wahrung eines hohen Beschäftigungsgrades kompatibel ist. Lohndispersion also hilft gegen strukturelle Arbeitslosigkeit.

29. Damit die Löhne nicht möglicherweise gerade dort nach

oben getrieben werden, wo die Gefahr der Entlassung besonders groß ist, dürfte die Arbeitslosenhilfe nicht starr an das letzte Lohneinkommen gekoppelt sein. So wie die Koppelung jetzt besteht, ist es unter Umständen völlig rational, zu argumentieren: Ein Streik für höhere Löhne ist nicht zuletzt dann sinnvoll, wenn ohnedies mit einer Entlassung zu rechnen ist, weil bei höheren Löhnen eine entsprechend höhere Arbeitslosenhilfe zu erwarten steht. Warum aber machen wir es dann nicht — umgekehrt — so, wie es im privaten Versicherungswesen ist? Da wird das allgemeine Risiko einzelner Sparten sehr wohl berücksichtigt: Die Diebstahlversicherung von Kraftfahrzeugen etwa ist für Wagentypen, die häufiger gestohlen werden, teurer, ganz in Einklang mit dem größeren Risiko. Entsprechend könnte für Branchen mit hohem Entlassungsrisiko die Arbeitslosenversicherung erhöht werden — sei es absolut, sei es indirekt durch Absenken des Arbeitslosengeldes. Dann wäre mehr Lohnflexibilität nach unten zu erwarten — Flexibilität für Arbeitsplatzsicherheit. Auf moralische Einwände muß man hier gefaßt sein. Doch darf man zurückfragen, ob es inhuman sein kann, Menschen davor zu bewahren, daß sie sich durch eine hohe Arbeitslosenhilfe dazu verführen lassen, Löhne durchzusetzen, die den Verlust des Arbeitsplatzes bedeuten und ein Abgleiten in Dauerarbeitslosigkeit zur Folge haben können. Vor eine Falle gehört eine Warntafel; sie nicht aufzustellen, wäre eine Unterlassungssünde. Auf einer allgemeinen Warntafel hätte zu stehen: Orientiere Dich im Strukturwandel an den Preisrelationen der Zukunft, nicht an den Wertrelationen der Vergangenheit; und lasse bei Deinen Forderungen und Ansprüchen eine Marge für Beschäftigungssicherheit!

30. Zusammenfassend ist zum Spreizen der vertikalen Lohnskala in bedrängten Industriezweigen und Unternehmen folgendes zu sagen: Das Spreizen — nach unten und nach oben — hat sechs Funktionen. Es dient dazu,

(1) am unteren Ende der Skala das Freisetzen einfacher Arbeit zu verlangsamen oder es den Betroffenen überhaupt zu ersparen, daß sie in die Dauerarbeitslosigkeit abgleiten und dadurch ihr Leistungsvermögen verlieren,
(2) am oberen Ende der Skala Spielraum zu gewinnen für das Anwerben von Rettungskräften, die möglicherweise hohe Opportunitätskosten haben, also andernorts mit ähnlicher Dringlichkeit nachgefragt werden,
(3) im Zwischenbereich das Leistungsstreben der Mitarbeiter zu mobilisieren, vor allem durch Anreize zum Bilden von Humankapital,
(4) im Durchschnitt die Arbeitskosten so zu senken, daß ein Kollaps zumindest verzögert, wenn nicht — durch Zeitgewinn — ganz vermieden werden kann,
(5) über das Begrenzen der Arbeitskosten das Gewinnpotential zu stärken und damit beschäftigungssteigernde Produktinnovationen zu finanzieren,
(6) über Kostenersparnisse das Auslagern von Teilprozessen und das Abwandern von Arbeitsplätzen in Niedriglohn-Länder zu verlangsamen oder abzuwenden.

31. Bei Löhnen, die so marktgerecht differenziert sind, daß sich die Unternehmer genug Gewinne aus der Beschäftigung zusätzlicher Arbeitskräfte erhoffen können, herrscht Vollbeschäftigung, werden die Arbeitnehmer durch verlockende Stellenangebote geleitet. Sie bleiben dort, wo sie sind, beschäftigt, bis sie andernorts etwas Besseres gefunden haben. Es mag dies den Wandel in der Produktions- und Beschäftigungsstruktur etwas verlangsamen. Aber der Strukturwandel ist ja nicht Selbstzweck, sondern ein Mittel der Anpassung an den Wandel der Marktbedingungen, nur ein notwendiges Übel. Im Idealfall könnte sich die Anpassung so vollziehen, daß deswegen überhaupt kein Mensch arbeitslos werden müßte. Es gäbe nur offene Stellen, zumindest mehr offene Stellen als Arbeitslose. Erstrebenswert ist dies ohne Zweifel,

wenn man an die Arbeitnehmer insgesamt denkt. Und möglich ist es auch: Sonst hätte es in Deutschland nicht über ein ganzes Jahrzehnt hinweg Voll- und Überbeschäftigung geben können — vom Ende der fünfziger bis Anfang der siebziger Jahre.

32. Genug an Flexibilität der Lohn- und Einkommensbedingungen hatten wir in Westdeutschland damals aus folgenden Gründen:

(1) Der Bedarf an Strukturwandel war noch relativ gering, weil es sich beim Nachkriegswachstum in den fünfziger Jahren um einen industriebestimmten Aufholprozeß und somit um quantitatives Wachstum handelte.
(2) Teilweise gedeckt wurde dieser relativ geringe Bedarf später in den sechziger Jahren durch den Mobilitätsimport, der mit dem Anwerben von Gastarbeitern einherging. Angeworben wurde selektiv, was an Arbeitskraft gerade gebraucht wurde, oft für Tätigkeiten, die den Inländern qualitativ minderwertig erschienen, und an Orten, die nicht sonderlich attraktiv waren.
(3) Die Deutschen, die Ausbildungs- und Sprachvorteile hatten, konnten sich auf den vertikalen Teil des Mobilitätsbedarfs konzentrieren, also auf den Aufstieg auf der Karriereleiter, der keiner besonderen Lohnanreize bedarf.
(4) Da das Niveau der tariflichen Mindestlöhne niedrig war, hatten die Unternehmen viel Spielraum für differenzierte Mobilitätshilfen und Anreize und für übertarifliche Leistungszulagen. Die Effektivverdienste waren marktgerecht gespreizt, stärker als die Tariflöhne.
(5) Der Spreizbedarf nach unten war umfassend gedeckt, wenn man bedenkt, wie niedrig die Löhne dort waren, wo die Gastarbeiter herkamen, wo gleichsam die Reservearmee für das industrielle Kerneuropa bereitstand.

Ihr Ende fand die wundersame Flexibilität von damals mit dem Gastarbeiterstop und einer Lohnbewegung, die nach

1968 begann und in der Kluncker-Runde von 1974 kulminierte.

33. Aus alledem folgt, daß Deutschland heute unter einer strukturellen Arbeitslosigkeit leidet, wesentlich bedingt dadurch, daß die Tariflöhne im Niveau zu hoch sind und in ihrer Struktur nicht zu den Knappheitsrelationen der Gegenwart und Zukunft passen. Alte Besitzstände sind zementiert. Die vertikale Lohnskala ist von unten her komprimiert, so daß einfache Arbeit mehr kostet, als ihrem Wert entspricht. Daher vollzieht sich der Wandel der Beschäftigtenstruktur nicht unter freiheitlichen Bedingungen — mit dem Lockruf der Abwerbungen; er vollzieht sich mit Zwang — unter dem Druck von Entlassungen. Wer freiwillig wechselt, geht im Zweifel dorthin, wo er (sie) sich ein Mehr an Einkommen, an Freude und an Zukunftschancen verspricht. Das ist Prosperität. Dagegen treibt ein Strukturwandel, der unter dem Druck von Entlassungen abläuft, die Menschen in die Arbeitslosigkeit. Denn bei der Entlassung geht es allein um den Einspareffekt für das Unternehmen, nicht um die Frage, wer von den Überzähligen anderswo bessere Verdienstchancen hätte. (Vgl. hierzu auch die Ziffer 251 im ersten Jahresgutachten des Sachverständigenrats zur Begutachtung der gesamtwirtschaftlichen Entwicklung, 1965). Dies erhöht in dramatischer Weise die Sucharbeitslosigkeit, verglichen mit einem Strukturwandel bei niedrigen Tariflöhnen, der statt der Arbeitslosen die Unternehmer auf die Suche schickt und diesen die Such- und Mobilitätskosten aufbürdet. So gesehen zahlen die Arbeitslosen als Außenseiter heute den Preis dafür, daß die Beschäftigten als »Insider« sich einen Reallohn erkämpft und gesichert haben, der zu hoch ist, um mit Vollbeschäftigung vereinbar zu sein.

34. Während bei uns und in Europa auf dem Kontinent in den achtziger Jahren die strukturelle Arbeitslosigkeit weiter anstieg, erlebten die USA (und Großbritannien) eine Art von quantitativem Beschäftigungswunder. Doch hatte dieses

Wunder — bei Licht besehen — seinen Preis: eine dramatische Zunahme in der Ungleichheit der Einkommensverteilung, einer Ungleichheit, die sich Europa auf Kosten der Arbeitslosen erspart hat. Hier sind einige Hinweise (vgl. Bluestone):

(1) Der Wandel der Beschäftigtenstruktur vom Industrie- zum Dienstleistungssektor (zwischen 1963 und 1987) ging in den USA einher mit einer Zunahme der Einkommensunterschiede in der Industrie um 15 Prozent, gemessen an der Einkommensrelation zwischen College-Absolventen und Beschäftigten ohne Hauptschulabschluß. Um 60 Prozent gar erhöhte sich dieses Spreizmaß im Dienstleistungsbereich.
(2) Die Zunahme des Spreizmaßes für die Einkommen von Hochschul- und Hauptschulabsolventen während der achtziger Jahre beruht [nach Schätzungen von Freeman und Katz (1993)] zu einem knappen Drittel auf der Deindustrialisierung, weit mehr als auf anderen Umständen (Schwächung der Gewerkschaften, Außenhandel und Einwanderung, Außenhandelsdefizit, technischer Fortschritt).
(3) Es hat sich in den USA der gesamtwirtschaftliche Produktivitätszuwachs seit 1969 ungefähr halbiert; und obwohl mehr und mehr Frauen arbeiten, ist das Median-Einkommen der Familien, das sich von 1953 bis 1973 um 71 Prozent erhöhte, seither bis 1989 kaum noch (um 2 Prozent) gestiegen. Dies ist schwer erklärbar, es sei denn, man verweist auf Faktoren, die eng mit dem weltwirtschaftlich bedingten Strukturwandel zusammenhängen. Es bedeutet aber zugleich, daß der Spreizvorgang in vielen Fällen ein absolutes Sinken der Realeinkommen mit sich gebracht hat.

35. Doch ist es noch nicht ganz ausgemacht, daß der Spreizeffekt in den USA einzig oder auch nur hauptsächlich der Globalisierung des Wirtschaftsgeschehens zuzurechnen ist. Robert Z. Lawrence und andere verweisen statt dessen auf den

Charakter des technischen Fortschritts, der die einfache Arbeit durch Automation und Computer ersetzt und ein Mehr an Nachfrage nach Humankapital erzeugt (Lawrence 1994). Das Argument entlastet die Globalisierung als Ursachenhypothese für die USA und nimmt so den amerikanischen Protektionisten den Wind aus den Segeln. Was die Verhältnisse in Deutschland (und anderswo in Europa) anlangt, so steht zu vermuten, daß der Vormarsch der Computer und Roboter auch beschleunigt wurde durch die inflationsbedingte Senkung des Realzinses in den Jahren nach der Ölkrise von 1973 im Verein mit dem Lohnstoß von 1974, der die einfache Arbeit plötzlich so teuer machte, daß das Automatisieren für viele Betriebe zur Überlebensfrage wurde.

So oder so heißt im Blick auf die Zukunft die Lehre für alle, die sich im Strukturwandel behaupten wollen: Alte Besitzstände bieten keinen Halt; man setze statt dessen auf neue Chancen. Sie verlangen von Arbeitskräften wie von Unternehmern ein vorausgreifendes Anpassen, sei es mit innovativen Sachinvestitionen, sei es durch Bilden von Humankapital.

Anmerkungen

1 Aus heutiger Sicht war die »Lage der arbeitenden Klassen« (Friedrich Engels) im Frühstadium der Industrialisierung gewiß bedauernswert. Doch was wir heute haben, kann nicht rückwirkend als Maßstab gelten; es war zur damaligen Zeit bestenfalls eine märchenhafte Utopie. Man kann nicht mit Gewißheit sagen, was ohne die Industrialisierung passiert wäre, aber es ist sehr wahrscheinlich, daß viele der armen Industriearbeiter von ehedem das Erwachsenenalter überhaupt nicht erreicht hätten, wären sie in dieser Zahl auf dem Lande geboren worden und geblieben. Insoweit hat die Industrie das Industrieproletariat wirklich »geschaffen«.

2 Da gibt es manches an Vorurteilen. Man war geneigt zu glauben, daß

ein Volk ohne Landwirtschaft (und ohne Raum!) nicht leben könne, waren doch Landbau und Viehzucht die Basis der heimischen Ernährung, vor allem im Kriegsfalle und auch sonst angesichts schlechter Transportbedingungen. Heute ist es (außer der Landwirtschaft) die Industrie, der zunehmend lebenswichtige Funktionen zugeschrieben werden. Sie ist, wie viele am eigenen Leibe zu spüren bekommen, existenziell wichtig als Anbieter von Arbeitsplätzen, also als Quelle ihrer Einkommen. Um den Raum und die Ernährungsbasis sind früher große Kriege geführt worden. Ins Pathologische wird sich das Bemühen, die Industrie und ihre Arbeitsplätze zu erhalten, derzeit hoffentlich nicht übersteigern; aber die Gefahr großer Wohlfahrtsverluste durch Industrieprotektionismus ist nicht von der Hand zu weisen.

3 Eine solche soziale Warnfunktion hatte in den siebziger Jahren die Strukturforschung des Instituts für Weltwirtschaft an der Universität Kiel und später die Strukturberichterstattung der Institute für die Bundesregierung. Einige Unternehmen haben daraus die richtigen Schlüsse gezogen, manche Verbände aber bösartig reagiert. Ohne Vorwarnung also kam die Strukturkrise in der gegenwärtigen Rezession nicht. Die Tarifpartner haben die Gefahr ignoriert, ja verschärft. Statt Arbeitsplätze für einfache Arbeit durch Lohnmäßigung abzusichern, haben sie Sockelanhebungen vereinbart und die Arbeitsplätze am unteren Ende wegtarifiert. (Vgl. hierzu Soltwedel und Trapp (1987), iwd (1994)).

4 Ein Unternehmenszusammenbruch trifft natürlich auch Kräfte, die hochqualifiziert sind. Es ist nicht gesagt, daß sie mit ihrer speziellen Qualifikation anderswo Arbeit und Einkommen finden. Im Falle solcher Einbindung haben sich auch für sie — indirekt — die Marktbedingungen, die Terms of Trade, verschlechtert. So hängt auch bei ihnen das berufliche Schicksal vom Maßhalten bei den Tariflöhnen ab. Das Spreizen nach oben — über die Tariflöhne hinaus — kann deshalb nur denjenigen zugute kommen, die Alternativen haben, also Möglichkeiten, das Schiff, das zu sinken droht, frühzeitig zu verlassen. In Notlagen braucht man das Spreizen nach oben vor allem, um Rettungskräfte anzuwerben oder auch nur zu halten. Die Retter, die Alternativen haben, kommen — oder bleiben — im Wirtschaftsleben meist nicht aus Barmherzigkeit, sondern nur unter Bedingungen, die ihnen anzeigen, wie hoch der Rettungs- und Sanierungsakt bewertet wird. Notfalls müssen sie weit über Tarif bezahlt werden.

Literatur

Bluestone, B. (forthcoming). »Economic inequality and the macro-structuralist debate«, to be published in Robert Heilbroner und Charles Whalen, eds. Economics for the Twenty-First Century. Armonk, N.Y.

Freeman, R.B. and L. Katz (1993). »Rising Wage Inequality: The United States vs. Other Advanced Countries.« Working Under Difference Rules Conference, National Bureau of Economic Research.

IWD (1994). Untere Lohngruppen. Das Kombieinkommen. iwd, Nr. 12 vom 24. März 1994. Köln: Institut der Deutschen Wirtschaft e.V.

Lawrence, R.Z. (1994). Labor Market Performance and Standards in the OECD, Paper for an OECD Development Centre Dialogue on 28th and 29th April 1994. Paris.

Sachverständigenrat zur Begutachtung der gesamtwirtschaftlichen Entwicklung (1965). Stabiles Geld — Stetiges Wachstum. Stuttgart und Mainz.

Soltwedel, R. und P. Trapp (1987). »Labor Market Barriers to More Employment: Causes for an Increase of the Natural Rate? The Case of West Germany« In: H. Giersch (ed.), Macro and Micro Policies for More Growth and Employment. Tübingen: J.C.B. Mohr (Paul Siebeck).

Diskussion

Fuchs: Wo immer die Wirtschaft wächst, erlebt sie einen Strukturwandel. Dieses stand ganz am Anfang Ihres Referates. Vielleicht hatte Schumpeter doch recht mit seiner Bemerkung, daß Schornsteine, die nicht rauchen, ein Zeichen für den Fortschritt sind, weil Grenzbetriebe, wie die Ökonomen das nennen, aus der Wirtschaftsgesellschaft ausscheiden.

Sie haben uns die Wahrheit des Wirtschaftswissenschaftlers vorgetragen. Dem gegenüber steht aber die Realität von Menschen in einer Arbeitsgesellschaft, vornehmlich der Menschen, die am Rande dieser Arbeitsgesellschaft stehen. Sie haben das Spreizmaß eingeführt und für die Lohnspreizung plädiert. Daneben gibt es ein Phänomen, das in der politischen Debatte eine große Rolle spielt. Wir erleben den Tatbestand, daß nach jedem Konjunkturzyklus die Sockelarbeitslosigkeit wächst. Wir erleben im Augenblick, daß bei wachsender Wirtschaft auch die Arbeitslosigkeit wächst, ein Phänomen, mit dem sich Wirtschaft, Politik und Gesellschaft auseinandersetzen müssen.

Ich erlaube mir ganz einfach diese simple Frage am Anfang an Sie, ehe wir in die Debatte einsteigen: Wo könnte der gesellschaftliche Konsens angesiedelt sein, wie könnte er aussehen? Das, was Sie mit der »Spreizung der Löhne« angeschnitten haben, wäre wohl Ihr Weg. Wie wäre er gesellschaftlich konsensfähig zu machen?

Giersch: Ich habe mich in meinem Referat mit Lösungsvorschlägen nicht befaßt, aber es liegt nahe, darüber nachzudenken. Wenn die Verhältnisse so sind, wie ich sie beschrieben habe — der Vergleich mit den USA oder auch Großbritannien stützt die Spreizthese —, dann taucht die Frage auf, wie wir den Mitbürger anders behandeln können als den Beschäftigten. Wenn wir die Einkommensunterschiede nach Steuern vermindern wollen, aber gleichzeitig die Lohnbewegung unten beschäftigungskonform gestaltet sehen möchten, müssen wir als Bürger den anderen Bürgern entsprechende Steuernachlässe gewähren oder Beschäftigungssubventionen zahlen. Dann haben wir die Trennung von Staatsbürger und staatsbürgerlicher Verpflichtung einerseits und Beschäftigungssystem andererseits. Hier liegen die Aufgaben für die Zukunft, wenn wir das Ganze sozialverträglich gestalten wollen.

Mittelsten Scheid: Sie haben den Prozeß der Entwicklung von der Agrarwirtschaft über die Industrialisierung zur Dienstleistungsgesellschaft beschrieben. Das ist in aller Munde. Dahinter verbirgt sich aber die Frage, ob die Gleichung eigentlich so aufgeht. Sie haben davon gesprochen, daß die Hand am Hammer oder heute die Hand am Automaten wahrscheinlich zu teuer wird und deswegen unbeschadet abwandern kann, weil eben das Gehirn und der Computer hierbleiben. Ist das aber wirklich so? Vor einigen Jahren machte, durch den »Spiegel« und andere Medien aufgemacht, die Nachricht die Runde, daß Nixdorf 800 Computerfachleute, Ingenieure, in Indien beschäftigt. Ich weiß aus meinem eigenen Industrie- und Handelskammerbezirk, daß drei Unternehmen Ingenieurleistungen in Indien einkaufen, während die Produktion noch — noch, muß man sagen — in Deutschland verblieben ist. Da ist also irgendwo die Angst: Werden uns nicht die Entwicklungsländer gerade auch in der Leistung des Kopfes überholen? Ein Land wie die Bundesrepublik braucht nicht nur die eigene Produktion, es ist auch in hohem Maße abhängig von Importen. Diese Importe muß es mit Devisen bezahlen, also muß es Leistungen oder Produkte exportieren. Nun ist die große Frage, wenn ein Prozeß der Deindustrialisierung fortschreitet und damit ein Rückgang der Produkte, die in den Export gehen, verbunden ist, ob dieser Rückgang durch den Export von Dienstleistungen aufgefangen werden kann. Da gibt es wiederum große Zweifel, ausgedrückt in dem berühmten Beispiel, daß man sich die Haare eben nicht in Singapur schneiden lassen kann. Ob die Patentbilanz, ob die Blaupausenbilanz wirklich ausgeglichen werden kann, würde mich sehr interessieren.

Fuchs: In der ersten Reihe wurde angemerkt, das sei eine Frage des Flugpreises, ob man sich in Singapur die Haare schneiden lassen wolle.

Giersch: Sie haben das mit dem Flugpreis sehr gut getroffen. Das ist der Transportkostenschutz, den heimische Arbeit, den inländische Erzeugnisse, den Binnengüter nach wie vor genießen. In diesem Rahmen sind die Arbeitsplätze sicher. Das ist aber nichts anderes als eine natürliche Protektion, an deren Stelle wir möglicherweise, wenn uns das einfiele, auch eine künstliche Protektion setzen könnten für alles andere: Warum sollen wir aus der internationalen Arbeitsteilung solche Vorteile ziehen? Bauen wir doch die Grenzen wieder auf! Das würde sich zum Schutze inländischer Arbeit anbieten, um mehr Exportgüter zu Binnengütern machen zu können. Das ist aber, wie Sie richtig gesagt haben, nicht der Punkt. Wir brauchen Importgüter. Was brauchen wir an Importgütern? Alles das, was wir im Ausland billiger bekommen können, als wir es selbst erzeugen. Das regelt sich über den Wechselkurs. Ein zusätzlicher Import wird finanziert über einen zusätzlichen Export, weil nämlich ein Mehr an Importen — ich kann das jetzt nur ganz einfach ausdrücken — den Wechselkurs in die Abwertungsrichtung drückt und damit mehr Erzeugnisse exportfähig macht. Um das Gleichgewicht der Leistungsbilanz und das Gleichgewicht der Zahlungsbilanz brauchen wir uns in diesem Kreis bitte keine Sorge zu machen. Wenn wir viel importieren müssen, werden wir viel exportieren können. Dafür sorgt der spontane Ausgleichsmechanismus des Devisenmarktes.

Natürlich ist auch die Kopfarbeit im Dienstleistungsbereich nicht vor der internationalen Konkurrenz sicher. Wenn ich daran denke, was sich in den nächsten Jahren und Jahrzehnten in Indien an Humankapitalpotential entwickeln kann, so wird manches von dem, was ich in bezug auf Dienstleistungsbereiche und ihren Schutzcharakter gesagt habe, obsolet werden. Ich sehe auf der anderen Seite aber auch einen großen Vorteil in der Tatsache, daß sich unter dem Eindruck sinkender Kommunikationskosten die weltweite Arbeitsteilung der Köpfe entwickelt — unter Einschluß all dieser Länder, die sehr viel Humankapital anzubieten haben. Dies wird den technischen Fortschritt beschleunigen. Hoffen wir, daß es ein technischer Fortschritt mit vielen Produktinnovationen ist, die das Leben der Menschen verbessern, und möglichst wenigen arbeitsparenden Prozeßinnovationen, die im Sinne von technologischer Arbeitslosigkeit die Menschen brotlos machen würden — nicht alle, aber diejenigen, die sich nicht anzupassen vermögen. Dies unterstreicht die Bedeutung des Strukturwandels.

Markl: Herr Giersch, welche Rolle spielt in diesem Prozeß des Strukturwandels eigentlich die Schattenwirtschaft, die Schwarzarbeit? Als Hochschullehrer habe ich sehr viel mit jungen Menschen zu tun, die es zur Zeit schwierig finden, unmittelbar den Übergang ins Beschäftigungssystem zu schaffen, soweit sie nicht zu den Besten gehören. Ich bin immer wieder überrascht, wie unglaublich findig viele dieser jungen Leute sind, sich Nebeneinnahmequellen zu beschaffen. Ich frage nicht so genau nach, aber ich vermute, daß vieles zu dem zählt, was man Schwarzarbeit und Schattenwirtschaft nennt. Mein Eindruck ist aber auch, daß auf diese Weise Leute wirklich findig ihre Potentiale nutzen und sich Beschäftigung schaffen, aus der vielleicht nach einiger Zeit, wenn es sich als produktiv erweist, etwas Legales wird. Um es also zuzuspitzen: Ist eine gewisse Laxheit in der Verfolgung solcher Beschäftigungen nicht im Sinne eines Förderns des Strukturwandels? Könnte man also fragen, wenn Herr Blüm sich rühmt, große Erfolge im Aufspüren von Schwarzarbeitern, in der Bekämpfung der Schattenwirtschaft zu haben: Erzeugt er damit mehr Arbeit oder mehr Arbeitslosigkeit?

Giersch: Es entsteht mehr Tätigkeit, und es entstehen Erwerbsmöglichkeiten für diejenigen, die in der Schattenwirtschaft tätig sind. Man kann eigentlich nur hoffen, daß aus diesen findigen Schattenwirtschaftsarbeitern tüchtige Unternehmer von morgen werden, die in dieser Schule der Selbständigkeit lernen und dann eines Tages Arbeitgeber werden, weil sie das gefunden haben, was eigentlich den Suchprozeß im Strukturwandel ausmacht, die Beschäftigungschance, die wir ex ante nicht beschreiben können. Wir können die Beschäftigtenstruktur der Zukunft nicht in Form von Laufbahnen aufzeichnen, denn wir kennen diese Laufbahnen der Zukunft nicht, wir müssen sie den findigen Leuten überlassen. Die werden das herausfinden, und nach einiger Zeit wird man Berufe entwickeln, an die vorher niemand gedacht hat.

Markl: Ist nicht dann die Anhebung der Schwelle, von der ab Steuern und Abgaben fällig werden, ein Weg, um das Illegale wegzunehmen und diese Art der Beschäftigung zu ermutigen?

Giersch: Das liegt in derselben Richtung, die ich vorhin schon angedeutet hatte, daß man bei den niedrigeren Einkommen die Steuerbelastung verringern muß. Da muß auch der Steuer- und Sozialteil reduziert werden, ob das in Form der vorhin erwähnten Subventionen, der Nachlässe, geschieht oder in Form von Präferenzen, die man denjenigen gibt, die ihren Suchprozeß auf diese Weise beendet haben, um dann im Beschäftigtensystem aufzusteigen, angespornt durch das, was sie da an Möglichkeiten vorfinden.

Walter Riester

Die Zukunft der Arbeit – Die neue Rolle der Gewerkschaften

Ich bedauere, daß ich den gestrigen Vorträgen und Ihrer Diskussion nicht folgen konnte. Sie wissen, daß der Kongreß des Deutschen Gewerkschaftsbundes stattfand. Ich nehme an, daß Sie mich nicht vermißt haben. Wir laufen nun allerdings beiderseits Gefahr, daß ich Dinge wiederhole, die Sie gestern längst diskutiert haben. Ungerechterweise bestraft dann das Leben nicht in erster Linie den zu spät Gekommenen, sondern die Dagebliebenen. Soweit und so schlecht, aber so ist es nun einmal.

Wenn man über »Zukunft« und »Neues« spricht, kann dies keine voraussetzungslose Rede sein. Theodor W. Adorno, den ich während meiner Zeit an der Frankfurter Akademie der Arbeit gehört und wenig verstanden habe, hat mehrfach Bezug genommen auf die berühmte Zentralfrage: »Wie sind synthetische Urteile a priori möglich?«. In einem Aufsatz formulierte dann Adorno: »Wollte man die Kant'sche Frage umformulieren, so könnte sie heute wohl lauten: Wie ist ein Neues überhaupt möglich?«. Diese Frage ist in der Tat zentral.

»Zukunft« und »Neues« scheint mir – dies meine erste Kernaussage – nicht ohne das »Alte« möglich zu sein.

Wer sich nur an der Dynamik des Neuen orientiert, nur an der Dynamik von Weltmarkt und Technologie, und die Langsamkeit der Menschen und ihrer von ihnen geschaffenen Organisationen nicht berücksichtigt, wird scheitern und – was schlimmer wäre – irrationalen Eruptionen Vorschub leisten.

Die meisten Kritiker an Zustand und Politik der Gewerkschaften abstrahieren von ihrem Werden, von ihrer Herkunft.

Sie sehen lediglich, was sie tun sollten, nicht, was sie getan haben. Sie verkennen die Tatsache, daß Gewerkschaften die millionenfache Langsamkeit von Menschen in sich haben und negieren eine der »alten« Aufgaben, ohne die sie keine Zukunft haben werden: ihre Schutzfunktion für die Mitglieder.

Will man das Risiko von Mißverständnissen minimieren, so kann man das Neue nur angehen, indem man vom Verstehen des Alten ausgeht, vor dessen Hintergrund das Neue erst als solches erscheint.

Häufig verstehen wir das Alte erst, nachdem die vermeintlichen Sicherheiten weggefallen sind. Zugleich ist mit dem Wegfall des Alten und dem Aufkommen neuer Unsicherheiten die Gefahr des Mißverständnisses oder gar des gegenseitigen Unverständnisses noch problematischer geworden.

Im täglichen Leben der Individuen sind Mißverständnisse schon schlimm genug. Wenn aber Unverständnis, Ablehnung und daraus resultierend eine Auseinandersetzung um »to be or not to be« zwischen Kräften, die unsere demokratische und soziale Gesellschaft tragen, auf- und ausbricht, dann »gnade uns Gott«. Dieses Risiko ist zu groß.

Ich denke deshalb — so mein nächster Kernsatz —: Wir, die einzelnen Menschen und erst recht die Organisationen und Institutionen, die Gesellschaft prägen und repräsentieren, haben die Aufgabe des Zuhörens, des Einander-Zuhörens. Nur so können die Zwänge und Abhängigkeiten der Gegenseite verstanden werden.

Dies ist kein Selbstzweck. Es ist die Bedingung einer zivilen Gesellschaft. Anerkennung der Gegenseite und Zuhören sind zentrale Grundlagen, um Interessengegensätze in zivile Bahnen lenken zu können und Konflikte beherrschbar zu machen.

Das in Deutschland etablierte System der industriellen Beziehungen ist das Ergebnis eines konfliktreichen Lernprozesses. An die Stelle auch martialischer Konflikte, die für beide Seiten, ja für die ganze Gesellschaft hohe Kosten und viele

Opfer bedeuteten, traten direkte Verhandlungen mit klar definierten Regeln.

Daß die Verhandlungen zwischen Arbeitgebern und Gewerkschaften immer auch Machtkämpfe sind, also nie frei von Konflikten sein werden, liegt in der Natur des Arbeitsmarktes. Menschen können nicht wie Waren behandelt werden, der Arbeitsmarkt ist kein Markt wie andere. Das ist ethisches Diktum, dem die Existenz der Gewerkschaften zu Grunde liegt.

Der katholische Sozialwissenschaftler Götz Briefs, er war in den 50er und 60er Jahren ein einflußreicher Berater der deutschen Industrie, beschrieb die Gewerkschaften als »Schutzgehäuse gegen die Kommerzialisierung der menschlichen Arbeitskraft«. In der Tat, die Gewerkschaften haben einen maßgeblichen Anteil daran, daß es zu einer Zivilisierung des Arbeitsmarktes gekommen ist, der die Willkür reduzierte, während Schutzrechte und Wahlmöglichkeiten zunahmen. Daß dies kein irreversibler Prozeß ist, zeigt die aktuelle Debatte über den Standort Deutschland.

Zur Zeit kämpfen Teile der deutschen Wirtschaft gegen die Zivilisierung des Arbeitsmarktes, weil sie darin den archimedischen Punkt zu sehen glauben, an dem die Bewältigung der Krise angesetzt werden könnte. Oder, wie es in der Diktion von Professor Fels, dem Leiter des Institutes der Deutschen Wirtschaft heißt: »Die Errungenschaften des modernen Sozialstaats blockieren den Arbeitsmarkt« (FAZ vom 3.4. 1994).

Ermutigt durch den Wegfall der Systemkonkurrenz, gestärkt durch eine hohe Arbeitslosenzahl, angetrieben durch eine zugespitzte Wettbewerbssituation scheint es vor allem darum zu gehen, den Menschen von den Fesseln der Regulierung zu befreien.

Manchmal habe ich den Eindruck, daß solchen Angriffen gegen die humane Dimension des Arbeitsmarktes nicht nur ein Mißverständnis über den Charakter der menschlichen Arbeit zugrundeliegt. Es ist auch eine Mentalität des Siegers, die sich in solchen Kritiken ausdrückt.

Die Mentalität des Siegers verkennt, daß Siege schnell verblassen und die Besiegten nicht nachlassen werden, Satisfaktion anzustreben, und meist erreichen sie diese auch. Erst in der Retrospektive wurde bisher die Frage nach den Kosten dieser — so möchte ich sie in Anlehnung an Hegel bezeichnen — »Kämpfe um Anerkennung« versucht aufzuarbeiten. Ich bin damit schon bei einer weiteren Kernaussage: In allem, was wir als gesellschaftlich tragende Akteure tun, müssen wir die »Kosten« bei Menschen und Natur berücksichtigen.

Wir sind heute in allen gesellschaftlichen Bereichen mit komplexen Herausforderungen konfrontiert, für deren Bewältigung die erfolgreichen Methoden, Modelle und Einstellungen von gestern allein nicht ausreichen.

Spätestens nach dem Zusammenbruch des sogenannten Ostblocks ist der die Nachkriegszeit beherrschende Fortschrittsoptimismus zerbrochen. Wir alle mußten und müssen allmählich erkennen, daß auch der Ökonomismus der westlichen Industriegesellschaft, ihre Fixierung auf Wachstum und Gewinnmaximierung letztlich nur einer Minderheit auf diesem Planeten, aber auch in unserem Land, vergängliches materielles Glück garantieren kann.

Die Beurteilung des Erfolges wirtschaftlicher Prozesse allein nach Gewinn und Umsatzwachstum erweist sich immer mehr als ein Kurs, den wir im Interesse einer gesellschaftlich, sozial und ökologisch verträglichen Entwicklung korrigieren müssen.

Ich habe den Eindruck, daß auf dieser relativ abstrakten Ebene ein breiter Konsens existiert oder hergestellt werden kann, der sich aber bei der konkreten Bearbeitung des »was« und des »wie« schnell in Luft auflöst.

Ich will versuchen, Bruchlinien an einigen Beispielen darzulegen und die Rolle der Gewerkschaften zu skizzieren.

Unter den Bedingungen des Weltmarktes und einer verschärften Weltmarktkonkurrenz kann sich kein Land und kein Unternehmen dem internationalen Kostenwettlauf entziehen.

Eine Ursache dafür ist das veränderte Verhältnis zwischen Qualitäts- und Preiswettbewerb. Die Konsequenz daraus ist ein — zumindest bei heutigen Verhältnissen — wachsender Widerspruch zwischen dem Zwang zur Kostensenkung und dem Ziel der Beschäftigungssicherung.

Die IG Metall kann und will den Zwang zur Kostensenkung nicht ignorieren. Wir wollen aber die Wege und Ziele der Kostensenkung beeinflussen, wir wollen schützen *und* gestalten: Der bloße und rigorose Abbau betrieblicher und tariflicher Leistungen kann und wird nur den Widerstand der Belegschaften und ihrer Gewerkschaften provozieren. Dies ist so, weil freie und unabhängige Gewerkschaften den Interessen ihrer Mitglieder verbunden und weil sie auch darin gefangen sind. Niemand sollte das bedauern. Denn dazu gibt es nur eine Alternative: Staatlich konstituierte Gewerkschaften, »Transmissionsriemen«, die es nach 1933 in ganz Deutschland und nach 1945 in einem Teil Deutschlands gab.

Da wir diese Alternative nicht akzeptieren, kann eine Gewerkschaft die negativen Auswirkungen auch neuer und moderat vorgetragener Formen der Kostensenkung nicht ignorieren: Die zunehmenden beschäftigungspolitischen Risiken.

Auch in wettbewerbsstarken Branchen und Unternehmen wächst die Gefahr, daß zur gesellschaftlich schon längst existierenden Spaltung in Beschäftigte und Arbeitslose die betriebliche Spaltung in Modernisierungsgewinner und Modernisierungsverlierer hinzukommt. Die IG Metall, wenn ich die Intentionen der öffentlichen und informellen Diskussion richtig verstehe, soll dieses Dilemma so lösen, daß sie Modernisierung fördert und die Verlierer dieser Modernisierung ruhigstellt. Das soll im Verständnis der so Argumentierenden die *neue* Rolle der Gewerkschaften sein. Dies wäre aber nur eine historisch längst desavouierte, eine Transmissionsriemen-Funktion, also eine »alte« Rolle.

Man kann aber auch anders diskutieren und handeln: Die Wiederentdeckung des Menschen als den — neben der Natur

– entscheidenden Faktor von Produktivität hat – ich liebe Logik und erst recht diese ihre Auswirkungen – zur Folge, daß Produktivitätsgewinne den Abbau von Hierarchie-Strukturen und Herrschaftsverhältnissen durch das Management voraussetzen. Also, »die Geister, die sie riefen, werden sie nicht mehr los«.

Konkret: Die Frage, ob Arbeitnehmerinnen und Arbeitnehmer nicht nur über »Goodwill», sondern über tariflich fixierte Absprachen bzw. Regelungen beteiligt, vertraglich akzeptiert und ernstgenommen werden, ist nicht nur eine Frage der Demokratie, sondern auch der Ökonomie.

Gewerkschaften müssen mitarbeiten, den Widerspruch zwischen Ökonomie und Demokratie aufzulösen. Wir können dies aber nur, wenn die Mitsprache der Arbeitnehmer nicht nur ökonomisch gewünscht, sondern vertraglich fixiert wird. Eine *neue* Aufgabe der Gewerkschaften besteht darin, diesem Umstand Ausdruck zu verleihen und Mitsprachemöglichkeiten und Mitspracherechte der Betroffenen zu erreichen.

Wenn wir über die neue Rolle von Gewerkschaften sprechen, dann nicht, ohne die Situation auf dem Arbeitsmarkt zur Kenntnis zu nehmen. Rund vier Millionen sind arbeitslos, insgesamt suchen rund sechs Millionen Menschen Arbeit. Neben dieser Tatsache sind wir mit persönlichen Wünschen konfrontiert. Zusätzlich eine Million Menschen, insbesondere Frauen, wollen in den nächsten zwei bis vier Jahren wieder ihren Platz im Erwerbsleben finden. Andererseits versuchen Industrie und Unternehmen durch eine kontinuierliche Verbesserung der Produktion und andere Prozesse, die Produktivität der Arbeit unter dem Diktat des Weltmarktes zu erhöhen. Dies setzt Arbeitskräfte frei, reduziert Arbeitsplätze.

Wir stehen vor der Frage, wie gesellschaftliche Notwendigkeit und ökonomische Effizienz miteinander in Einklang gebracht werden können. Geht das überhaupt? Ich denke, dieses Thema ist nicht zu Ende diskutiert worden. Es gibt einen Gegensatz zwischen betriebswirtschaftlicher Rationalität und gesellschaftlicher Notwendigkeit und ich kann mich des Eindrucks nicht erwehren, daß im Moment nur noch die betriebswirtschaftlichen Notwendigkeiten diskutiert werden und Anwendung finden, die gesellschaftlichen Notwendigkeiten aber auf der Strecke bleiben. Wir verhalten uns wie das berühmte Kaninchen vor der berühmteren Schlange. Die Schlange heißt Weltmarkt und Konkurrenz. Ich stelle fest: Weltmarkt und Konkurrenz sind zum beherrschenden Handlungsparameter von Politik und Ökonomie geworden.

Um in der Tierwelt zu bleiben: Der vermeintlich schnellere Hase wird ein Opfer des Igels. Die wohlfeilen Argumente, die über die Deregulierung von Arbeitsmarkt und Tarifen die Lösung der millionenfachen Arbeitslosigkeit verheißen, sind nicht nur trügerisch, sondern schlichter Unfug. Sie sind strukturkonservativ und insofern innovationshemmend. Seit wann werden Ingenieure und Facharbeiter durch soziale Zwänge und weniger Gehalt innovativer?

Es gibt ja auch in der Tariflandschaft Innovationsschübe. Ich möchte nur die Verträge vom Frühjahr dieses Jahres nennen, die unter der Überschrift »Beschäftigungssicherung« betriebliche Optionen zur Sicherung von Arbeitsplätzen durch zusätzliche freiwillige Arbeitszeitverkürzung ermöglichen. Die Tarifvertragsparteien, und darauf lege ich Wert, haben in dieser Auseinandersetzung – und sie war keine einfache – ihre Hausaufgaben erledigt. Ich füge hinzu: Wir werden unsere Hausaufgaben »step by step« auch weiter erledigen. Notwendige Bedingung ist allerdings, daß sich Politik und Unternehmen darüber im klaren werden, daß komplexe Probleme auch komplexer Antworten bedürfen. Die über zumindest ein Jahrzehnt verkündete Ideologie, daß Arbeitszeitverkürzung keine Arbeitsplätze schafft, gehört zu den Melodien, die inzwischen obsolet geworden sind. Umgekehrt sage ich aber auch, daß ein Modell, das die Arbeitszeitverkürzung zur alleinigen Heilerin der Massenarbeitslosigkeit hochstilisiert, falsch ist.

Ich halte fest, daß die Gewerkschaften mit der Verkürzung der wöchentlichen Arbeitszeit *einen Beitrag* zur Bekämpfung der Arbeitslosigkeit geleistet haben. Mit der vereinbarten Arbeitszeitverkürzung wurde in den Jahren von 1985 bis 1992 nach Berechnungen des IAB ein Beschäftigungseffekt von etwa 1 Million Arbeitsplätzen ausgelöst. Das ist nicht ausreichend. Um so schizophrener ist es aber, wenn für eine Verlängerung der Wochenarbeitszeit plädiert wird. Notwendig wird auch zukünftig eine Arbeitszeitverkürzung z.B. über Qualifizierungs- und Beteiligungszeit sein. Wer die Arbeitslosigkeit wirklich bekämpfen will, dem gegenüber sind wir bereit, über unkonventionelle Vorschläge wie die Schaffung eines öffentlich geförderten Arbeitsmarktes ernsthaft zu diskutieren und solche Vorschläge nicht vorschnell in traditionellen Grabenkämpfen zerpflücken zu lassen.

Alle Überlegungen müssen einbezogen werden. Intensiv muß über Innovationen nachgedacht werden, insbesondere über eine sozialverträgliche Arbeits- und Zeitorganisation. Die neuen Formen müssen sowohl den veränderten Marktbedingungen als auch den veränderten individuellen Wünschen der Menschen Rechnung tragen.

Auch die Arbeitnehmerinnen und Arbeitnehmer haben ein wachsendes Interesse daran, die Arbeitszeit beweglich einzuteilen, sie an unterschiedliche Bedürfnisse ihrer eigenen Lebenslagen anzupassen. Denken Sie nur an die Gleitzeit, die sich seit Jahren wachsender Beliebtheit erfreut. Wo soll denn geschrieben stehen, daß für alle einheitlich um sechs, sieben oder acht Uhr Arbeitsbeginn ist, oftmals mit der banalen Folge, daß man eine Stunde im Stau steckt. Es gibt nur wenige und in Zukunft immer weniger Arbeitsprozesse, die einen derartig festen Arbeitsrhythmus voraussetzen. Für immer mehr Beschäftigte ist es arbeitsorganisatorisch und produktionstechnisch durchaus möglich, Gleitzeitsysteme einzuführen.

Kein Tarifvertrag verbietet Gleitzeit. Daß das bestehende

Tarifvertragssystem oder gar die Gewerkschaften einen Kolonnenschritt in Sachen Arbeitszeitgestaltung vorschreiben, ist eine Legende, die auch durch ständige Wiederholung nicht richtiger wird.

Teilzeitarbeit nimmt ebenfalls zu — auch auf Wunsch der Betroffenen. Nicht wenige wollen nur halbtags oder an wenigen Tagen in der Woche arbeiten, etwa solange die Kinder klein oder weil pflegebedürftige Angehörige zu betreuen sind, oder um eine zusätzliche Ausbildung auf sich zu nehmen.

Sicher, die Gewerkschaften haben noch vor zehn Jahren Teilzeitangeboten eher skeptisch gegenübergestanden. Dies hatte und hat auch heute noch den Grund, daß oftmals Teilzeitarbeit angeboten wird, obwohl die Betroffenen viel lieber eine volle Stelle einnehmen würden. Wenn — und dies halte ich für eine Grundvoraussetzung — staatlicherseits die Frage der Alterssicherung gelöst wird und die Möglichkeiten der Rückkehr auf einen Vollzeitarbeitsplatz realisiert werden, dann bin ich überzeugt, daß die Anzahl der Teilzeitwilligen und an Teilzeit Interessierten zunehmen wird.

Es ist eine — wenn Sie so wollen — neue Aufgabe der Gewerkschaften, nicht nur die kollektiven Sicherungsinteressen, sondern auch die individuellen Gestaltungsmöglichkeiten der einzelnen Arbeitnehmerinnen und Arbeitnehmer zu berücksichtigen.

Das bedeutet, daß wir in unseren Tarifverträgen regulierte Möglichkeiten schaffen müssen, die dann zwischen den Betriebsparteien konkret ausgestaltet werden. Es mag sein, daß wir diese Notwendigkeit zu spät erkannt haben, aber das haben gewiß nicht nur wir. Wir wollen den Flächentarifvertrag und seine Sicherungsfunktion erhalten. Er hat auch den Unternehmen ein hohes Maß an sozialem Frieden und Berechenbarkeit geliefert. Es kann deshalb nicht darum gehen, ihn abzuschaffen, sondern es muß darum gehen, ihn zu modernisieren und im genannten Sinne zu gestalten.

Ich plädiere und werbe auch in den Gewerkschaften für ein Umdenken. Wir können z.B. vor den drängenden Fragen der Ökologie nicht die Augen verschließen. Auch wenn das Kostenbewußtsein gewachsen ist, gilt immer noch, daß das deutsche Technikleitbild weitgehend technikimmanent ist: Größer, schneller, besser, effizienter und halt auch teurer zu sein als die anderen. Das ging lange gut, das geht aber heute nicht mehr gut. Das Problem liegt darin, daß die Suche nach Innovationen auf die »noch bessere« Technik hin orientiert war, es aber dafür keinen oder keinen ausreichenden Markt mehr gibt. Irgendwann ist diese Technik auch ausgereizt und der zusätzliche Gewinn an Produktverbesserung steht in keinem Verhältnis mehr zu den dafür erforderlichen Kosten.

Die bloße Imitation von Leitbildern z.B. aus Japan ist aus meiner Sicht kein zukunftsträchtiger Weg. Man zieht fast immer den kürzeren, wenn man Modelle aus anderen erfolgreichen Ländern lediglich kopieren will. Deshalb werbe ich — und dies ist ein Teil des Umdenkens — dafür, daß wir uns ein neues Technikleitbild erarbeiten, das die besonderen Stärken der deutschen Wirtschaft betont, aber gleichzeitig auf dem Markt in Zukunft auf Nachfrage stoßen wird, bei relativ hohen Preisen, von denen wir in Deutschland auch weiterhin ausgehen müssen.

Ein solches Technikleitbild könnte die Problemorientierung sein. Problemorientierung heißt, sich die großen und kleinen Probleme, die wir bereits heute haben, und solche, die wir aller Wahrscheinlichkeit nach morgen haben werden, zum Leitmotiv für die Innovationssuche zu machen. Einen Mangel an Problemstellungen gibt es doch wahrhaftig nicht: Umweltverschmutzung, Landschaftsverbrauch, Wassermangel, Grenzen individueller Mobilität, soziale Dienstleistungen, erschwinglicher Wohnraum und viele andere mehr.

Natürlich verlangen viele dieser Probleme Lösungen, die sich nicht allein über die Nachfrage auf dem Markt erschließen, aber sie verlangen auch viele Produkte und Dienstleistungen, die nur über den Markt erbracht werden können. Ich glaube, daß gerade in unserem Land gute Voraussetzungen für eine solche Neuorientierung vorhanden sind.

Natürlich, eine solche Umorientierung kann nicht über Nacht erfolgen. Was zunächst wichtig wäre, ist eine Plattform, ein Gesprächsforum zwischen Industrie, den Hochschulen, zwischen den Verwaltungen und Forschungsinstituten, aber natürlich auch zwischen den Arbeitgebern und Arbeitnehmern und ihren Organisationen.

Warum sollte es nicht möglich sein, auf die Frage »Welche Wege müssen wir einschlagen, um Problemlösungen in marktfähige Produkte zu überführen?« eine Antwort zu finden und zwar eine, die gemeinsam erarbeitet und auch gemeinsam umgesetzt wird.

Ein solches Forum auf den verschiedenen Ebenen wäre keine billige Imitation des MITI oder die Wiederauflage der konzertierten Aktion. Es geht doch vielmehr um die Überwindung eines fragmentierten Systems von Wirtschaftseinheiten, die im Rahmen des alten Leitbildes der Technikimmanenz als Einzelkämpfer Erfolg hatten, diesen aber in Zukunft nur dann haben können, wenn sie sich an gemeinsam definierten Problemlagen orientieren.

Ich kann nur anbieten, daß die Gewerkschaften an diesen Problemlösungen mitarbeiten werden, sei es auf Betriebs-, sei es auf überbetrieblicher Ebene. In Baden-Württemberg, das wissen Sie vielleicht, wurde unter meiner Mitwirkung für den Werkzeugmaschinenbau ein solcher Weg beschritten. Es mag sein, daß auch in unseren Reihen noch gewisse Zögerlichkeiten existieren. Ich bin aber davon überzeugt, daß, wenn Problemlösungen nicht an den Gewerkschaften und ihren Interessen vorbei gesucht werden, diese Zögerlichkeiten in Engagement umschlagen werden.

Ich bin davon überzeugt, daß »Neues« aus dem Diskurs entsteht. Ich hoffe, daß wir zu einem solchen finden: Jenseits »alter« Muster und im Bewußtsein unserer Verantwortung.

Fuchs: Wenn es uns gelänge, Neues entstehen zu lassen, dann hätte sich diese Veranstaltung mehr als gelohnt. »Menschen können nicht wie Waren behandelt werden. Der Arbeitsmarkt ist kein Markt wie jeder andere. Das ist ein ethisches Diktum.« Dieser Satz stellen Sie gegen die kalte Disziplin der Nationalökonomie. Sie kennt den Faktorpreis Arbeit, und wenn der Preis für diesen Faktor zu hoch ist, wird Arbeit üblicherweise substituiert. Wie löst sich dieser Konflikt? Der Konflikt löst sich in Arbeitslosigkeit. Wie ist diese denn mit Ihrem ethischen Diktum vereinbar? Sie haben darauf hingewiesen: Vier Millionen sind ohne Arbeit, sechs Millionen suchen Arbeit. Wie soll der Konflikt gelöst werden?

Riester: Ich bin sehr nahe bei Herrn Professor Giersch, wenn es um die Frage der Produktinnovation geht. Ich denke nicht, daß die nackte Realität des Marktes dieser Logik entgegensteht; denn alle Erfahrungen, die wir bezüglich der Kosten des Faktors Mensch gemacht haben, sprechen im Kern nicht dafür. Wir haben mit dem Tarifsystem und mit den Faktorkosten lange Zeit einen hohen Grad an Beschäftigungssicherung gehabt. Das gravierende Abbrechen gerade in den letzten zwei Jahren ist bei gleichen Tarifstandards erfolgt. Und wenn ich den internationalen Bereich betrachte, dann kann ich bei größeren Lohnspreizungen kein höheres Maß an Beschäftigungssicherung sehen, weder in Großbritannien noch in Frankreich noch in Spanien noch in Italien. Aber ich denke, der Ausgangspunkt für mehr Produktinnovation, mehr innovative Problemlösungen, für die es eine Fülle von Ansätzen gäbe, wäre ein lohnenswerter Weg, den wir gemeinsam angehen können, ohne sozusagen in die unmittelbaren Interessenlinien einzubrechen.

Walter: Ich beginne gleich bei der Viertagewoche von VW und der Idee, daß Arbeitszeitverlängerung unser Problem lösen könnte, in Zukunft für mehr Menschen mehr attraktive Arbeit zu ermöglichen. Lassen Sie mich gleich dort attackieren. Es wäre allen Nachdenkens wert gewesen, neben den Überlegungen in Richtung Verkürzung der Arbeitszeit für Produktionsarbeiter, für die angesichts der implementierten Technologie die Nachfrage offenkundig fehlt, in gleichem Umfang, vielleicht sogar noch stärker, intensiv darüber nachzudenken, wie man über einen Mehreinsatz der Verkäufer und der Ingenieure in der gleichen Branche jetzt und vor allem künftig dafür sorgen könnte, daß wir bei dem auch von Ihnen favorisierten Wettbewerb um die besseren Produkte endlich einmal nicht mehr systematisch hinten lägen, sondern wieder eine Chance hätten, vorne zu sein. Man könnte sogar ganz verwegen sein und sagen, wir müßten in diesem Sektor dazu beitragen, über neue Konzepte, die auch das Besoldungssystem betreffen müssen, die aber auch eine Öffnung anderer Elemente des Tarifvertrags erfordern, dafür zu sorgen, daß der eine oder andere, der die Fähigkeit und den Willen dazu hat, von dem Produktionsbereich in den Marketingbereich oder den Entwicklungsbereich überwechselt. Stattdessen erscheint es für jene, die nicht in der Produktion arbeiten, betriebswirtschaftlich sinnvoll, ähnliche soziale Standards – in diesem Fall die kürzere Arbeitszeit – zu fordern.

Lassen Sie mich zur Teilzeitarbeit und zu dem Anspruch, dort gleichzeitig die volle soziale Sicherheit zu fordern, sagen, daß wiederum die Logik des Sachzwangs angesichts der Existenz von zweiten Jobs, von Schwarzarbeit, vermutlich bewirken wird, daß es dann natürlich eine unendlich große Nachfrage nach solchen gut ausgestatteten Teilzeitjobs geben wird, aber nur ein geringes Angebot. Wir werden also den *mismatch* organisieren, wenn wir die volle Ausstattung des Teilzeitarbeitsplatzes mit allen Insignien des heutigen Vollarbeitsplatzes fordern.

Ein anderer Gedanke, der nicht einmal besonders an die Gewerkschaften gerichtet ist, sondern eher an uns als Öffentlichkeit: Wenn wir über Teilzeitarbeit diskutieren, immer mehr Menschen hochqualifiziert ausbilden und immer weniger Menschen diese Zeit ausnutzen lassen, dann müssen wir wissen, daß die Amortisationszeit für die hohen Investitionskosten in Humankapital kürzer ist. Das heißt: Wenn wir uns in diesem Umfang Humankapitalbildung als Konsumgut leisten, muß die Entlohnung in der aktiven Arbeitszeit geringer sein. Dieser Gedanke wird deshalb nicht gedacht, weil wir auf irgendeine imaginäre Weise bei uns die wahnsinnig teure Ausbildung schlicht und einfach dem Staat vor die Füße werfen und die Kosten deshalb privat nicht mehr wahrnehmen.

Warum können wir den Gegensatz zwischen Arbeitszeit und Freizeit nicht teilweise dadurch auflösen, daß wir einen dritten Aspekt, den der Lern-, der Ausbildungs-, der Weiterbildungszeit in das Konzept aufnehmen, und zwar entschlossen und nicht im Sinne von Anspruch, wie es beim Bildungsurlaub leider derzeit der Fall ist? Ich wünschte mir, daß auch die Gewerkschaften erkennen, daß ohne einen persönlichen Beitrag des Mitarbeiters die Lernzeit, die Weiterbildungszeit nicht optimal genutzt wird. Warum können Arbeitgeber- und Arbeitnehmervertreter nicht vereinbaren, aus dem wirklich sehr reichlichen Urlaub — der immer unattraktiver wird, weil die Einkommen nicht mehr ausreichen, ihn nett zu gestalten — ein Urlaubskonto anzusparen und aus diesem Konto Abbuchungen für Weiterbildung in späteren Jahren oder im gleichen Jahr vorzunehmen? Wir brauchen dringend Ausbildung. Wir können uns aber höhere Kosten nicht leisten.

Riester: Herr Walter, ich fand das überhaupt nicht provokant. Provokant finde ich eher die Praxis. Provokant finde ich eine Realität, in der sehr viele hochqualifizierte Verkäufer, Ingenieure auf dem Arbeitsmarkt sind und nicht in die Arbeit hineinkommen. Ausgehend von dieser uns alle provozierenden Situation den Weg in einer Verlängerung der Arbeitszeit der Qualifizierten zu sehen, ist zumindest mit einem Fragezeichen zu versehen. Sie wissen, daß wir tariflich 1990 den Weg gegangen sind, bei einem Teil der Beschäftigten die Mindestarbeitszeit zu verlängern. Die Erfahrungen, die wir damit betrieblich gemacht haben, waren nicht sehr ermutigend.

Der nächste Punkt, der mich an der Praxis provoziert: Sie haben zu Recht darauf hingewiesen, daß es einen erheblichen Bedarf an Weiterbildung gibt. Sie verbinden das mit dem konkreten Vorschlag, dies über eine Umwandlung von Urlaubszeit in Weiterbildungszeit zu lösen. Ich will nicht darüber diskutieren, ob das zumutbar wäre. Wir haben 1988 als Tarifvertragspartei in Baden-Württemberg den Versuch unternommen, Systematik in diese Frage der Weiterbildung hineinzubringen. Ich habe mich in den Gesprächen, die sich über drei Jahre hingezogen haben, fast völlig der Argumentation des Verbands der Metallindustrie angeschlossen. Wir haben dann vereinbart, daß die Unternehmen einmal jährlich ihren Bedarf an Weiterqualifizierung auflisten, auch vor dem Hintergrund der Investitionsüberlegungen, und dann in eine Systematisierung von Weiterbildung gehen. Der Betriebsrat seinerseits hat diesen Prozeß mitorganisiert.

Aber es hat sich nichts verändert. Die Weiterbildung in den Betrieben läuft immer noch so, daß die Qualifiziertesten Angebote bekommen, aber im unteren und mittleren Bereich kaum Weiterbildungsangebote gegeben werden. Eines der Kernprobleme ist, daß in der Breite der Betriebe das Personal gar nicht da ist, um zu einer Systematisierung der Weiterbildung zu kommen. Dabei müßte die Weiterqualifizierung eigentlich auf einer relativ guten betrieblichen Erstausbildung aufsetzen. Das provoziert zum Weiterdenken: Wie können wir da herangehen?

Die Lösung wäre aber nicht Auflösung von Urlaub in Weiterbildungszeit. Wäre dies der richtige Weg, dann hätten wir wahrscheinlich eine breite Entwicklung, die gegenwärtige Kurzarbeit in Qualifizierungszeit umzuwandeln – was wir sehr stark fordern. Auch da fehlt die Systematisierung.

Sie sagen, die Spreizung hin zu Qualifizierten in der Entlohnungsfrage und der Übergang vom Facharbeiter zum Angestellten falle so schwer. Richtig. Auch da provoziert mich die Praxis. Erstens ist diese Spreizung der »Leistungsträger« nach oben sicherlich durch die tariflichen Bedingungen, die ja Mindestbedingungen sind, nicht gehemmt. Wir laufen seit Jahren an gegen die tarifliche Abgrenzung zwischen Arbeitern und Angestellten. Die IG Metall muß sicherlich nicht angespornt werden in dem Bestreben, hier eine stärkere Durchlässigkeit herzustellen. In einem Tarifgebiet, in Nordwürttemberg/Nordbaden, sind wir relativ weit in der Verfolgung dieser Überlegungen. Aber auch dort ist die Praxis das Provozierende. Denn viele Unternehmen sagen: Laßt mal lieber alles beim alten! Da sehe ich also den Konservatismus in der Entwicklung entsprechender Tarifstrukturen – bei aller Kritik, die ich auch an meiner eigenen Organisation übe – weniger bei den Gewerkschaften, sondern eher auf der Gegenseite.

von Voss: Zur Entwicklung der Beschäftigung in den hinter uns liegenden Jahren ist mir vor wenigen Tagen eine Berechnung auf den Tisch gekommen, die der *European Round Table* der Europäischen Kommission zum Weißbuch mitgeliefert hat. Hieraus ergibt sich, daß im Zeitraum von 1976 bis 1990 in den USA fast zwei Drittel des Beschäftigungszuwachses im privaten gewerblichen Sektor und das restliche Drittel im öffentlichen Sektor stattgefunden haben. In der Europäischen Gemeinschaft haben knapp ein Zehntel im privatgewerblichen Bereich und neun Zehntel im öffentlichen Sektor, in Japan etwa zwei Drittel im gewerblichen, ein Drittel im öffentlichen Bereich stattgefunden. Und in Deutschland rühmen wir uns, seit 1983 einen Beschäftigungsanstieg zu haben, und dann stellt man fest, daß davon im Gegensatz zu den restlichen Staaten Europas weit mehr als die Hälfte im öffentlichen Sektor stattgefunden hat.

Man muß sich doch die Frage vorlegen: Ist Ihre These, daß der öffentliche Sektor den privaten Sektor bereits erstickt, möglicherweise schon Wahrheit geworden? Das würde mir erklären, warum wir keine Bewegung im gewerblichen Bereich haben, so daß die Spreizungsthese von Herrn Professor Giersch möglicherweise ein Schlüssel für die Entwicklung einer besseren Beschäftigungslage in Deutschland ist.

Während der Zeit, in der wir im Föderalen Konsolidierungsprogramm 15 Milliarden DM bei den sozialen Ausgaben — Gesamtvolumen, wie Sie wissen, 1 Billion DM, mit steigender Tendenz —, eingespart haben, hat Schweden sich veranlaßt gesehen, umgerechnet 300 Milliarden DM in allen Bereichen öffentlicher Aufwendungen, einschließlich natürlich sozialer Aufwendungen, einzusparen.

Der Bundesfinanzminister hat eine Vorausschau der Finanzentwicklung in Deutschland gegeben und angekündigt, daß er das Ziel verfolge, bis zum Jahre 2000 auf die Verschuldungsgröße von vor 1989, also vor der Wiedervereinigung, zurückzukehren. Das heißt, wir möchten in knapp viereinhalb Jahren etwa 200 Milliarden Mark einsparen. Wollen wir das alles mit Wachstum machen, oder sehen wir uns nicht doch gezwungen, im Interesse von Innovation, Produkten, Fertigkeiten und Dienstleistungen mit allen Möglichkeiten, im gemeinsamen Interesse darüber nachzudenken, wie wir über Flexibilität, über einen weiteren Flur der Privatisierung und sozial gewichteter Deregulierung — ich bin ja gar nicht dagegen — doch mehr Kraft finden, um Investitionen wirklich Platz einzuräumen? Daran fehlt es doch offenbar. Ich glaube jedenfalls, daß Ihre These, den zweiten Arbeitsmarkt als Brücke zu installieren, nur an einer Seite des Ufers verankert ist, und Tausende befinden sich auf dieser Brücke, die in das kalte Wasser der ökonomischen Fakten eines weltweiten Wettbewerbes stürzen. Davor müßte man sie sicherlich bewahren.

Riester: Ausgangspunkt war ja Ihre Feststellung, daß im Gegensatz zur Europäischen Union die USA zwei Drittel des Zuwachses im privaten Sektor haben. Es wäre vielleicht interessant, die Zahlen differenzierter zu sehen. Ein Zuwachs an Arbeitsplätzen bedeutet noch nicht einen entsprechenden Zuwachs an Arbeitszeitvolumen. Die in den USA entstandenen Arbeitsplätze sind häufig Arbeitsplätze mit Teilzeit, wogegen ich mich im Moment gar nicht aussprechen will. Aber solche Vergleiche ignorieren häufig, was an Arbeitszeitvolumen beim einzelnen Beschäftigten steckt. Dahinter stecken aber natürlich die in den USA sehr großen Probleme, die Lebensversorgung mit dem vorhandenen Einkommen sicherzustellen.

Zu der dahinterstehenden Überlegung, wir müßten stärker Innovationen und Entwicklungen im privaten Bereich fördern, haben Sie zumindest aus meinem Vortrag nicht entnehmen können, daß wir dort weit auseinander sind. Ich plädiere nicht für eine Ausweitung des öffentlichen Sektors. Ich stelle aber auch in Frage, ob die uns immer wieder offerierte Linie, wir hätten einen erheblichen Zuwachs im Dienstleistungsbereich, so richtig ist. Dem stelle ich meine These entgegen, daß wir, ausgehend von den Stärken, die wir im produktiven Bereich haben, mit neuen Leitbildern den produktiven Bereich entwickeln müssen, um auch dort zu produktionsnahen Dienstleistungen zu kommen.

Sie haben im zweiten Teil Ihrer Frage den Vergleich der Einsparungen in Schweden und der Bundesrepublik mit 15 Milliarden zu 300 Milliarden DM gebracht. Ich habe Zweifel, ob dieser Vergleich uns weiterbringt.

Kleiner Hinweis: Der deutsche Einigungsprozeß führt dazu, daß wir jährlich etwa 50 Milliarden DM aus den Sozialkassen für Transferleistungen in den neuen Bundesländern entnehmen, die nach meiner politischen Beurteilung besser steuerfinanziert wären. Die Aufwendungen, die wir haben, die mit den Aufwendungen in Schweden so nicht vergleichbar sind, und die Frage, wodurch sie finanziert werden, sind ein deutlicher Hinweis, warum es zu solchen Verzerrungen kommt.

Zweiter Hinweis: Die sehr breiten sozialen Sicherungssysteme in Schweden haben möglicherweise auch eine wesentlich höhere Flexibilität bei ihrer Reduzierung als in der Bundesrepublik. Aber aus all dem abzuleiten, daß es der schwedischen Wirtschaft besser gehe oder der Arbeitsmarkt in Schweden nachhaltig einen Impuls bekommen habe, dafür geben die Fakten, die wir kennen, wenig her. Darüber können wir uns vielleicht in zwei Jahren noch einmal unterhalten.

Aus meinen Ausführungen konnten Sie nicht entnehmen, daß ich dafür plädiere, den zweiten Arbeitsmarkt als Brücke zu entwickeln. Aber ich nehme den Punkt gerne auf.

Ich sehe durchaus interessante Aspekte auch eines öffentlich geförderten Arbeitsmarktes in der Brückenfunktion, aber nicht über eine Absenkung der Löhne – zumindest so lange nicht, bis der Anreiz vorhanden ist, sozusagen in den besser bezahlten ersten Arbeitsmarkt zu wechseln. Eher sehe ich die Brückenfunktion für Tätigkeiten und für die Professionalisierung von Arbeit, die im Moment allein aus den Nachfragewirkungen des Marktes nicht entsteht. Ich sehe darin nicht das Heil, aber ich denke, auch über diese Fragen müssen wir diskutieren.

Ich ärgere mich sehr darüber, daß über diese Fragen eigentlich nur von den beiden Polen her diskutiert wird. Der eine Pol ist: Dieser Beitrag des zweiten Arbeitsmarktes über die entsprechende Absenkung der Einkommen der dort Beschäftigten ist notwendig. Der andere Pol, im Gewerkschaftsbereich zu orten, ist: Alles, was unter den tariflichen Mindestbedingungen ist, ist unakzeptabel. Wir sollten uns in der Tat mehr Gedanken darüber machen, was an Anforderungen da ist, wie sie durchaus mit Wertschöpfung entwickelt werden könnten und wie über eine entsprechende Professionalisierung eine Erweiterung des ersten Arbeitsmarktes erfolgen kann. Dafür gibt es, glaube ich, ganz gute Beispiele.

Queisser: Innovative Produkte zu erhoffen war ja ein stetiges Thema heute, sehr schön klingend. Aber die Realität in den wissensbasierten neuen Industrien sieht ja für Europa und für Deutschland leider sehr viel trauriger aus. Ich als Forscher habe die Pflicht und Aufgabe, gerade für dieses Gebiet junge Menschen auszubilden und am internationalen Standard zu trainieren, habe aber gleichzeitig auch die Pflicht, Anwalt dieser jungen Leute zu sein, die im Augenblick in einem erschreckenden Maße arbeitslos sind und in den Unternehmen verschlossene Türen finden. Die innovativen Ideen, die Abhilfe schaffen könnten, gäbe es ja im Ausland, beispielsweise den Gedanken, wenigstens Teilzeitarbeit für junge Forscher nach ihren Prüfungen in den Unternehmen zu finden, *postdoctoral trainee positions* zu erzeugen. Das Schlimme ist, daß auch dieser Weg nur außerordentlich schwer zu begehen ist. Der Verband der Chemischen Industrie hat schon seit den 20er Jahren bewährte Ideen nicht realisieren können. Diejenigen, die drin sind, sind zu stark dagegen, ob es der Verband der Angestellten Akademiker oder die jeweiligen Betriebsräte sind. Das ist auch ganz klar: Solange Tausende von Leuten entlassen werden müssen, führt ein Senioritätsprinzip natürlich dazu, daß die jungen Leute nichts finden. Und das Gespenst von Lohndrückern, eine furchtbare Vision für jeden Gewerkschaftler, deutet sich da auch schon an. Ein Unternehmen, das wir beide sehr gut kennen, hat den Ausweg, wenigstens einige junge Ingenieure und Wissenschaftler zumindest für eine kurze Zeit anstellen zu können, darin gefunden, daß die Auslandstöchter, dort, wo größere Flexibilität vorhanden ist, solche jungen Leute anstellen.

Das ist ein Konflikt, Herr Riester, angesichts dessen Sie in einem schweren Dilemma sind – wo wir Ihnen natürlich helfen müssen – zwischen dem von Ihnen in Ihrer Rede sehr stark herausgestellten Schutz für das Bestehende und der Innovation. Wie wollen Sie an diesem praktischen, realen und sehr traurigen augenblicklichen Beispiel dieses Dilemma lösen?

Riester: Herr Professor Queisser, zu dem Beispiel junger Wissenschaftler, die an Teilzeitjobs interessiert wären: Es gibt wenig Widerstände von Betriebsseite und schon gar nicht von den Gewerkschaften. Es gibt sie weder tariflich noch real. Ich sehe das auch nicht bei den Betriebsräten. Ich sehe allerdings innerbetriebliche Widerstände.

Die spannende Frage sehe ich in den Bereichen Innovation, Produkte usw. Ich will ein kleines Beispiel schildern. Ich habe vor zwei Jahren einen Maschinenbaubetrieb in Baden-Württemberg, mittelständisch strukturiert, 650 Beschäftigte, besichtigt. Der Geschäftsführer hat zu Beginn das Unternehmen vorgestellt und hat am Schluß darauf hingewiesen, daß es dem Unternehmen gelungen ist, den aufkommenden Müll und Sondermüll in drei Jahren auf 20 Prozent zu reduzieren. Sie haben das erreicht auch über entsprechende Investitionen, indem sie beispielsweise ihr Fachpersonal dafür gewinnen konnten, ein Kühlschmiermittel für alle Bearbeitungsprozesse einzusetzen und dann eine zentrale Kühlschmiermittelversorgungsanlage einzurichten. Diese Investition von 350 000 DM hat sich in 16 Monaten amortisiert.

Ich habe dieses und weitere Beispiele im Strategieausschuß eingebracht. Daraufhin sagte ein Geschäftsführer eines sehr renommierten Maschinenbauunternehmens: »Eigentlich haben Sie ja recht. Unser Leitbild in der Technikentwicklung war immer von dem Gedanken geprägt, wie wir über Technikeinsatz Materialbearbeitung optimieren können. Wir haben uns eigentlich kaum Gedanken über die Minderung von Kühl- und Schmiermitteln oder darüber gemacht, was mit den Spänen passiert.«

Wir haben diesen Dialog dann weitergeführt und gefragt: Wo werden sich denn zukünftige Märkte entwickeln? Und jetzt will ich mal von dem im Moment sehr intensiven Wachstum in Südostasien absehen. Wir haben den osteuropäischen Markt, der sich wahrscheinlich in den nächsten 15 Jahren entwickeln wird. Wir haben gefragt: Worin könnten denn dort die

Anforderungen bestehen? Und wir waren sehr schnell auf dem Punkt, daß die teuren, komplizierten Systemlösungen, deren Entwicklung die Stärke des deutschen Werkzeugmaschinenbaus ist, dort höchstwahrscheinlich nicht gefragt sind, wohl aber modular aufgebaute, standardisierte Maschinen, die Entwicklung neuer Leitbilder, die auch in diesem qualitativen Bereich, den ich jetzt kurz skizziert habe, große Chancen hätten. Dies setzt aber voraus, daß der mittelständisch strukturierte Werkzeugmaschinenbau sich auch in bestimmten Bereichen der Kooperation Gedanken macht.

Franz: Herr Riester, eine etwas grundsätzlichere Bemerkung zum Selbstverständnis von Gewerkschaften in einem marktwirtschaftlichen System, in dem die Mitgliedschaft in einer Gewerkschaft freiwilliger Natur ist. Ich glaube, Sie kommen mehr und mehr in eine Art Dilemma. Lassen Sie mich das am Beispiel von Tarifverhandlungen verdeutlichen.

Um bei den Gewerkschaften Mitglieder anzuziehen, müssen Sie ja beispielsweise in Tarifverhandlungen eine bestimmte Erwartungshaltung aufbauen. Sonst sagen die potentiellen oder tatsächlichen Mitglieder: »Warum soll ich in eine Gewerkschaft gehen? Eine Nullrunde kriege ich auch ohne Gewerkschaft.« Auf der anderen Seite haben Sie selbst gesagt, Sie sähen den Kostendruck im internationalen Wettbewerb. Sie müssen also im Laufe von Tarifverhandlungen diesen Erwartungsdruck wieder reduzieren. Das stößt natürlich auf Unmutsäußerungen seitens der Beteiligten. Ein gutes Beispiel ist das, was letztes Jahr bei der ÖTV passiert ist, als die Gewerkschaft nach einem Streik den Tarifvertrag entgegen dem Votum der Abstimmenden akzeptiert hat. Welche Vorstellungen können Sie darüber entwickeln, wie ein Verhandlungsführer seitens der Gewerkschaften — ich glaube, für einen Arbeitgeber ist das, mutatis mutandis, nicht viel anders — in einer Zeit härteren Wettbewerbs aus dieser Dilemmasituation herauskommen will? Sie müssen Mitglieder attrahieren, auf der anderen Seite sehen Sie den engen Verteilungsspielraum, der nicht mehr viel zu verteilen läßt.

Riester: Für diese spannende Frage gibt es keine Patentlösung, weil sich Gewerkschaften unterschiedlich darstellen. Ich nehme mal meine eigene Gewerkschaft, die IG Metall. Das, was Sie an Anforderungen geschildert haben, geht vor allem aus dem ehren- und hauptamtlichen Funktionärsbereich in Tarifrunden hervor. Hier gibt es gebrochene Wahrheiten. Die Beschäftigten und auch die ehrenamtlichen Funktionäre erleben Umstellungsprozesse in den Betrieben, die teilweise sehr schmerzlich sind, und tragen sie zum Teil mit. Dies stellt sich in den Tarifkommissionen ein Stück anders dar. Mit diesen unterschiedlichen Ebenen umzugehen ist eine sehr komplizierte Sache. Daß dies den deutschen Gewerkschaften und meiner Gewerkschaft im besonderen relativ gut gelungen ist, zeigt der Vergleich mit anderen Gewerkschaften. Aber wir werden das Problem nie ganz lösen können. Es wird sich zugespitzt in Tarifrunden stellen.

Aber viel wichtiger sind die von der Öffentlichkeit kaum verfolgten täglichen sozialen Prozesse, in denen sich Gewerkschaften in betrieblichen Auseinandersetzungen, Umstellungs- und Strukturierungsprozessen behaupten. Meine Position besteht darin, daß es die Hauptaufgabe der Gewerkschaften ist, sich in diesen Prozeß einzulassen, ihn im Interesse der Mitgliedschaft zu gestalten. Es gibt auch andere Positionen. Es gibt Forderungen, sich dem Prozeß zu verweigern. Ich bin der Auffassung: Indem wir uns auf den Prozeß einlassen, ihn im Interesse der Mitgliedschaft mitgestalten, werden wir bei der Mitgliedschaft und möglicherweise bei einem Teil der Funktionäre große Widerstände haben, wir werden aber bei der Mitgliedschaft insgesamt dieses sehr gut honoriert bekommen. Nehmen Sie einmal das Beispiel der *lean production*, die aus der Notwendigkeit entstand, aus dem Arbeitsprozeß nicht-wertschöpfende Teile herauszunehmen, was natürlich zumindest kurz- und mittelfristig eine fatale Wirkung für die Beschäftigungssicherung hat. Trotzdem ergibt es einen Sinn, sich diesem Prozeß zu stellen.

Es gibt dort auch durchaus unterschiedliche Interessen. Unser Interesse beispielsweise ist es, daß der damit verbundene Selektionsprozeß eben nicht zu einer brutalen, antisozialen Auslese führt. Da haben wir andere Überlegungen: Qualifizierungsüberlegungen, Anpassungsüberlegungen in der Arbeitsorganisation, also ein breites Feld von Gewerkschaftsaufgaben, wo sich eine Gewerkschaft bewähren kann und bewähren muß. Insofern, denke ich, lösen sich Akzeptanzschwierigkeiten, die Sie mehr auf die Frage der Tarifforderungen beziehen, in dieser konkreten Arbeit in dem Moment auf, in dem sie tatsächlich erledigt wird. Ich bin auch der Auffassung: Daran wie dieses Feld betrieblicher Arbeit gestaltet wird, entscheidet sich sehr stark die Zukunft der Gewerkschaften. Für ein Mitglied ist die Gewerkschaft weder der Klaus Zwickel noch der Walter Riester noch der Bevollmächtigte vor Ort. Für das Mitglied ist die Gewerkschaft in der Regel der Betriebsrat, die Vertrauensleute, die er kennt, Menschen, die er ganz konkret sieht und deren Verhalten und die Art, wie sie in diese Prozesse einwirken, was sie einbringen können an Gestaltung, an Sicherheit, an allem, er bewertet. Das ist das Maß, nach dem eine Gewerkschaft beurteilt wird.

Ich sage noch einmal: Wenn man die Entwicklung der deutschen Gewerkschaft und die Entwicklung aller Gewerkschaften sonst auf der Welt betrachtet, sind wir glücklicherweise in einer positiven Ausnahmesituation.

Riesenhuber: Herr Riester, ich finde es ungemein beeindrukkend, was an Innovationen in dieser Tarifrunde möglich ist. Sicher wird dies weitergehen. Und die Art, wie Sie hier diskutieren, öffnet ja Möglichkeiten, Alternativen zu prüfen.

Ich möchte noch mal auf die Grundsatzfrage zurückgehen,

die Herr Fuchs zu Beginn unserer Diskussion aufgrund der unterschiedlichen Positionen von Ihnen und Herrn Giersch gestellt hat. Sie fordern die humane Dimension ein, auch für den Arbeitsmarkt. Giersch sagt: Wenn wir nicht die Prävalenz der wirtschaftlichen Dimension achten, wird das System insgesamt gefährdet. Wir lösen vielleicht kurzfristig soziale, humane Probleme usw., tun dies aber auf Kosten der langfristigen Funktionsfähigkeit des Systems insgesamt oder, anders gesagt, zu dem Preis, daß nach einer begrenzten Zeit das Problem größer ist als vorher.

Nun gibt es – Sie haben Beispiele dafür genannt – wichtige Bereiche, in denen kein Gegensatz zwischen sozialen und wirtschaftlichen Dimensionen besteht. Die Gleitzeit ist in beider Hinsicht eine hilfreiche Innovation. Wenn aber der Gegensatz besteht, dann entsteht wirklich die Frage, ob die humane Dimension übergeordnet sein kann.

Ist das jetzt nur eine Theorie der reinen Wissenschaft? Ich rekurriere auf »Zukunft 2000«, wo Sie in Baden-Württemberg mitgearbeitet haben. Eine der Forderungen in diesem Bereich ist die Lohndifferenzierung – wenn ich mich recht erinnere, gegen Ihren Widerspruch. Aber immerhin ist es eine These der Kommission, die ja überwiegend aus Praktikern besteht. Die Bewahrung des sozialen Friedens und alles, was daraus an Menschlichkeit und Fähigkeit zum Konsens in der Gesellschaft folgt, ist ein sehr hohes Ziel; und wenn es uns nicht gelingt, einen Konsens beispielsweise für Innovationen zu erreichen, finden diese nicht statt – siehe Einführung des Lichtsatzes in der Druckindustrie vor 12 oder 14 Jahren.

Die klassische Antwort der sozialen Marktwirtschaft ist: Die Wirtschaft soll nach ihren eigenen Gesetzen funktionieren. Den Rahmen des Sozialen hat der Staat zu gewährleisten. Beides ist komplementär zueinander und steht in einem immerwährenden Spannungsverhältnis.

Wenn nun von vielen gesagt worden ist, die soziale Marktwirtschaft solle eine ökologische und soziale Marktwirtschaft werden, so zeigt das die gleiche Dimension. Ökologie ist kein Produkt des Wirtschaftens selbst. Ökologie ist ein Produkt des Wirtschaftens und der Rahmenbedingungen, die in Spannung zur Eigengesetzlichkeit des Wirtschaftens vom Staat her gesetzt werden. Das würde auf die These von Herrn Giersch hinauslaufen: Das, was als humane Dimension eingefordert wird, beispielsweise die Anhebung von sehr geringen Löhnen für sehr begrenzt qualifizierte Arbeit, habe nicht die Wirtschaft mit ihren eigenen Gesetzen, sondern der Staat zu leisten. Wir müssen uns natürlich darüber klar sein, was der Staat überhaupt zu leisten vermag. Diese Frage stellt sich aber ohnehin. Die Kosten entstehen unabhängig davon, ob sie im Bereich des Staates oder im Bereich der Wirtschaft zu buchen sind.

Die Frage ist also immer: Bleiben die Spielregeln als solche so intakt, daß die mögliche Angleichung an strukturelle Veränderung in einer begrenzten Zeit möglich ist, in der wirtschaftlichen Dimension, die die Wirtschaft nach ihren Regeln zu gestalten hat, und in der humanen Dimension, für die der Staat eine besondere Verantwortung trägt? Würden Sie hier in Anknüpfung an das, was Herr Fuchs zu Beginn dieser Diskussionsrunde sagte, nicht meinen, daß man die Mechanismen des Arbeitsmarktes und damit seinen schließlichen Erfolg unter begrenzenden Bedingungen beeinträchtigt, wenn man versucht, die humane Dimension in den Prozeß beispielsweise der Findung von Löhnen hineinzubringen und dies nicht in dem komplementären Bereich des Staates zu lassen?

Fuchs: Ich würde es fast — Journalist, der ich bin — auf den harten Satz bringen wollen: Der humane Ansatz, die unteren Lohngruppen möglichst nach oben zu transportieren, führt zu der inhumanen Wirkung, daß sie relativ schnell in die Arbeitslosigkeit entlassen werden und von dort nicht mehr requalifizierbar sind.

Riester: Ich habe, etwas weiter zugespitzt, die These vertreten, daß die Frage der Ökonomie ohne starke Impulse aus der humanen Betrachtung heraus ihre Grenzen nicht erweitern wird. Das, was zur Zeit im aufgeklärten Management und zum Teil auch in der Praxis in den Betrieben unter dem Gesichtspunkt breiterer Freiräume und der Einbeziehung der Beschäftigten selbst läuft, wird ja nicht aus Jux und Dollerei oder nur aus reiner Menschenfreundlichkeit gemacht, sondern damit verbindet sich durchaus die Sicht, daß die breitere Entfaltung der Humanressourcen sich sehr wohl rechnet. Deswegen wehre ich mich auch ein bißchen dagegen, diesen humanen Gesichtspunkt auf den Lohngesichtspunkt zu reduzieren. Aber selbst wenn wir ihn dort betrachten, möchte ich doch in diesem Kreis zumindest versuchen, mit nachhaltigen Vorurteilen aufzuräumen.

Herr Professor Giersch hat ausgeführt, daß — ich sage es jetzt einmal etwas polemisch — die Sockelei der Gewerkschaften zu einem Wegtarifieren von Arbeitsplätzen geführt hat. Die Differenzierung der Löhne aus den Tarifverträgen heraus ist in den Jahren 1968 bis 1972 im ganzen Bundesgebiet entstanden. Immer wieder haben die Gewerkschaften in Tarifrunden eine Sockelanhebung gefordert. Realisiert haben sie 1978 im Arbeitskampf den Wegfall der Bezahlung der Lohngruppe 1 und 1991 eine Anhebung der Lohngruppe 2. Die Realität der Entwicklung der Lohngruppen ist aber an diesen beiden Dingen weit vorbeigelaufen, und zwar durch die tendenzielle Anhebung der Anforderungen. Sie haben heute nur noch eine ganz geringe Besetzung der unteren vier Lohngruppen, aber nicht durch die Entscheidung der Tarifpolitik, sondern durch die Entwicklung der Anforderungen in den Betrieben. Anforderungsbezogene Entlohnung ist sozusagen eine der zentralen Grundfragen, die von der Arbeitgeberseite verteidigt wird — gegen mich muß man sie gar nicht verteidigen, denn ich halte anforderungsbezogene Eingruppierung auch für entscheidend, aber es hat ungeachtet der allgemeinen Diskussion um die Sockelanhebung nicht zu einer Verschiebung der tariflichen Mindestdifferenzierung geführt.

Die Praxis allerdings ist den bestehenden Tarifverträgen längst davongelaufen. Das ist aber nicht das Ergebnis der Tarifpolitik, sondern es ist das Ergebnis der sehr marktmäßigen Auseinandersetzungen in den Betrieben ungeachtet der tariflichen Mindestbedingungen.

Aber ich sage nochmals: Ich hielte es für sehr hilfreich, wenn wir diesen humanen Aspekt nicht nur auf die Lohnfrage reduzierten, sondern uns überlegten, welche durchaus wirtschaftlichen Effekte in der Humanentwicklung liegen.

Wolfgang Reitzle

Die neue Rolle der Arbeitgeber

Das diesjährige Jahreskolloquium der Alfred Herrhausen Gesellschaft neigt sich dem Ende zu. Es konnte nicht das Ziel dieser Veranstaltung sein, ein Patentrezept zur schnellen, schmerzlosen Überwindung der Arbeitslosigkeit zu erarbeiten, was bei der Komplexität der Problemstellung auch gar nicht möglich ist. Und doch kam eine Reihe von Erkenntnissen zutage, die uns zuversichtlich stimmen, daß die gravierendsten Probleme des Arbeitsmarkts gelöst werden können. In jeder Gesellschaft gibt es immer genügend Vernünftiges zu tun — knapp ist nur die Möglichkeit, sehr hohe Arbeitskosten zu erwirtschaften. Die Bedürfnisse der Menschen sind bei weitem nicht gesättigt, weder quantitativ noch qualitativ. Neue, auch kollektive Bedürfnisse, etwa der Wunsch nach einer intakteren Umwelt, eröffnen zusätzliche Beschäftigungschancen. Offenbar mangelt es aber an Bedingungen, die es ermöglichen, jedem, der zu arbeiten wünscht, auch Arbeit anzubieten, jedenfalls in legaler Form. Belege hierfür gibt es genug. Die zunehmende Attraktivität der Schwarzarbeit und die Tatsache, daß wir in Deutschland nach wie vor auf den Einsatz ausländischer Arbeitnehmer angewiesen sind und umgekehrt einfache Arbeit zunehmend ins Ausland verlagert wird, deuten darauf hin, daß es offenbar die Funktionsbedingungen am deutschen Arbeitsmarkt sind, die zu Arbeitslosigkeit führen. Bequemlichkeit des einzelnen, der hohe Lebensstandard und nicht zuletzt institutionelle Rahmenbedingungen lassen es offenbar für manche als vorteilhafter erscheinen, sich arbeitslos zu melden, anstatt eine geregelte Arbeit aufzunehmen.

Sicherlich könnte eine radikale Strukturreform am Arbeitsmarkt (wie sie bereits mehrfach angesprochen wurde) Abhilfe schaffen. Aber unabhängig davon kommt auch den Arbeitgebern, den Unternehmen, eine entscheidende Rolle für die zukünftige Sicherung der Beschäftigung zu. Ich möchte mich daher auf folgende Fragen konzentrieren:

Wie könnte die Arbeitslandschaft der Zukunft aussehen? Welchem Wandel ist die Rolle der Arbeitgeber bei der Gestaltung dieser neuen Arbeitsstrukturen unterworfen?

Meine Sicht der Dinge ist geprägt vom internationalen Sektor der Wirtschaft, der dem ständigen Verbesserungsdruck der Weltmärkte ausgesetzt ist. Nicht alles mag für die gesamte deutsche Wirtschaft zu verallgemeinern sein, leider schon gar nicht für den immer stärker wachsenden öffentlichen Sektor. Dennoch glaube ich, daß der Industrie und den international orientierten Unternehmen, auch wenn sie nur einen Ausschnitt der Wirtschaft bilden, eine Pionierrolle für strukturelle Veränderungen zukommt.

Bereits heute zeigt sich, daß das Begriffspaar Arbeitnehmer-Arbeitgeber überholt ist. Es beinhaltet einerseits immer noch die Vorstellung paternalistischer Abhängigkeit, andererseits schwingt der alte Klassengegensatz zwischen Kapital und Arbeit mit. Das Selbstverständnis, der Arbeitgeberseite anzugehören, unternehmerisch tätig zu sein, reicht längst bis zur Meisterebene. Eine klare Zuordnung in eine Arbeitgeber- oder Arbeitnehmerrolle mag auf der Ebene der Verbände möglich sein. Arbeitgeber sind dann einfach die andere Seite bei Tarifverhandlungen. Aber auch hier sind Auflösungserscheinungen zu erkennen, etwa die nachlassende Bindungswirkung sowohl innerhalb der traditionellen Arbeitgeberverbände als auch innerhalb der Gewerkschaften.

Die Lebenschancen und der Wohlstand der Beschäftigten werden heute nicht mehr von einem Klassengegensatz zwischen Kapital und Arbeit bedroht. Eine Gefährdung kommt heute vielmehr von außen, vom internationalen Wettbewerb.

Es ist dies längst nicht mehr nur der Wettbewerb auf den Gütermärkten, sondern immer mehr auch der Standortwettbewerb um Investitionskapital und damit um Arbeitsplätze.

Im Vergleich zum Produktionsfaktor Kapital hat es der Faktor Arbeit schwerer, jederzeit zu einem effizienten Einsatz zu kommen.

Kapital ist mobil in bezug auf Verwendungsarten, nach Wirtschaftssektoren und regional, Arbeit dagegen relativ immobil. Kapital ist ganz selbstverständlich bereit, schwankende Faktorerträge, Zinsen, Dividenden, Gewinne hinzunehmen. Arbeit wird dagegen meist durch kartellartig vereinbarte Tarife entlohnt. Vor diesem Hintergrund nimmt es nicht wunder, daß der Produktionsfaktor Arbeit häufiger als Kapital brach liegt und damit nicht im Produktionsprozeß eingesetzt wird.

Vor diesem Befund braucht man jedoch nicht zu resignieren. Es kommt darauf an, Bedingungen zu schaffen, die das Brachliegen von Produktionsfaktoren, von Kapital und eben vor allem von Arbeit verhindern. Es gilt, den spezifischen Eigenheiten von Kapital und Arbeit Rechnung zu tragen. Beschäftigungsfördernde Rahmenbedingungen am Arbeitsmarkt nehmen Rücksicht auf die Fähigkeit der Unternehmen, im internationalen Wettbewerb zu bestehen. Daß hier das sozialpolitisch Wünschbare mit dem ökonomisch Machbaren mitunter in Konflikt steht, wird sich nicht vermeiden lassen. Dennoch braucht ein stärker beschäftigungsförderndes Regime am Arbeitsmarkt nicht zu Lasten der Arbeitnehmer zu gehen – sobald es zu mehr Beschäftigung führt, wird es in jedem Fall die Arbeitnehmer begünstigen.

Daß das Rollenverständnis von Arbeitgebern und Arbeitnehmern einem Wandel unterworfen ist, ist normal. Auch hier würde, wie fast überall, Stillstand Rückschritt bedeuten. Bemerkenswert ist hingegen die Geschwindigkeit, mit der sich dieser Wandel in jüngster Zeit vollzieht, sowohl in der öffentlichen Wahrnehmung wie auch unmittelbar in der Wirtschaft. Der Zeitwettbewerb selbst ist zu einem entscheidenden Erfolgsfaktor geworden. Schnelligkeit bei der Formulierung neuer Ideen und Konzepte zur Anpassung an sich ändernde Umweltbedingungen und — noch wichtiger — bei der konkreten Umsetzung wird zu einer der wichtigsten unternehmerischen Aufgaben. Dies gilt im übrigen nicht nur für den unmittelbaren Bereich der Wirtschaft, sondern zunehmend auch in anderen gesellschaftlichen Bereichen, etwa der Politik oder den Gewerkschaften.

Erlauben Sie mir an dieser Stelle die persönliche Bemerkung, daß es gerade diese Tatsache ist, die mich für die Zukunft unseres Wirtschaftsstandortes zuversichtlich stimmt. In der wirtschaftlichen Krise, die nun hoffentlich zu Ende geht, hat unsere Industrie gezeigt, daß sie im Zeitwettbewerb bestehen kann. Die Unternehmen sind nicht bei der Ideenfindung, Formulierung und Abstimmung von Strategien stehengeblieben, sondern sind überraschend schnell und konsequent in die konkrete Umsetzungsphase übergegangen. Nur so gelingt es, verlorenes Terrain wieder zurückzugewinnen.

Grundlegende Neuerungen bilden sich in der Wirtschaft typischerweise zunächst vor allem in denjenigen Sektoren, die einem besonderen Leistungsanspruch ausgesetzt sind. Dies sind ganz allgemein diejenigen Branchen, die im internationalen Wettbewerb stehen (z. B. Autoindustrie). Wer im internationalen Wettbewerb steht, ist i.d.R. gezwungen, neue Methoden, Denkansätze, Strukturen etc. zu entwickeln, um die Konkurrenzfähigkeit zu sichern und auszubauen. Daher, so meine ich, wird ein neues Rollenverständnis der Arbeitgeber in diesem Sektor am ehesten erkennbar.

Nationale Maßstäbe verlieren für Wirtschaft und Industrie immer mehr an Bedeutung. Der Weltmarkt, der internationale Wettbewerb, gibt den Takt vor. Andere Nationen, die einen wesentlich niedrigeren Lebensstandard haben, eignen sich in atemberaubendem Tempo das Wissenskapital der bisherigen Industrienationen an, das sie mit großem Engagement auch immer besser produktiv zu nutzen verstehen. Sie produzieren zu Kosten, die weit unter denen unserer westeuropäischen Volkswirtschaften liegen. Gleichzeitig erfüllen sie immer besser unsere Qualitätsansprüche und liefern marktgerechte Produkte. Die Folge daraus: In seiner jetzigen Höhe ist unser Lebensstandard nicht mehr durch einen tatsächlichen Leistungsvorsprung abgesichert.

Nehmen wir zum Beispiel einen deutschen Busfahrer, der sicher mehr als zwanzigmal so viel verdient wie sein Kollege in Kiew. Die reine Arbeitsleistung ist sicher in Deutschland nicht wesentlich größer, bei der Vorzugsbehandlung, die der ÖPNV in Deutschland genießt, sogar eher kleiner. Eine ökonomische Rechtfertigung für diesen Unterschied mag darin gesehen werden, daß der deutsche Busfahrer seine Fahrgäste zu produktiveren Arbeitsplätzen transportiert und damit einen höheren Wertschöpfungsbeitrag liefert als sein ukrainischer Kollege. Doch wie lange können wir den hierauf gründenden Wohlstandsvorsprung in einer immer stärker vernetzten Weltwirtschaft noch halten?

Zur Bewältigung des weltwirtschaftlichen Wandels muß jedes Land, jedes Unternehmen seine eigene Rolle im Markt definieren, seine eigene Strategie entwickeln. Die Übernahme anderer »Erfolgsmodelle«, wie beispielsweise der japanische Ansatz oder das südostasiatische Modell eines »kollektivistischen Kapitalismus«, ist kein Lösungsweg. Unser Wirtschafts- und Lebensstil ließe dies nicht zu. Das im wesentlichen auf Selbstverantwortung des Individuums aufbauende westliche Gesellschafts- und Wirtschaftsmodell muß seinen eigenen Weg finden.

Im Zentrum steht dabei für mich die Erneuerung unserer Innovationskraft.

Dies bezieht sich einerseits auf die Entwicklung neuer Produkte, neuer Technologien, neuer Dienstleistungen und neuer Märkte. Nur wenn wir in der Lage sind, neue Industrien und Geschäftsfelder aufzubauen, können wir unseren Beschäftigungsstand sichern und weiter erhöhen. Zusätzliche Wertschöpfung kann zwar auch durch Marktwachstum in den heute existierenden Industrien entstehen. Dieses Wachstum wird aber kaum noch zu einem Mehr an Beschäftigung führen. Der globale Wettbewerbsdruck in alten Industrien erzwingt typischerweise Produktivitätssteigerungen, die sogar eher mit der Freisetzung von Beschäftigung einhergehen.

Andererseits brauchen wir Innovationen in neue Prozesse, Abläufe, Strukturen und Beziehungen. Dies ist die eigentliche Herausforderung für die Unternehmen, denn Prozeßinnovationen sind für die Unternehmen schwieriger umzusetzen, letztlich aber eher noch wichtiger als forcierte Produktinnovationen. Wichtiger deshalb, weil sie quasi das Grundgerüst, das Werkzeug, die Basis für Produktinnovationen darstellen. Schwieriger deshalb, weil sie direkt den Menschen betreffen und auf ihn einwirken. Und damit sind wir bei dem zentralen Punkt angelangt: der neuen Rolle der Arbeitgeber. Sie alle kennen die neuen Management-Methoden, die in den letzten Jahren eine breite Basis gefunden haben, wie »Total Quality Management«, »kontinuierlicher Verbesserungsprozeß«, »Lean-Management«, »Funktionsintegration« usw. Entkleidet man all diese Konzepte ihres modischen Beiwerks, so bleibt ein gemeinsamer Kern: Aufgegeben wird die Vorstellung von einem innerbetrieblichen Hierarchieaufbau, in dem ein zu allem befähigtes Management den »gewöhnlichen« Arbeitnehmern vorgibt, was wann wie zu tun sei.

Stattdessen wird der Geist, die Phantasie, die Kreativität und die Leistungsbereitschaft jedes Einzelnen gefordert, mobilisiert und im Wertschöpfungsprozeß eingesetzt. »Top down« wird zunehmend ergänzt durch »bottom up«. Das Potential in den Köpfen der Mitarbeiter wird konsequent genutzt. Um den Gedanken von Prof. Miegel aufzugreifen: Wir brauchen Strukturen, die den Ideenhaushalt der Unternehmen vergrößern.

Bei diesem Ansatz bekommt die unternehmerische Aufgabe »Führung« einen völlig neuen Inhalt. Statt einer präzisen

Verteilung von Aufgaben und Zuständigkeiten muß Führung das kreative Potential der Mitarbeiter mobilisieren und organisieren. Das bedeutet vor allem: jeder Mitarbeiter muß sich mit den übergeordneten Zielen eines Unternehmens identifizieren können. Hierin liegt die eigentliche Managementaufgabe: Ein verbindliches, akzeptiertes Zielsystem zu definieren, das den Mitarbeitern die Motivation, aber auch den notwendigen Handlungsspielraum gibt, zum Unternehmenserfolg bestmöglich beizutragen.

Lassen Sie mich etwas konkreter werden und Ihnen beispielhaft darstellen, wie wir bei BMW neue Arbeits- und Unternehmensstrukturen entwickeln.

Jede Strategie beginnt zunächst mit einer Standortbestimmung und der Erfassung des Ist-Zustandes, der eigenen Stärken und Schwächen. BMW bedient sich hierzu bereits seit längerer Zeit des bekannten Konzeptes des »Benchmarking«. Wir sehen im Benchmarking sowohl die Grundlage als auch die Chance, in einem kontinuierlichen Prozeß das Unternehmen straff zu halten und strategisch neu auszurichten. Darüber hinaus kann Benchmarking, richtig aufgesetzt, zum Motivationsinstrument werden, das den Ehrgeiz aller weckt, besser zu werden als der Wettbewerb. Es ist ein intensiver Prozeß der Auseinandersetzung mit Methoden und der Suche nach dem für das eigene Unternehmen besten Ablauf, bei dem sich alle betroffenen Mitarbeiter einbezogen fühlen können.

Benchmarking erleichtert es unter anderem, die Kernkompetenzfelder des Unternehmens zu definieren und diese spezifischen Stärken gezielt auszubauen. Eine Konsequenz ist freilich, daß diejenigen Leistungen, die andere besser zu erbringen vermögen, strikt nach außen vergeben werden. Dies muß im Endergebnis nicht zu Beschäftigungseinbußen führen, wenn sich über die gesamte Wertschöpfungskette, also bei Herstellern und Zulieferern gemeinsam, die Leistungsfähigkeit erhöht. Den Mitarbeitern bringt es schließlich eine höhere Motivation, wenn sie wissen, daß das, was sie tun und wie sie es tun, den Spitzenstandard definiert. Im übrigen ist die Konzentration auf Kernkompetenzen ein ganz wesentlicher Faktor im Zeitwettbewerb.

Die bisher besprochenen Schritte vom Benchmarking bis zur Definition von Kernfeldern und Visionen stellen eine mehr oder weniger evolutionäre Neuausrichtung des Unternehmens dar. Man kann daneben aber auch einen radikaleren, »revolutionären« Ansatz zur drastischen Steigerung von Effektivität und Effizienz wählen. Es ist dies der Versuch, sich konsequent den Restriktionen des Status quos zu entziehen, ohne Rücksicht auf bestehende Strukturen des Unternehmens. Wir haben diesen Ansatz mit dem Namen »Grüne Wiese« bezeichnet.

Am Anfang steht dabei die Formulierung des eigenen Unternehmensideals. In überschaubaren Projektgruppen, die auch betroffene Mitarbeiter einbeziehen, wird auf Basis der neuen Unternehmensvision ein kompletter Neuaufbau des gesamten Unternehmens oder von Teilprozessen wie auf der grünen Wiese »durchgespielt«. Im Detail werden dort alle wesentlichen Kernfelder des Unternehmens erarbeitet. Dieses Unternehmensideal wird mit dem tatsächlichen Istzustand verglichen; es handelt sich also um eine unternehmensstrategische Soll-Ist-Analyse.

Aus diesem grundsätzlich erarbeiteten »theoretischen« Verbesserungspotential muß nun ein realistisch erreichbares Unternehmenspotential abgeleitet werden. Dies erfolgt durch Relativierung der Aktivitäten auf ein Basisszenario (z. B. unveränderte Produktpalette) sowie Berücksichtigung von kurz- bzw. mittelfristig nicht beeinflußbaren Parametern (z.B. Standortkonstanz, Mitarbeiterqualifikation etc.).

Diesen Weg haben wir beispielsweise bei unserem neuen Werk in den USA beschritten. Als Pilotprojekt bot es sich hierfür geradezu an, da nur ein absolutes Minimum an einschränkenden Randparametern zu berücksichtigen war. Derartige

Pilotprojekte sind aufgrund der gewachsenen und komplexen Strukturen großer Unternehmen unerläßlich. Nur dadurch ergibt sich die Möglichkeit, bei begrenztem Risiko Erfahrungen zu sammeln und zu lernen, um dann die Erkenntnisse daraus nach und nach oder auch in einem großen Schritt auf das Gesamtunternehmen zu übertragen.

Eine unabdingbare Voraussetzung für eine erfolgreiche, unternehmensweite Umsetzung der Vision ist eine offene Kommunikation der Ziele und Wege. Sonst ist keine konsensfähige, breite Basis zu erreichen. »Neues Denken« hin zu mehr Selbstorganisation und Eigenverantwortung muß intensiv von allen Seiten und nach allen Seiten kommuniziert und vor allem vorgelebt werden. Hierin liegt die eigentliche Führungsaufgabe.

Im Zentrum steht der Mensch. Er muß gezielt einbezogen, gefördert und eingesetzt werden. Dazu ist ein neues Managementverständnis nötig. Neue Fähigkeiten und Anforderungen sind gefragt, die ich hier nur mit einigen Schlagworten umreißen möchte:

- Konzentration auf Prozesse und Mitarbeiter statt auf Strukturen und Hierarchie
- Freiräume schaffen für Initiative und Selbstorganisation
- Offene Kommunikation
- Ganzheitliches Denken und mehr Eigenverantwortung der Mitarbeiter statt Machtausübung.

Lassen Sie mich an diesem Punkt zusammenfassen: Für Veränderungen unserer zukünftigen Arbeitswelt ist der Mensch der Schlüsselfaktor schlechthin. Alle Einzelmaßnahmen zielen ganz klar in die Richtung, Entscheidungskompetenz in der Hierarchie nach unten zu verlagern. So werden Teamprozesse ermöglicht, die die Mitarbeiter zu ganzheitlichem Denken und Arbeiten anregen und die ihnen die nötige Motivation zur Selbstorganisation geben.

Diese neuen Strukturen, Abläufe und Beziehungen – also

wie zuvor definiert: diese Prozeßinnovationen — werden sich natürlich auch auf das Beschäftigungsverhältnis auswirken. Beschäftigungsverhältnisse in neuen Arbeitsstrukturen zeichnen sich durch ein anderes Selbstverständnis der Mitarbeiter aus: Aus dem Arbeitnehmer im herkömmlichen Sinn, dem gesagt wird, »was er zu tun hat«, wird im Idealfall ein Anbieter von Leistung im unternehmerischen Sinn, der kreativ, eigenverantwortlich und verantwortungsbewußt handelt und gleichzeitig genau weiß, was er leistet und anzubieten hat.

Ständige Weiterbildung, Offenheit für neue Entwicklungen auch außerhalb des eigenen Unternehmens bzw. der eigenen Branche gehören dabei ebenso zum neuen Selbstverständnis. Die Marktbeziehung zwischen Arbeitgeber und Arbeitnehmer definiert sich nicht mehr allein aus der Höhe der Bezahlung und schon gar nicht aus der Kürze der Arbeitszeit, sondern zunehmend auch aus den Entfaltungsmöglichkeiten, Entwicklungsangeboten und dem Grad an Selbstverwirklichung und Flexibilität, die ein Beschäftigungsverhältnis ermöglicht.

Mit Blick auf den Arbeitsmarkt, auf die Zukunft der Arbeit, hat dieses neue Verständnis von Führung auch problematische Konsequenzen:

- Die Produktivität nimmt erheblich zu, so daß das gleiche Produkt mit weniger Arbeit erstellt werden kann.
- Die Nachfrage nach einfacher Arbeit wird immer geringer.

Gesamtwirtschaftlich bedeutet dies jedoch nicht notwendigerweise weniger Beschäftigung. Eine Volkswirtschaft, die Innovationen schneller entwickeln und umsetzen kann, wird sich im weltweiten Wettbewerb behaupten und mehr Produkte absetzen können. Und eine starke Volkswirtschaft ist eher in der Lage, weniger leistungsfähigen Menschen die erforderliche Unterstützung zu gewähren.

Ich möchte an dieser Stelle doch noch einmal auf die arbeitsmarktpolitischen Rahmenbedingungen zurückkommen, jedenfalls soweit sie von den Arbeitgebern in ihrer Rolle als Tarifpartei beeinflußbar sind.

Flexibilität wird in Zukunft für alle Seiten ein Schlüsselfaktor sein.

Bereits in der letzten Tarifrunde ist ein Trend klar zutage getreten: Mehr und mehr wird die Kompetenz zur Entscheidung über die konkreten Arbeitsbedingungen vom zentralen Tarifvertrag auf die betriebliche Ebene, auf eine Abstimmung zwischen Management und Betriebsrat verlagert. In gewisser Weise ist dies nur die Konsequenz der Tatsache, daß sich in jüngerer Zeit auf betrieblicher Ebene Betriebsräte und Unternehmensleitungen immer öfter souverän über tarifvertragliche Regelungen hinweggesetzt haben. Aber warum sollte auch der allgemein vorherrschende Trend zur Dezentralisierung, zur Delegation von Verantwortung an der Tarifpolitik vorbeigehen?

Tarifliche Vereinbarungen sollten und werden sich in Zukunft zunehmend darauf beschränken, Mindeststandards zu definieren und Rahmenvereinbarungen zu treffen, die Raum für betriebliche Lösungen geben. Verbindlichkeitsansprüche von Gewerkschaften und auch von Arbeitgeberverbänden werden zurückgenommen werden müssen. Damit ist freilich auch der Auftrag an Unternehmen und Betriebsräte verbunden, die gewonnenen Spielräume kreativ zu nutzen. Bei der Umsetzung der wenigen Flexibilitäts- und Differenzierungsspielräume, die tariflich bisher möglich waren, haben es auch viele Unternehmen an der nötigen Phantasie fehlen lassen, diese produktivitäts- und beschäftigungsfördernd zu nutzen. (Bei BMW dagegen gibt es über 200 verschiedene Arbeitszeitmodelle und seit kurzer Zeit auch eine neue: Teilzeitoffensive).

Eine beschäftigungsfördernde und den neuen Arbeitsstrukturen angemessenere Tarifpolitik sollte insbesondere bei den Arbeitszeiten noch viel mehr Freiräume geben. Auch in der Rezession gibt es genügend Engpaßberufe. Warum sollen hochqualifizierte Facharbeiter, Ingenieure oder Forscher nicht auch über längere Zeit 40, 50 oder auch 60 Stunden pro Woche arbeiten, wenn sie dazu bereit sind und ihre Aufgabe es erfordert?

Soll es etwa zum Privileg einiger weniger Führungskräfte — nicht nur in der Wirtschaft, sondern auch in der Verwaltung oder bei den Gewerkschaften! — werden, länger arbeiten zu dürfen? Wird damit nicht eine neue Art von Klassengesellschaft geschaffen? Umgekehrt gibt es in Deutschland noch große Potentiale für Teilzeitarbeit — nicht im Sinne einer Verteilung der »ausgehenden« Arbeit, sondern um zusätzliche Beschäftigungswünsche befriedigen zu können (auch i.S. einer Vereinbarkeit von Familie und Beruf). Mehr Flexibilität bei den Arbeitszeiten gibt den Unternehmen zudem die Möglichkeit, das Anlagevermögen besser zu nutzen. Die individuelle Arbeitszeit kann von den Betriebsnutzungszeiten abgekoppelt werden. Auf diesem Gebiet haben viele Arbeitgeber in der Vergangenheit zu wenig Phantasie gezeigt.

Eine beschäftigungsfreundlichere Tarifpolitik wird auch an der Frage nach den Kosten der Arbeit nicht vorbeikommen. Die Kosten der Arbeit sind dabei umfassend zu verstehen, nicht nur im Sinne von Tariflöhnen (Direktentgelten), sondern auch als Lohnzusatzkosten, Kosten für die Bereitstellung eines Arbeitsplatzes und die gesamten kostenwirksamen Vorschriften des Arbeitsschutzes. Schließlich gehört zum Komplex »Kosten der Arbeit« auch das Gebiet des Kündigungsschutzes und das gesamte Arbeitsrecht, insbesondere seine Auslegung durch die Arbeitsgerichtsbarkeit. Wenn die Beendigung oder eine andere Ausgestaltung von Arbeitsverhältnissen nur unter immensen Kosten möglich ist, wird man sich Neueinstellungen dreimal überlegen.

Es kann an einem Hochtechnologie-Standort wie Deutschland nicht um eine generelle, undifferenzierte Absenkung des Lohnniveaus gehen. Wohl aber muß wieder eine engere Beziehung zwischen Arbeitsleistung und Entgelt möglich werden. Als hinderlich dabei erweist sich u.a. auch das starre Tarifgefüge; zehn verschiedene Lohn- und sieben Gehaltsgruppen mit genau definierten Anforderungen an Arbeitnehmer passen nicht in eine Arbeitslandschaft, die allen Beschäftigten Engagement, Phantasie und Initiative abfordert. Im Vergleich dazu gibt es in japanisch geführten Unternehmen insgesamt nur drei Tarifgruppen, die in der Praxis aber wesentlich mehr Differenzierungen erlauben.

Die erstarrte Tarifstruktur in Deutschland behindert eine flexible Anpassung des Arbeitseinsatzes an geänderte Marktverhältnisse. Sie ist beispielsweise in der konkreten Umsetzung das größte Hindernis bei der Arbeitszeitflexibilisierung. Sie erlaubt bisher auch in viel zu geringem Maße, Verbesserungsvorschläge, Initiative und Engagement der Mitarbeiter oder Gruppenleistungen zu honorieren.

Eine flexiblere Tarifpolitik sollte auch Öffnungsklauseln zulassen, die ihren Namen verdienen. Warum soll es Unternehmen in wirtschaftlichen Schwierigkeiten nicht ermöglicht werden, vorübergehend durch Lohnabschläge (oder einen niedrigeren als den allgemein vereinbarten Lohnanstieg) Kostenballast abzuwerfen? Derartige Öffnungsklauseln müssen jedoch, anders als in den neuen Bundesländern vereinbart, elastisch und auf betrieblicher Ebene gehandhabt werden können. Ihre Inanspruchnahme darf nicht zum öffentlichen Signal dafür werden, daß das betroffene Unternehmen praktisch konkursreif ist.

Eine meiner Meinung nach sehr elegante Form einer flexiblen Anpassung der Kosten der Arbeit an sich ändernde wirtschaftliche Rahmenbedingungen wäre eine stärkere Erfolgsabhängigkeit bei der Entlohnung. Würde ein Teil des tariflichen Arbeitslohnes durch eine Erfolgsbeteiligung ersetzt, so würde in wirtschaftlich schwierigen Zeiten der Lohnkostendruck automatisch nachlassen. Es ist klar nachgewiesen worden, daß bei erfolgsabhängiger Entlohnung tendenziell mehr Beschäftigung entsteht als bei starr fixierten Löhnen. Zudem passen derartige Entlohnungssysteme sehr viel besser zu dem neuen, stärker unternehmerisch orientierten Leitbild vom Mitarbeiter, der sich mit seinem Unternehmen identifiziert. Fällt es den Gewerkschaften deshalb so schwer, sich mit einer betriebsbezogenen Erfolgsbeteiligung statt pauschaler Lohnerhöhungen anzufreunden?

Mit der Umsetzung derartiger Tarifverträge auf der betrieblichen Ebene kommen auf die Arbeitgeber große zusätzliche Aufgaben zu. Die Ausfüllung des durch die Tarifverträge vorgegebenen Rahmens wird erhebliche Phantasie erfordern. Zum neuen Verständnis von Führung gehört es aber auch, hier mutig voranzugehen.

Meine sehr geehrten Damen und Herren, ein wichtiger Bestandteil der neuen Rolle der Arbeitgeber besteht meiner Meinung nach vor allem darin, unternehmerische Funktionen zunehmend den Mitarbeitern zu übergeben. Dies ist verbunden und nur möglich mit einem grundlegenden Wandel im Verständnis von Management. Erfolgreiche Unternehmen sind bereits heute dabei, diesen Wandel zu vollziehen. Der wichtigste Inhalt von Führung ist nicht mehr die Vorgabe von Aufgaben und die Kontrolle, also die klassische Machtausübung, sondern die Organisation selbststeuernder Prozesse. Deshalb, und nicht zur vordergründigen Kostensenkung, können die Funktionen des mittleren Managements zunehmend abgebaut werden.

In Zukunft werden nur diejenigen Unternehmen im Wettbewerb bestehen, die den Schatz zu heben vermögen, der im Potential aller Mitarbeiter liegt. Dabei muß jedes Unternehmen seinen eigenen Weg beschreiten. Doch das Ziel dabei ist klar: Die Menschen im Unternehmen müssen zu einer Wertschöpfungsgemeinschaft zusammenschmelzen und dies in ihrem Selbstverständnis verinnerlichen. Wenn uns dies gelingt, so wird der industrielle Sektor auch in Zukunft in der Lage sein, neue Arbeitsplätze zu schaffen.

Diskussion

Fuchs: Herzlichen Dank für dieses Referat. Sie haben den Bogen geschlagen zu dem, was Professor Giersch am Anfang eingeführt hatte.

Ich möchte die Diskussion eröffnen mit der provokanten Frage, die Sie als Vertreter der Industrie vielleicht beantworten können: Wie lange kann es sich dieses Hochlohnland Bundesrepublik Deutschland eigentlich noch leisten, in großem Umfang Industrieprodukte herzustellen und weiterzuentwickeln, die im Grunde Ende des 19. Jahrhunderts und zu Beginn des 20. Jahrhunderts ihre Entwicklung fanden? Wo bleiben die Produkte für das 21. Jahrhundert, wettbewerbsfähige Produkte für das dritte Jahrtausend?

Reitzle: So wichtig der Dienstleistungssektor in Zukunft für unsere Volkswirtschaft werden wird, so sehr bin ich davon überzeugt, daß er sich nur auf der Basis einer gesunden Industriestruktur entwickeln kann. Ich erinnere daran, daß die Amerikaner vor vielen Jahren konsequent den Weg weg von der Industriegesellschaft hin zur reinen Dienstleistungsgesellschaft beschreiten wollten und schmerzhaft erkennen mußten, daß sie damit nicht in der Lage waren, als Volkswirtschaft wettbewerbsfähig zu sein. Schlußfolgerung für mich: Wir sollten die Idee aufgeben, daß wir möglichst schnell heraus müßten aus der Herstellung von Gütern und daß nur die Dienstleistung die Zukunft bringe. Das wird nicht funktionieren.

So wichtig die Förderung, die Weiterentwicklung und der Ausbau der Dienstleistung insgesamt sind, insbesondere auch in bezug auf die zusätzliche Schaffung von Arbeitsplätzen, so sehr bin ich zutiefst davon überzeugt, daß das nicht ohne eine gesunde Industriestruktur geht. Das heißt für uns, die wir in diesem industriellen Sektor tätig sind, daß wir dort, wo wir nicht mehr wettbewerbsfähig sind, diese Wettbewerbsfähigkeit wiederherstellen müssen.

Mein allgemeiner Eindruck im Maschinenbau, im Fahrzeugwesen, um einen sicherlich wichtigen Bereich hervorzuheben: Wir haben als deutsche Unternehmen, auch als erfolgreiche Unternehmen, die Möglichkeiten auf den Weltmärkten bei weitem noch nicht ausgeschöpft. Wir haben die Internationalisierung noch nicht weit genug vorangetrieben. Wenn wir das konsequent machen, ergeben sich auch für die klassische, die traditionelle Industrie zusätzliche Chancen.

Im übrigen müssen Produkte wie das Auto, die Sie als Produkte des letzten Jahrhunderts bezeichnen, eine große Zukunft haben, wenn man sie anders definiert. Wir verstehen uns längst nicht mehr als Hersteller von Automobilen, sondern sehen uns eher als Unternehmen Mobilität. Also fragen wir uns — dazu gehört natürlich auch die Dienstleistung -: Wie können wir ums Auto herum Leistungen für Kunden anbieten, die uns dann interessanter machen als andere? Wir müssen weniger dieses Schwarz-Weiß, weniger die klare Gegenüberstellung, hier Industrie und hier Dienstleistung, sehen. Die Verquickung, die Vernetzung ist so immens, daß wir einen tragischen Fehler machen, wenn wir unsere jungen Leute und das ganze Land falsch ausrichten. Die Folgen würden fatal sein. Herr Riester hat vorhin angedeutet, daß er die gleiche Auffassung vertritt.

Fuchs: Ein zentraler Begriff des Referats, der bei mir hängengeblieben ist, ist der Begriff der Wertschöpfungsgemeinschaft. Das ist ein Begriff, der im Grunde die Philosophie eines Unternehmens beschreiben kann.

Reitzle: In dem Maße, in dem wir Gruppenarbeit, Teamprozesse begünstigen, kommt natürlich regelmäßig die Frage auf: Wie können wir diese Teams, diese Gruppen in besonderer Weise belohnen. Wenn das nur als noch einmal aufgesattelte zusätzliche Bezahlung funktionieren kann, dann tun wir uns besonders schwer, denn wir sehen, daß wir heute im Grunde an der obersten Grenze dessen sind, was unsere Preise noch an Kosten verkraften. Insofern müßte aus unserer Sicht ein gewisser Spielraum dafür existieren, daß innerhalb der heute vorgegebenen Bezahlung ein Anreizsystem für Gewinne entsteht und dennoch nicht »draufgesattelt« wird.

Riester: Das spricht aber nicht für mehr Differenzierung! Sie sind für die Beibehaltung der Löhne und differenziertere Anforderungen. Das spricht nicht für eine Differenzierung von Entlohnungen.

Reitzle: Am Schluß kann das gleiche herauskommen, obwohl ein anderer Anreiz dahinter steckt. Letztlich kommen wir immer mehr zu dem zentralen Punkt: Wo liegen die Anreize für Leistung, für mehr Leistung, für Ideenreichtum, für Kreativität? Wenn alle das gleiche verdienen, ist der Ansporn für die, die mehr leisten, eben geringer. Ich plädiere nur dafür, mit intelligenten, geschickten Lösungen zu versuchen, die Bereitschaft zur Eigeninitiative zu fördern, weil das heute vor allem in den unteren Entlohnungsbereichen mehr und mehr verlorengegangen ist.

Holtfrerich: Eine Bemerkung zu der falschen Vorstellung, daß man nämlich die Industrie in Zukunft für unwichtig halten müsse. Niemand wird das behaupten wollen, genauso wenig wie man im 19. Jahrhundert, fälschlicherweise natürlich, hätte behaupten können, daß die Agrarwirtschaft jemals unwichtig würde. Sehen Sie sich die USA an, die heute nur noch zwei Prozent der Beschäftigen im Agrarsektor haben, aber ein Viertel ihrer Exporterlöse in diesem Bereich erzielen. Die Frage ist lediglich, wo in Zukunft die neuen Arbeitsplätze entstehen werden. Das hat mit den Strukturveränderungen auf der Seite der Nachfrage zu tun. Je erfolgreicher das Wachstum verläuft, gerade auch im industriellen Bereich, desto mehr werden sich die Arbeitsplätze in den Dienstleistungssektor verlagern. Daran kann gerade eine erfolgreiche Industrie meines Erachtens nicht viel ändern.

Kappler: Wir haben den großen Bogen gespannt über die globale Betrachtung und die volkswirtschaftliche Betrachtung. Herrn Reitzle haben wir zu verdanken, daß er in die Niederungen des Unternehmens hineingegangen ist und sehr deutlich über die neue Rolle der Führung im Unternehmen gesprochen hat. Ich möchte hier noch einmal betonen, daß die Selbstorganisation in Gruppen ein unbedingt notwendiger, aber nicht immer ganz leicht zu gestaltender Prozeß ist.

Da bin ich einem Unternehmen sehr dankbar, in dem ich lernen konnte, eine nahezu geniale Frage in diesem Selbstorganisationsprozeß zu stellen. In diesem Unternehmen hat sich aus der Einsicht, daß der Entwicklung des Potentials, das im Unternehmen steckt, mitunter gerade die hierarchische Strukturierung und die Formalisierung dieser Strukturierung entgegensteht, die Fragestellung von Vorgesetzten an ihre unmittelbaren Mitarbeiter herausgebildet: Wozu brauchen Sie mich? Das ist eine unglaublich öffnende Frage. Erstens kann man sagen: Wer sich diese Frage nicht zu stellen traut, der ist kein Vorgesetzter in dem Sinne, in dem Sie von Führung gesprochen haben. Zweitens zielt diese Frage weit über das hinaus, was in den Arbeitsverträgen steht. Manchem Vorgesetzten wurde, als er diese Frage stellte, klar, warum bei manchen Anweisungen, die er gegeben hatte, ein Lächeln über die Gesichter der Mitarbeiter gehuscht war. Es war nämlich längst alles geregelt, was er angewiesen hatte, und die Mitarbeiter brauchten ihn zu ganz anderen Dingen, als sie in seinem Arbeitsvertrag stehen.

Diese Frage kommt mir unglaublich genial und als eine der Schlüsselfragen der Organisationsentwicklung vor und trifft genau das, was Sie ins Deutsche übersetzt so benannt haben und was der Japaner Mazusta 1942 formuliert hat: Wir müssen als Vorgesetzte nicht unsere Ideen in die Hände der Mitarbeiter legen, sondern wir müssen das gesamte geistige Potential des Unternehmens zum Wohle des Unternehmens nutzbar machen. Das ist ein wesentlicher Unterschied.

Reitzle: Ich möchte noch einmal diese mir ebenfalls zentral und wichtig erscheinende Betrachtung herausstellen. Ich sage das aus der Praxis heraus, wissend, daß es da sehr viele Theorien gibt. Viele glauben, daß sie das Wichtigste in ihrem Unternehmen schon in die richtige Richtung bringen. Es eröffnet sich aber ein gewaltiges Potential und es entsteht eine gewaltige Revolution, wenn man das Vorhaben wirklich in die Praxis umsetzt.

Wenn Sie erlauben, bringe ich es, ein bißchen provozierend, noch einmal auf den Punkt: Die exponentiell ansteigende Komplexität von Prozessen in Technik, Wirtschaft und Gesellschaft, die zunehmende Vernetzung aller Tätigkeiten und damit die Abhängigkeiten, die geschaffen werden, erfordern ein neues Rollenverständnis und Rollenverhalten der Führung, nämlich eben diesen Führungsstil, den ich angesprochen habe und das gilt für den einzelnen Betrieb genauso wie für den ganzen Staat. Das Management komplexer Systeme ist meiner Meinung nach *die* Herausforderung. Zentralistische Vorgaben können den neuen Gegebenheiten vor Ort immer weniger Rechnung tragen. Das Festhalten an den Führungsstrukturen von gestern, der Kampf um die Aufrechterhaltung von Zuständigkeiten der Vergangenheit behindern eine positive Veränderung von Prozessen und Abläufen und lassen eine Effizienzsteigerung jeder großen Organisation, ob Behörde, Unternehmen oder Staat, im vernetzten System nicht mehr zu. Da tun wir Deutsche uns manchmal etwas schwer, weil wir möglichst alles exakt und sauber regeln wollen. Jetzt ist plötzlich etwas ganz anderes gefragt, was in großem Tempo, um wettbewerbsfähig zu bleiben, umgesetzt werden muß. Die Dezentralisierung von Entscheidungen ist nötig. Das hört sich ganz simpel an, aber machen Sie das einmal in einer

Firma! Zur Beherrschung der Komplexität müssen Selbstregulierungsprozesse aufgebaut werden. Dabei kommt es auf deren Ausrichtung an, auf die positive Ausrichtung der sich daraus ergebenden Verstärkungsmechanismen.

Ich nenne einmal ein Gegenbeispiel, hier jetzt bewußt ergänzend in den Raum gestellt: Wenn sich Leistung nicht mehr lohnt und derjenige, der mehr Leistung erbringt, sich zunehmend eher als Schädling der Gesellschaft sehen muß, brauchen wir uns nicht zu wundern, wenn das Verhalten der Menschen sich ändert und Bequemlichkeit, gepaart mit Anspruchsverhalten, Platz greift und damit das Gesamtsystem an Eigendynamik verliert. Professor Miegel hat gestern außergewöhnlich eindrucksvoll genau dieses Kernelement herausgestellt.

Wenn man den Menschen suggeriert, daß man mit dauerhaft weniger Arbeit einen positiven Beitrag zur Bewältigung einer Wirtschaftskrise liefert, dann trägt das bei zu einem negativen Verstärkungsmechanismus. Das Verhalten der Menschen wird über die soften Faktoren beeinflußt, die viel sensibler sind als die härteren Faktoren. Das Leben war früher einfacher, weil die Systeme nicht so vernetzt waren, die Sachen klarer strukturiert waren. Da konnte man auch mit technokratischeren Ansätzen und Methoden Erfolge erzielen. Warum beispielsweise funktionieren die klassischen Instrumentarien zur Konjunkturbeeinflussung nicht mehr in gleicher Weise wie früher? Weil untereinander alles so stark vernetzt ist, daß man ein ganzes Bündel von Maßnahmen braucht, die gleichrichtend wirken, was sie bei uns in der Regel nicht tun. Man verstößt im Grunde gegen dieses in der Natur häufig und nur so funktionierende Prinzip der Selbstregulierung. Wir schenken der Ausrichtung dieses Selbstregulierungsprozesses zu wenig Beachtung. Die Menschen verhalten sich selbständig. Wir glauben aber, alles regulieren zu müssen. Das funktioniert durchaus in einfachen Systemen und die entsprechenden Strukturen haben wir noch heute überall in den Unternehmen, in der Gewerkschaft, im ganzen Staat. Wir haben Strukturen, die früher in der Lage waren, erfolgreich zu funktionieren. Jetzt ist soviel schneller, nämlich exponentiell ansteigend, das Ganze komplexer geworden, aber wir reagieren noch immer mit den alten Methoden und glauben, diese Instrumentarien müßten greifen. Dabei wird das Implementieren von Selbstregulierungsprozessen der Schlüssel für den Erfolg unserer ganzen Wirtschaft sein.

Fuchs: Herr Riester, ich weiß nicht, ob Sie kurz darauf eingehen wollen: Keynes oder Klassik. Wir wollen jetzt keine nationalökonomische Debatte führen. Zur antizyklischen Fiskalpolitik braucht man natürlich auch Geld in der Kasse, aber es waren ja einige Angebote auf dem Tisch.

Riester: Zunächst möchte ich ein Mißverständnis ausräumen. Herr Reitzle, die Gewerkschaften waren nie der Auffassung, daß durch weniger Arbeit die Krise zu bewältigen sei. Wir sind sehr dafür, daß mehr Arbeit vorhanden ist. Die Position bei der Arbeitszeitverkürzung besteht darin, daß die vorhandene Arbeitszeit so verteilt wird, daß möglichst viele Menschen am Arbeitsprozeß teilnehmen können. Es geht nicht darum, sozusagen das wenige zu verteilen.

Reitzle: Herr Riester, das ist genau der falsche Denkansatz, daß man glaubt, Arbeit an sich sei knapp; sie sei entsprechend möglichst gerecht und weit und breit zu verteilen. Dem widerspreche ich, weil ich meine, daß es genügend Arbeit gibt; es sind nur die Bedingungen, zu denen geregelte Arbeit angeboten werden kann, um die wir uns kümmern müssen. Professor Walter hat vorhin das VW-Modell angesprochen – ein typisches passives Modell der Reaktion auf eine Situation, in der eine andere Alternative noch schlimmer gewesen wäre. Insofern ist es sicherlich ein interessanter Ansatz, um kurzfristig aus dem Problem herauszukommen.

Ich meine folgendes, Herr Riester. Insgesamt gesehen lernen die Menschen eben daraus, diese Signale zu begreifen. Sie denken ja nicht so komplex darüber nach, sie beschäftigen sich mit diesem Thema nicht in allen Facetten. Es kommen nur die einfachen Signale an, und diese lernen die Menschen mit der Zeit zu begreifen, und sie erleben sie auch in ihrer täglichen Umgebung, so daß signalisiert wird: Wenn man weniger arbeitet, leistet man eigentlich einen positiven Beitrag. Wenn sich das langfristig festsetzt, ist das eine Fehlorientierung einer Gesellschaft und muß zu fatalen Folgen führen.

Mir geht es mehr darum, die Signalwirkung, die aus solchen zum Teil temporär richtigen Maßnahmen entsteht, nicht zu langfristig falschen Verhaltensweisen führen zu lassen. Deshalb komme ich immer wieder auf die geistigen Signale, die wir aussenden. Dazu gehört auch das Klima, das wir im Lande schaffen, dazu gehört das Thema Medien, die dort eine Schlüsselrolle übernehmen, denn die geistigen Faktoren sind heute sensibler in ihrer Auswirkung als früher, als man ein technokratisches System hatte, das robuster gegen diese Einflußfaktoren war. Mir geht es um das Aussenden von falschen Signalen im Sinne der Unterstützung von falschen Selbstregulierungsmechanismen. Da haben wir heute einige in unserer Gesellschaft platzgreifend installiert.

Riester: Herr Reitzle, wir sind gar nicht weit auseinander. Zunächst einmal gibt es eigentlich genügend Aufgaben, so daß den Menschen die Arbeit nicht ausgeht. Hier sind wir völlig d'accord – möglicherweise allerdings weniger, wenn wir uns fragen, welche Aufgaben es sind und wie man sie angehen kann. Über die Grundtatsache, daß den Menschen die Arbeit nicht ausgeht, von ihrer Bedürfnisstruktur her, besteht Einigkeit. Wir sind uns möglicherweise auch einig in der Frage, daß bestimmte »softe« Linien schädlich sein können.

Nun sehe ich von der anderen Seite, daß eine andere softe Linie, weniger zu verdienen würde ein Mehr an Beschäftigung erzeugen, zwar eine hohe Popularität in der Standarddiskussion hat, und insbesondere die Rahmenbedingung, wie Herr Professor Giersch sie eingebracht hat, die Flexibilisierung des Lohnes, immer verstanden als Flexibilität nach unten, würde das Problem lösen, daß aber, wenn wir im internationalen wie im nationalen Bereich die Beispiele betrachten, diese Linie andererseits überhaupt keine Bestätigung findet. Ich finde es sehr schön, wenn Sie und Herr Fuchs sagen, BMW gehe es nicht nur gut, sondern sogar sehr gut — bei gleichen tariflichen Bedingungen wie bei anderen Automobilunternehmen. Aber dann muß selbst derjenige, der es nicht sehr differenziert betrachtet, sich Gedanken darüber machen, ob es tatsächlich die Tarifverträge sind oder ob da andere Faktoren eine Rolle spielen. Deswegen denke ich, wenn sozusagen als Softlinie herauskommt, man müsse nur den Rahmen in der Entlohnung nach unten bringen, dann wird hierdurch keine positive Wirkung ausgelöst, sondern im Gegenteil, allen Erfahrungen, die die Menschen machen, zuwidergehandelt.

Fuchs: Ich will noch einmal versuchen, Arbeitgeber- und Arbeitnehmerseite, obwohl wir gehört haben, daß das eigentlich ein antiquiertes Begriffspaar ist, in eine Schlußdebatte hineinzuführen.

Herr Dr. Reitzle, wir haben einerseits die Wertschöpfungsgemeinschaft, die Sie als Unternehmer skizziert haben, die ihren Reiz hat, die ihre Motivationsphilosophie hat, und wir haben die Gefahr in einer Gesellschaft, daß wir uns in solchen Wertschöpfungsgemeinschaften abschotten gegen den Rest der Habenichtse, also all die, die keine Arbeit haben, keine Arbeit finden oder die Arbeit verloren haben. Das Bemühen der Gewerkschaften gilt vor allem auch diesen Arbeitslosen, obwohl ihnen ab und an vorgeworfen wird, daß sie sich um diejenigen, die keine Arbeit mehr haben, eigentlich nicht mehr kümmern, daß dies also der Teil der Gesellschaft ohne Lobby sei. Die Überschrift hier war »Arbeit der Zukunft — Zukunft der Arbeit«. Sehen Sie, in bezug auf dieses Begriffspaar, gesellschaftspolitische Risiken für diejenigen, die sich auf der Insel sicherer Gemeinschaften befinden, und andererseits auch für diejenigen, die außerhalb solcher Gemeinschaften existieren, die aber ebenso unsere Gesellschaft ausmachen, die sich in einer Demokratie artikulieren, und sei es in Wahlen? Ich schlage jetzt einen kleinen Bogen zu den Wahlen des vergangenen Wochenendes, als vornehmlich im Osten der Republik, in den neuen Ländern, zur Kenntnis genommen werden mußte, daß die Nachfolgepartei der SED mit sehr respektablen Ergebnissen abschneiden konnte, die in die Größenordnung des Stimmenanteils der etablierten Volksparteien westlicher Prägung hineinreichen. Es gibt also auch das Risiko gesellschaftlicher Verwerfungen in einer Gesellschaft, die trotz wiedergewonnenen Wachstums immer mehr Arbeitslose hat.

Reitzle: Natürlich gibt es da gewisse Risiken. Generell stellt die Arbeitslosigkeit ein großes Risiko für das Land dar. Es ist eine Frage der Zahl der Arbeitslosen. Ab irgendeiner Zahl wird es zu sozialen Unruhen, zu riesigen Problemen kommen. Das ist das Kernthema, das uns alle bewegt: wie dies zu vermeiden ist. Sicher sind Gewerkschaften und Arbeitgeber letztlich gemeinsam daran interessiert, daß es zu diesen Problemen nicht kommt.

Auf der anderen Seite möchte ich an dieser Stelle ganz pointiert sagen, daß Gewerkschaftsführer eines ganz neuen Zuschnitts wie etwa Herr Riester eben doch zeigen, daß man hier eine Möglichkeit finden kann, vernünftig über Dinge zu sprechen, die uns einfach der internationale Wettbewerb vorgibt, und über Themen zu diskutieren, die man vor zwei oder drei Jahren noch nicht diskutieren konnte. Daß wir dabei nicht immer die gleichen Auffassungen haben können, liegt in der Natur der Sache. Die Streitpunkte muß man eben ausfechten. Wenn aber erst einmal die Bereitschaft vorhanden ist, die

Probleme gemeinsam anzugehen, weil es ein übergeordnetes Interesse der Gesellschaft daran gibt, daß diese Volkswirtschaft wieder funktioniert und daß es eben zu einer Stabilisierung und nicht zu einem Wegdriften im sozialen Umfeld kommt, dann ist das letztlich für mich das Positive. Das gilt auch für die Reaktion der deutschen Wirtschaft insgesamt, auch wenn es für viele Unternehmen enorm schmerzhaft war, was in den letzten zwei Jahren abgelaufen ist und was noch längst nicht zu Ende ist. Es bedeutet aber doch, daß urplötzlich über Themen gesprochen werden kann, über die früher eine Diskussion nicht möglich war, daß eine schnelle Reaktion vieler deutscher Unternehmen erfolgt und daß eine Art Rückbesinnung spürbar ist und man irgendwo merkt — was ja ein gesunder und heilsamer Prozeß ist—, daß die Bäume nicht in den Himmel wachsen. Wir haben einfach unsere Systeme überfordert und überschätzt und haben nicht gemerkt, daß uns gewisse robuste Faktoren im Wettbewerbsfeld, international gesehen, schon weggelaufen waren und wir quasi über unsere Verhältnisse gelebt haben. Diese Rückbesinnung ist heilsam, und sie stimmt mich insgesamt zuversichtlich.

Fuchs: Ich denke, wir haben an diesem Vormittag ein Stückchen Dialog zustande gebracht. Ich möchte Herrn Kopper nicht vorgreifen, darf mich aber dennoch herzlich bei den Referenten bedanken, Herrn Professor Giersch, Herrn Riester und Herrn Dr. Reitzle. Ich darf mich bei denen bedanken, die sich an der Diskussion beteiligt haben, bei Ihnen allen für Ihr Interesse an dieser Veranstaltung. Nicht zuletzt meinen herzlichen Dank an den Veranstalter, die Alfred Herrhausen Gesellschaft für internationalen Dialog. Solche Veranstaltungen tun nicht nur der Wirtschaft gut, sie tun unserer Gesellschaft gut und fördern vielleicht den Konsens in einer Gesellschaft, die, wenn ich das richtig sehe, damit im Augenblick einige Probleme und einige Schwierigkeiten hat.

HILMAR KOPPER

Schlußwort

Meine Damen und Herren, wenn Sie im Programm mit einiger Erleichterung feststellen, daß wir uns dem berühmten Punkt »Schlußwort« genähert haben, dann erwarten Sie natürlich die Zusammenfassung, das Wägen und Wiegen und Werten.

Alles das habe ich nicht vor. Ich glaube, das ist etwas, das wir nach anderthalb Tagen lebhaften Diskurses, Dialogs, Rede und Gegenrede und, wie ich hoffe, aufmerksamen Zuhörens als Aufgabe mit nach Hause nehmen müssen. Ich hatte den Eindruck, daß es an Aufmerksamkeit nicht gefehlt hat. Aus dem Zuhören und aus dem Erkennen wird dann hoffentlich für uns alle das, was wir so sehr schätzen, insbesondere in der Wirtschaft: der Gewinn. Diesen Gewinn, Herr Professor Giersch, um in Ihrer Terminologie zu bleiben, sollten wir dann auch einsetzen als Spielkapital, als Spielgeld im Casino des geistigen Fortschritts.

Eines ist klar geworden: Die Auswahl des Themas »Zukunft der Arbeit« war sicher richtig. Es ist ein Thema, das uns bewegt und das aktuell bleiben wird, das man auch nicht erledigen kann.

Ich habe dreifach Dank zu sagen. Mein erster Dank gilt all denen, die diese Veranstaltung vorbereitet haben, logistisch, aber auch geistig. Darin einschließen möchte ich ausdrücklich das Kuratorium der Alfred Herrhausen Gesellschaft, das uns auf die Idee gebracht hat und uns in bewundernswerter Weise geholfen hat. Der zweite Kreis, dem ich zu danken habe, sind die Referenten. Das schließt die Moderatoren ein. Ich habe dann Ihnen allen, meine Damen und Herren, für Ihre aktive Teilnahme zu danken. Es hat sich vielfach gezeigt, daß Ihre Beiträge immer eine Herausforderung, eine Anregung und eine Ergänzung dessen waren, was hier vom Podium kam.

Meine letzte Einlassung ist eine Ankündigung. Wir werden natürlich im nächsten Jahr fortfahren mit dieser Veranstaltung. Wir haben uns als Thema überlegt: »Die audiovisuelle Revolution«. Das Thema ist nicht einfach, und ich hoffe und wünsche uns allen, daß wir es so in den Griff bekommen wie das Thema »Zukunft der Arbeit«.

Verzeichnis der Vortragenden

Professor Dr. *Wolfgang Franz*
Universität Konstanz, Konstanz

Professor Dr. *Herbert Giersch*
Institut für Weltwirtschaft an der Universität Kiel, Kiel

Professor Dr. *Hans Küng*
Tübingen

Professor Richard Layard
Direktor und Professor, London School of Economics, London

Professor Dr. *Meinhard Miegel*
Geschäftsführender Vorstand des Instituts für Wirtschaft und Gesellschaft, Bonn

Dr. *Madsen Pirie*
Präsident des Adam Smith Insitute, London

Dr. *Wolfgang Reitzle*
Mitglied des Vorstandes der BMW AG, München

Dr. *Heinz Riesenhuber*
MdB, Bonn

Walter Riester
2. Vorsitzender der IG Metall, Frankfurt am Main

Verzeichnis der Teilnehmer

Abels, Hans-Reinhard: Geschäftsführender Gesellschafter Abels & Grey, Düsseldorf

Bank, Ingo: Private Universität Witten/Herdecke, Witten

Berger, Roland: Geschäftsführender Gesellschafter Roland Berger & Partner GmbH Int. Management Consultants, München

Bessell, Dr. Fritz: Direktor Deutsche Bank AG, Frankfurt

Bischoff, Dr. Manfred: Mitglied des Vorstandes Deutsche Aerospace AG, München

Bromund, Dieter: Dreieich

Bueb, Dr. Bernhard: Schule Schloß Salem, Salem

Büschgen, Prof. Dr. Hans-E.: Universität zu Köln, Köln

Burgard, Dr. Horst: Mitglied des Aufsichtsrates Deutsche Bank AG, Frankfurt

Doering, Dr. Detmar: Friedrich-Naumann-Stiftung, Königswinter

Droste, Klaus D.: Director McKinsey & Co, Frankfurt

Ernst, Gabriele: Max-Planck-Institut für Festkörperforschung, Stuttgart

Fest, Dr. Joachim C.: Frankfurter Allgemeine Zeitung GmbH, Frankfurt

Fischer, Ingo: Philipps-Universität Marburg, Marburg

Franz, Prof. Dr. Wolfgang: Universität Konstanz, Konstanz

Freudenberg, Dr. Reinhart: persönlich haftender Gesellschafter Freudenberg & Co, Weinheim

Fuchs, Dr. Gerhard: Chefredakteur Bayerischer Rundfunk/Fernsehen, München

Furrer, Prof. Dr. Reinhard: Weltraum-Institut Berlin GmbH, Berlin
Gaertner, Dr. Joachim: Oberkirchenrat Evangelische Kirche in Deutschland, Bonn
Gallop, Jon: Private Universität Witten/Herdecke, Witten
Gentz, Dr. Manfred: Vorsitzender des Vorstandes Daimler-Benz InterServices (debis) AG, Stuttgart
Gerard, Peter: Direktor mit Generalvollmacht, Deutsche Bank AG, Frankfurt
Giersch, Prof. Dr. Herbert: Institut für Weltwirtschaft an der Universität Kiel, Kiel
Göggelmann, cand. rer. pol. Klaus: Universität Konstanz, Konstanz
Gutbrod, Dr. Karl: Vorsitzender d. Gesellschafterversammlung-Robert Bosch Stiftung GmbH, Stuttgart
Hanssen, Dr. Rolf: Daimler-Benz AG, Stuttgart
Herrhausen, Traudl: Mitglied des Hessischen Landtages, Wiesbaden/Bad Homburg v.d.H.
Heydt, Peter Freiherr von der: Mitinhaber Delbrück & Co, Privatbankiers, Köln
Hilterhaus, Dr. Friedhelm: Geschäftsführer Hanns-Martin-Schleyer-Stiftung, Köln
Hinterberger, Dr. Friedrich: Wuppertaler Institut für Klima, Umwelt, Energie, Wuppertal
Holtfrerich, Prof. Dr. Carl-L.: Freie Universität Berlin, Berlin
Isfort, Dr. Günter: Geschäftsführer Gebr. Röchling Industrie Verwaltung GmbH, Mannheim
Kappler, Prof. Dr. Ekkehard: Private Universität Witten/Herdecke, Witten
Karlauf, Thomas: Rowohlt Verlag, Berlin
Kerber, Dr. Markus: Paris
Klös, Dr. Hans-Peter: Institut der Deutschen Wirtschaft, Köln
Köcher, Dr. Renate: Institut für Demoskopie Allensbach GmbH, Allensbach
Kopper, Hilmar: Sprecher des Vorstandes Deutsche Bank AG, Frankfurt

Kraft, Dr. Lothar: Hauptgeschäftsführer Konrad-Adenauer-Stiftung e.V., St. Augustin

Küng, Prof. Dr. Hans: Tübingen

Layard, Prof. Richard: London School of Economics, London

Leisler Kiep, Walter: persönlich haftender Gesellschafter Gradmann & Holler, Frankfurt

Littmann, Prof. Dr. Peter: Vorsitzender des Vorstandes Hugo Boss AG, Metzingen

Lüst, Prof. Dr. Reimar: Präsident Alexander von Humboldt-Stiftung, Bonn

Magnis, Anton Graf von: Hessische Unternehmerverbände e.V., Frankfurt

Maret, Prof. Dr. Georg: Directeur Institut Charles Sadron, Straßburg

Markl, Prof. Dr. Hubert: Universität Konstanz, Konstanz

Maron, Monika: Berlin

Middelschulte, Achim: Mitglied des Vorstandes Ruhrgas AG, Essen

Miegel, Prof. Dr. Meinhard: Geschäftsführender Vorstand Institut für Wirtschaft u. Gesellschaft, Bonn

Mittelsten Scheid, Dr. Jörg: persönlich haftender Gesellschafter Vorwerk & Co., Wuppertal

Nassauer, Hartmut: Vizepräsident des Hessischen Landtages, Wiesbaden/Wolfhagen

Näther, Christian: Joh. Wolfgang Goethe-Universität, Frankfurt

Necker, Dr. Tyll: Geschäftsführender Gesellschafter Hako-Werke GmbH & Co, Bad Oldesloe

Niemeyer, Dr. Horst: Generalsekretär Stifterverband für die Deutsche Wissenschaft, Essen

Oetker, Dr. Arend: Geschäftsführender Gesellschafter Dr. Arend Oetker Holding GmbH & Co., Köln

Pabelick, Dagmar: Private Universität Witten/Herdecke, Witten

Pfeiffer, Dr. Heinrich: Generalsekretär Alexander von Humboldt-Stiftung, Bonn

Pirie, Dr. Madsen: President Adam Smith Institute, London
Quadbeck-Seeger, Prof. Dr. Hans-Jürgen: Mitglied des Vorstandes BASF AG, Ludwigshafen
Queisser, Prof. Dr. Hans-Joachim: Direktor Max-Planck-Institut für Festkörperforschung, Stuttgart
Rauschenberg, Stefan: Private Universität Witten/Herdecke, Witten
Reitzle, Dr. Wolfgang: Mitglied des Vorstandes BMW AG, München
Riesenhuber, Dr. Heinz: Mitglied des Deutschen Bundestages, Bonn
Riester, Walter: 2. Vorsitzender IG Metall, Frankfurt
Rohe, Bernhard F.: Direktor mit Generalvollmacht Deutsche Bank AG, Frankfurt
Salditt, Dieter: Deutsche Bank AG, Frankfurt
Schairer, cand. rer. pol. Stefan: Universität Konstanz, Konstanz
Schily, Dr. Konrad: Präsident Private Universität Witten/Herdecke, Witten
Schweikart, RA Klaus: Vorsitzender des Vorstandes Altana AG, Bad Homburg v.d.H.
Seebacher, Sönke: Darmstadt
Seebacher-Brandt, Dr. Brigitte: Unkel
Selmayr, Dr. Gerhard: Kanzler Universität Fridericiana Karlsruhe, Karlsruhe
Stilke, Marc: Bertelsmann AG, Gütersloh
Strube, Dr. Jürgen: Vorsitzender des Vorstandes BASF AG, Ludwigshafen
Süchting, Prof. Dr. Joachim: Ruhr-Universität Bochum, Bochum
Tietmeyer, Dr. Hans: Präsident Deutsche Bundesbank, Frankfurt
Timmermann, Prof. Dr. Manfred: Direktor mit Generalvollmacht Deutsche Bank AG, Frankfurt
Vernet, Daniel: Directeur des relations internationales Le Monde, Paris
Volhard, RA Dr. Rüdiger: Frankfurt

Voss, RA Rüdiger von: Bundesgeschäftsführer Wirtschaftsrat der CDU e.V., Bonn

Walter, Prof. Dr. Norbert: Geschäftsführer Deutsche Bank Research GmbH, Frankfurt

Wassermann, Dr. R.: OLG-Präsident a.D., Goslar

Weber, Dr. Manfred: Hauptgeschäftsführer Bundesverband deutscher Banken e.V., Köln

Weiss, Carl: München

Weiss, Dr. Ulrich: Mitglied des Vorstandes Deutsche Bank AG, Frankfurt

Weule, Prof. Dr. Hartmut: Mitglied des Vorstandes Daimler-Benz AG, Stuttgart

Wiedemann, Prof. Dr. C.: Technische Universität Berlin, Berlin

Woermann, Christoph: Direktor mit Generalvollmacht Deutsche Bank AG, Frankfurt

Wunderlin, Dr. Bernhard: Geschäftsführer Harald Quandt Vermögensverwaltung GmbH, Bad Homburg v.d.H.

Zinkann, Dr. Peter: Geschäftsführer Imperial-Werke GmbH & Co., Bünde

Zwicknagl, Dr. G.: Max-Planck-Institut für Festkörperforschung, Stuttgart

ALFRED HERRHAUSEN GESELLSCHAFT FÜR INTERNATIONALEN DIALOG

Aufgaben und Themen

Wir leben und arbeiten in spannender Zeit: in einer Zeit politischer, wirtschaftlicher und geistiger Umbrüche, in einer Zeit neuer Gemeinsamkeiten und in einer Zeit globaler Gefahren und Herausforderungen. Nicht eine einzige der großen Fragen unserer Zeit findet ihre Antwort in einer isolierten, regionalen oder nationalen Betrachtung. Die Interdependenz und gegenseitige Abhängigkeit der nationalen Volkswirtschaften zwingen zu internationaler und interdisziplinärer gemeinsamer Anstrengung, wenn es darum geht, bereits heute erkennbaren Problemkreisen erfolgreich zu begegnen.

Die Deutsche Bank war stets bemüht, gemäß ihrem Wissen und ihrer Erfahrung konstruktive Beiträge zu gesellschaftspolitischen Entwicklungen zu leisten. Wir fühlen uns als aktiver Teil unserer Gesellschaft im besten Sinne mitverantwortlich. Um dieser Grundhaltung sichtbaren Ausdruck zu verleihen, haben wir eine Gesellschaft für internationalen Dialog gegründet. Alfred Herrhausen, der ermordete Sprecher unseres Vorstandes, hat stets für ein übergreifendes, Grenzen überwindendes Denken und Handeln plädiert. Er war ein Mann des internationalen Dialogs. Was also lag näher, als die neue Gesellschaft mit seinem Namen zu verbinden.

Ihre wichtigste Aufgabe besteht darin, Fragen der Zeit mit internationalen Experten zu diskutieren – mit dem Ziel, voneinander zu lernen und, soweit möglich, Ideen zu entwickeln, die helfen sollen, Problemlösungen entstehen zu lassen. Einmal jährlich wollen wir in Frankfurt ein Expertenkolloquium zu einem Thema der Zeit veranstalten. Um die Themen zu finden und zu konkretisieren, wollen wir uns von Persönlichkeiten aus Wissenschaft, Wirtschaft und Kultur beraten lassen, die wir für ein Kuratorium gewinnen konnten.

Die Gesellschaft verfolgt ausschließlich gemeinnützige Zwecke, insbesondere durch die Durchführung und Veröffentlichung internationaler und interdisziplinärer Dialoge und durch die Förderung wissenschaftlicher Arbeiten.

Kuratoriumsmitglieder der Alfred Herrhausen Gesellschaft für internationalen Dialog

Bisherige Veröffentlichungen

Joseph Rovan
Integration des erweiterten Weltbildes
— Information, Bewußtsein, Handeln —
Frankfurt am Main 1992

Rupert Scholz
Neue Verfassung oder
Reform des Grundgesetzes?
Frankfurt am Main 1992

Péter Nádas
Schicksal und Technik
— Gedanken zur westöstlichen Kommunikation —
Frankfurt am Main 1993
— vergriffen —

1. Jahreskolloquium
Erstarrende Gesellschaft in bewegten Zeiten
— Gründe, Folgen, Öffnungschancen —
Frankfurt am Main 1993
(erschienen im Schäffer-Poeschel Verlag, Stuttgart,
ISBN 3—7910—0772—6)

Volker Hassemer/Manfred Gentz
Zukunft Berlin
Frankfurt am Main 1993

Hermann Lübbe
Wahrheit und Mehrheit
Über die Realitätsfähigkeit organisierter
Interessen in einer dynamischen Zivilisation
Frankfurt am Main 1994

Alfred Herrhausen Gesellschaft für internationalen Dialog
Taunusanlage 12–60325 Frankfurt am Main –
Telefon (069) 91 03 83 50